MURALLAS DE ESPAÑA

AUTOR
JORGE JIMÉNEZ ESTEBAN

FOTOGRAFÍAS
FEDERICO PUIGDEVALL Y PEDRO SÁNCHEZ

EDITORIAL

© Ediciones Rueda J.M., S.A.
Los Mesejo, 11
28007.– MADRID

DIRECTOR EDITORIAL
de la primera edición: Pedro Sánchez Gómez

REALIZACIÓN EDITORIAL
de esta edición: Idea Equipo Editorial, S. L.

© TEXTO:
Jorge Jiménez Esteban

© FOTOGRAFÍAS:
Federico Puigdevall, Pedro Sánchez

MAQUETACIÓN:
de la primera edición: Mario Garrudo Sánchez
de esta edición: Vincent Snoeren

COLABORADORES:
M.ª Fernanda López Coronado, José Moreno Nieto
Ricardo Rescasens, Loreto Vergara de la Cruz,
Genoveva Rincón de la Puerta, Antonio Peña Gómez,
Víctor Alvarez Sánchez, Mar Cano

FOTOMECÁNICA
R. S. Color

IMPRESIÓN y ENCUADERNACIÓN
Mateu Cromo, S..A.

PAPEL
Coydis
Nimrod 170 grs.

I.S.B.N.: 84-87507-86-7
Depósito Legal: M. 29416-1997

MURALLAS DE ESPAÑA

EDICIONES RUEDA J.M., S.A.
(91) 433 64 84

INTRODUCCIÓN

Desde los tiempos más remotos, el hombre ha sentido la necesidad de protegerse de las hostilidades del medio ambiente que le rodeaba y ya en sus primeros *habitats* edificó cercas de protección para defenderse de los posibles ataques de los animales y de las tribus enemigas.

Este es el origen de las murallas. En la Península Ibérica los castros celtas y ciudades ibéricas son una avanzada muestra de las técnicas aprendidas hacía varios miles de años. Unos y otros se emplazan en lugares altos, cerros o montes cercanos a corrientes de agua, y donde la orografía del terreno permita su fácil defensa.

Sus murallas están constituídas por grandes bloques casi sin desvastar llamados «ciclópeos»; todavía hoy los podemos contemplar en la muralla de Tarragona, o en las ruinas de Olérdola (Barcelona), Azaila (Teruel), etc., con puertas de entrada directas y con ausencia de torres, ya que aprovechan las inflexiones del terreno con sus ángulos para proteger el recinto.

Los celtas levantan sus murallas adaptándose al terreno, es decir, con planta topográfica, pero que por lo general suele tener formas redondeadas u ovaladas. Nos quedan los famosos castros de Santa Tecla en la Guardia (Pontevedra), Coaña (Asturias), El Viña (Coruña), etc., así como innumerables topónimos por la zona sur–oeste con el apelativo de *Castro*. La diferencia esencial consiste en que utilizan piedra pequeña, sin unión de mortero alguno, aunque aprovechando las rocas del suelo natural.

Los pueblos celtibéricos, mezcla de los dos anteriores, construyeron sus murallas siguiendo ambos procedimientos; utilizaban grandes piedras en las partes más bajas de la muralla, y menores en las más altas. Para cubrir la anchura de la muralla, la rellenarán con pequeñas piedras, pero la parte exterior e interior quedará revestida de grandes bloques. Es entonces cuando aparece el foso como norma, y se comienzan a elevar las torres de las puertas de ingreso.

En Termancia (Soria) se utiliza la roca *peinada*, es decir, recortada a propósito, sobre la que se eleva los lienzos de la muralla. Hay muchos ejemplos de fortificación, como el poblado de la Osera en Chamartín o El Raso de Candeleda, ambas en Ávila, el Castillejo de Anguita, en Guadalajara y otras.

Los romanos cambiarán el sistema constructivo en toda su esencia y aunque reutilizaron algunos asentamientos anteriores, sobre todo, se dedicaron a edificar otros nuevos.

La técnica romana de construcción de murallas es sencilla y complicada a la vez; se procura que el terreno sobre el que se va a levantar la ciudad esté en una loma inclinada y se evitan las alturas de cerros y montes. El trazado, realizado muchas veces sobre los mismos campamentos iniciales, consistirá en un rectángulo muy regular, con cuatro

puertas una en cada punto cardinal y en la mitad del lienzo. La muralla va a tener torres circulares o semicirculares, colocadas de tal forma que el defensor cubra más de la mitad del espacio entre torre y torre. Se podrá utilizar el piso que sobresale del *adarve* o paseo de ronda, al estar techado. Ejemplos notables los tenemos en las famosas murallas romanas de Lugo, que más tarde estudiaremos, Astorga, León, Termancia (Soria), Zaragoza, Barcelona y otras.
Estas murallas, precedidas de un foso, están formadas por buenos sillares perfectamente labrados y de grandes dimensiones, que por su consistencia van a ser reutilizados en construcciones posteriores, como podemos observar, por ejemplo, en la muralla de Talavera de la Reina o en Ávila, donde frente al sillarejo aparecen estos bloques romanos enormes. Muchas de estas murallas se edificaron en los primeros siglos de nuestra era debido ya a las presiones que venían ejerciendo los pueblos del norte y que amenazaban las ciudades romanas, así como de los pueblos mauritanos que desembarcaron en La Bética romana (Andalucía) llevándose un gran botín.
Tras un largo paréntesis de luchas, los visigodos reutilizarán las ciudades romanas y sólo conocemos una ciudad de nueva fundación en la península, que es Recópolis (Recaredopolis) en las proximidades de Zorita de los Canes (Guadalajara), donde se puede apreciar la muralla, con torres en las puertas hacia el interior y exterior.
La llegada de los musulmanes en el 711 hará que en el norte los cristianos comiencen a levantar defensas, aprovechando los antiguos castros celtas, y sobre todo las incidencias del terreno. Es precisamente en una zona encañonada donde van a surgir muchos castillos y defensas; se trata de una comarca que se denomina Castilla, zona situada a la derecha del río Ebro en la actual provincia de Burgos y que los musulmanes denominarán en una primera etapa «Álava y los Castillos».
Tras varios siglos de correrías por uno y otro lado, tanto de cristianos como de musulmanes, se va a poner de manifiesto la importancia de las murallas en las ciudades y villas, pues muchas veces el enemigo era tanto externo, de otros reinos, musulmanes y cristianos, como interior (nobleza, campesinado, reinos vecinos, etc).
Para llevar a cabo el mantenimiento de murallas existía el tributo de la castillería, que era pagado por la población para la construcción o reparación de murallas y castillos, así como el *fosato*, u obligación de trabajar en los fosos de las villas amuralladas para mantenerlos en buenas condiciones. El Fuero de Madrid del año 1202 contiene un apartado por el que ciertos beneficios de tierra de cultivo, prados y ejidos se destinan al mantenimiento de la muralla. Para la construcción de las murallas de Belmonte (Cuenca) en el siglo XV, se hace una *sisa* del vino consumido en la población.
Se sabe de la existencia de murallas romanas todavía en uso en los siglos del emirato y califato (711–1032) y que por diversos motivos muchas de ellas fueron derribadas (como el caso de Mérida por sublevarse contra el gobierno cordobés), o Sevilla, que atacada por los normandos, sufrió en sus murallas graves daños. Zamora fue totalmente amurallada por mozárabes toledanos, y se crearon nuevas fortificaciones en Tudela (Navarra), Medinaceli (Soria), Calatayud (Zaragoza), Brihuega y Zorita (Guadalajara), Madrid, Talamanca y Buitrago, Toledo, Maqueda, etc; es decir, protegiendo la frontera del estado cordobés con los incipientes reinos cristianos de León, Castilla, Navarra, Aragón y los condados catalanes.
Nuevas técnicas constructivas van surgiendo; aumentan los sistemas de defensas, que se hacen más complicados, y se pasa de torres macizas a torres con pisos, más aptas para la defensa. Se tiende ya a presentar entradas en recodo para ingresar a las ciudades, y se utilizan no sólo la piedra a base de sillares colocados de una manera muy peculiar, denominada «soga y tizón», que recoge modelos orientales, sino murallas levantadas a base de piedra casi sin desvastar, con hiladas horizontales de ladrillo que serán el precedente de la etapa mudéjar. Incluso cercas de grandes cajones de tapial aparecen en murallas andaluzas, sin olvidar el sillarejo utilizado en la cerca de la ciudad hispano–musulmana de Vascos (Toledo), Calatrava la Vieja (Toledo) o Valencia.
Los muros han crecido en altura, tienen almenas y fosos. Las torres están colocadas a distancias prefijadas y tienen todavía el clásico rectángulo romano, como en Córdoba, Zaragoza o Mérida. Precisamente en la capital del califato, Córdoba, hubo que ampliar la muralla para cercar el arrabal este, la Axarquia, que superaba dos veces en tamaño a la antigua medina. Esta muralla se hizo

de tapial fortísimo que nada tenía que envidiar a las sólidas murallas de piedra.
Con la llegada de las dinastías norteafricanas, almorávides y almohades (siglos XI–XII) nuevos elementos defensivos van a ser empleados en la construcción de murallas, y son la presencia de fosos y barreras, que aumentaban las dificultades para ser vencidas, las torres albarranas o exteriores a la muralla, unidas a ellas mediante un arco o muro, que hacen que el defensor tenga mayor ángulo de tiro (en caso de que se tome la torre, se parte el arco que el une al recinto quedando éste intacto y sin brecha alguna); entre las torres albarranas especiales que han llegado a nuestros días citaremos las de la cerca almohade de Cáceres, denominadas Redonda, Desmochada o Postigo, o las de la alcazaba de Badajoz, las de Écija (Sevilla) y un largo etcétera. Otras características son las corachas, o torres que partiendo del recinto amurallado van hacia el río para proteger a quien vaya a buscar agua. Badajoz, o la misma Torre del Oro, de Sevilla, son dos buenos ejemplos de corachas musulmanas.
Las murallas de Niebla (Huelva) son un notable ejemplo almohade, con una serie de puertas con entrada en recodo y torres de diversas plantas y que han llegado casi intactas hasta nuestros días, de modo que se han convertido en objeto de estudio de investigadores medievales. Obra en tapial, de color rojizo, unido al mismo color del río Tinto, hará que los musulmanes la denominen Niebla *al-hamrá,* es decir, «la rojiza».
Pronto los cristianos imitarán en sus defensas las obras del sur e incluirán en sus fortificaciones torres albarranas y corachas, como en las cercas de Talavera, Toledo, Moya, etc.
La característica común va a ser, durante los siglos XI y XII, la del masivo empleo del tapial en cajas, como se aprecia en la muralla de la Axerquia de Córdoba, en Murcia o en Almería.
Por su parte, los cristianos de los reinos del norte van desarrollando un sistema organizado de murallas, desde las grandes obras romanas remozadas, cuyo interior costará mucho tiempo poblar debido a sus dimensiones (León, Astorga, Segovia, Tarazona), pasando por las pequeñas villas amuralladas de los primitivos reinos de León, Zamora, Ledesma, Salamanca, Alba de Tormes, Medina del Campo, o los pequeños recintos pirenaicos, como Roda de Isábena, Sos o Ujué, además de las villas encaramadas para su defensa en una elevada colina, sumamente defensiva.
Tras la conquista del Valle del Ebro y del Tajo los cristianos se encontrarán con las grandes ciudades amuralladas islámicas, como Zaragoza, Tudela, Calatayud, Toledo o Tortosa, cuyos muros repararán, y se pondrán a repoblar estos grandes núcleos fundando también algunos nuevos, como Granadilla y Galisteo (Cáceres), a base de cajas de mampostería de piedra del río, que le diferenciarán de las obras islámicas y cristianas anteriores. Plasencia también conocerá su nueva fundación por obra de Alfonso VII y surgirán nuevos pueblos amurallados a lo largo del camino de Santiago, como Puente la Reina, Logroño, Santo Domingo de la Calzada, Sahagún, Carrión de los Condes, Mansilla de las Mulas, etc. La obra capital va a ser Ávila, sobre una base romana, con un recinto de ocho puertas colocadas simétricamente, con torres ultrasemicirculares y macizas a base de grandes bloques de piedra colocados «a espejo», obra importantísima en la que intervienen franceses, hispanos y musulmanes mudéjares.
En las ciudades y villas de la Corona de Aragón, y más concretamente en el reino de Valencia, se edificarán nuevos pueblos en llano, abandonando las cimas de las montañas para que no haya peligro de rebeldía de los moriscos, y las nuevas poblaciones tendrán un trazado racionalista: plantas alargadas con cuatro calles que se cruzan en el centro y se abren a los cuatro puntos cardinales, como Villarreal de los Infantes (Castelló), Castelló de la Plana, Elx, etc.
A partir del siglo XIV, cuando la pequeña burguesía y los señores se imponen en toda la geografía peninsular surgirán las puertas monumentales de las ciudades, para llegar a casos tan destacados como la puerta de Cuarte en Valencia, que actúa como verdadero arco triunfal.
La cantería va a dejar paso a la mampostería, porque es más fácil y rápida, y las reparaciones en murallas del siglo XV van a tener estos retoques arquitectónicos unidos a las barreras que defenderán las puertas, que se protegen, además, con barbacanas o muros defensivos delante de los ingresos. Va a ser indistinto el empleo de torres de planta circular, o cuadrada, y no es raro encontrar torres hexagonales, recuerdo cristiano en piedra de las primeras obras almohades en tapial.

El elemento mudéjar, es decir, el estilo que emplea el musulmán que se ha quedado a vivir en territorio cristiano y que pronto es imitado por el propio cristiano, ayuda a producir obras interesantísimas. A base de ladrillo, mampostería y yeso, se elevan las murallas de Olmedo, Medina, Arévalo y Cuéllar, a las que se dota de ese especial arte oriental a base de arcos de herradura en ladrillo y retoques ornamentales en yeso. Algunas de las puertas de Segovia, así como la Puerta de San Esteban y San Martín, de Burgos, junto a otras en Toledo, como la puerta del Sol, pertenecen a esta faceta artística.

Troneras, matacanes falsos o de aparato, muros en talud y grandes fosos irán imponiéndose a las saeteras, barreras y líneas rectas de las murallas, indicando que el uso de la piedra y, por lo tanto, de armas de fuego, va a hacer variar totalmente los sistemas constructivos de las murallas, que pasan a ser obras en las que predominan los baluartes.

Desde el empleo de la pólvora en la toma de Algeciras, en 1344, se va a ver cómo las murallas de piedra, mampostería o tapial, pueden caer por la fuerza de las armas de fuego como bombardas, culebrinas, etc. Toda la guerra de Granada (1483–1492) llevada a cabo por los Reyes Católicos, pondrá de manifiesto la superioridad de las armas cristianas sobre las de los musulmanes granadinos, todavía aferrados a las viejas armas arrojadizas.

Se cierra aquí un ciclo de murallas medievales que prosigue con amurallamientos renacentistas y con una importantísima expansión hispana hacia las plazas costeras de África y todo el continente Hispanoamericano, incluyendo también las Islas Filipinas.

Son muchos siglos de experiencias y de reformas que sucumbirán en parte en el siglo XIX, no por haberse empleado malos materiales y derrumbarse, ni siquiera a causa de guerras, sino por decisión del gobierno, que considerará que las murallas eran un símbolo medieval, un corsé que ceñía la ciudad e impedía su desarrollo. Así, incluso con festejos, se celebró entonces el derribo de muchas murallas. En España cayeron bajo la piqueta las de muchísimas ciudades. Así, en 1833, el propio ayuntamiento de Granada mandó derribar la Puerta de los Molinos; en 1867, la del Sol, y en 1879 la de Alcalá. En Écija (Sevilla), se derriban las puertas de Capuchinos, Estepa, La Oliva y Santa Ana, en 1868. Valencia, Sevilla y Toledo, en 1864, verán diezmados sus monumentos militares con el derribo de varias de sus puertas. La puerta de Santa Margarita, de Palma de Mallorca, había sido declarada Monumento Nacional en el año 1908, pero en 1912 apareció casi demolida: «durante la noche, por orden del Ayuntamiento, una brigada de obreros, a la luz del acetileno, lo destruyó con dinamita».

Talavera de la Reina verá en ese siglo cómo caen sus puertas: en 1860 desaparecerá la del Río; en el año 1881, la de San Pedro y en 1866, la de Mérida. Para no prolongar más la lista, diremos que por toda España la piqueta municipal derribó sus puertas y murallas, dejando sólo alguna de aquéllas que, a modo de arco triunfal, podría embellecer una plaza, como la Puerta de Alcalá de Madrid, o la de Toledo, en Ciudad Real. Si se salvaron metros de muralla fue debido a que formaban parte de la medianería de las casas, o al menos tenían casas adosadas por uno de sus lados, formando parte de inmuebles, y gracias a eso se han podido conservar restos de murallas como Arévalo (Ávila), Atienza (Guadalajara) o tantos otros lugares.

Aún así, el enorme Patrimonio Artístico Español todavía nos sorprende por su riqueza. En una lista alfabética provincial encontramos la siguiente estadística de murallas, restauradas, o vestigios de ellas; según el Inventario de Protección del Patrimonio Cultural Europeo, los Monumentos de Arquitectura Militar son:

Álava	17
Albacete	6
Alicante	16
Almería	4
Ávila	8
Badajoz	10
Baleares	6
Barcelona	23
Burgos	20
Cáceres	15
Cádiz	17
Castellón	25
Ciudad Real	3
Córdoba	16
Cuenca	15

Gerona	88
Granada	11
Guadalajara	16
Guipúzcoa	12
Huelva	3
Huesca	23
Jaén	14
La Coruña	6
León	9
Lérida	27
Logroño	18
Lugo	6
Madrid	8
Málaga	11
Murcia	7
Navarra	17
Orense	8
Oviedo	6
Palencia	19
Pontevedra	3
Salamanca	10
Santander	2
Segovia	9
Sevilla	12
Soria	13
Tarragona	13
Teruel	19
Toledo	10
Valencia	19
Valladolid	10
Vizcaya	7
Zamora	10
Zaragoza	28
Ceuta	1
Melilla	1

Sumados todos, forman un elenco cultural de seiscientas setenta murallas, aunque hay que precisar que muchas de ellas son tan sólo vestigios, obras reducidas a unos metros y casi todas incompletas, salvo algunas excepciones, que son las que vamos a tratar de reseñar a continuación.

JORGE JIMÉNEZ

LUGO

Los viajeros que van a Galicia interior quedan asombrados ante la muralla romana de Lugo, que mide nada menos que 2,140 metros de longitud y abraza toda villa. Últimas intervenciones del Ayuntamiento han terminado la labor antes iniciada de derribar las casas que estaban adosadas a la sólida muralla lucense en su parte exterior. Gana así esta ciudad en belleza, al ajardinar este espacio y liberar a las milenarias piedras de casa, en su mayoría humildes, que se construyeron precisamente entre cubo y cubo en busca de la protección de los grandes muros. Observamos que las puertas de esta muralla son relativamente recientes, a modo de simples arcos, excepto la Puerta de Santiago que se abre entre dos soberbios cubos, pero esto lo iremos describiendo a continuación.

El origen de *Lucus Augusti* fue un campamento romano edificado sobre un castro celta llamado *Lug* al que dio capitalidad de convento jurídico el emperador romano Augusto,, por lo que adoptó apelativo de *Augusti*. En el siglo III después de Cristo, tras la reforma administrativa de Caracalla se llevó a cabo la creación de una nueva provincia denominada *Gallaecia*, de la que Lugo siguió siendo capital de convento jurídico, y tomó importancia con la construcción de la muralla. Del campamento romano queda el trazado que iría por la Rua Nova, calle San Froilán, San Marcos, Reina, Plaza de España y Plaza de Santa María. Si observamos el plano adjunto (página 18), veremos que se ha indicado con línea gruesa este trazado. Tomando el campamento romano como centro, en el siglo III se edifica la actual muralla que cuadruplica la extensión de aquél.

Lugo conserva, también, los restos de unas termas junto al río Miño, así como son constantes los hallazgos de casas romanas en el subsuelo de la ciudad. De aquí partían numerosas calzadas: hacia Astorga, Padrón (Pontevedra) y Betanzos (La Coruña). Pasados dos siglos de dominación romana Lugo fue ocupada por los visigodos y posteriormente por los suevos, constituyendo junto con Braga (Portugal) el principal núcleo urbano de

Lienzos y cubos de las murallas de Lugo, construidos en lajas de pizarra.

Galicia. Sin embargo, fue asolada por Remismundo hacia el año 460, estableció en ella su corte. Varias noticias de esta época han llegado hasta nosotros: en el año 559 y 560 fue sede de dos concilios, concilios encaminados a condenar el arianismo y las doctrinas de Prisciliano consideradas como heréticas. Finalmente, los visigodos ocuparon Galicia y unificaron bajo su mandato toda la Península.

Hacia el año 714, la ciudad de Lugo fue conquistada por Muza Ibn Nusair, aunque lo más probable es que la ciudad estuviese desierta porque la población había huido a las montañas. En el año 746, el rey Alfonso I el Católico la ocupó, ordenando al obispo Odoario que repoblase la ciudad. Lo cierto es que nunca más estuvieron en Lugo los musulmanes. Una de las puertas de la muralla lleva el nombre de este obispo. Los que sí consiguieron saquear la ciudad fueron los normandos, que en el año 908 penetraron por Galicia saqueando todas las costas peninsulares, Iria Flavia, Tuy, Oporto, Lisboa, Sevilla, por lo que se inició una etapa constructiva de torres vigías y de amurallamientos en todo el norte, así como ocurrió en el emirato cordobés ante la amenaza de estos piratas.

La catedral iniciada en 1129 va a ser el otro monumento más importante de la población y también el símbolo del poder eclesiástico, que ocasionará luchas entre el concejo de la ciudad, la nobleza y la iglesia. Va a sufrir los ataques armados de unos y otros y la muralla será modificada, especialmente las puertas, con arreglo a las necesidades de defensa de la época.

En líneas generales, estas murallas tienen una altura variable que oscila entre los diez y los quince metros, siendo una de sus más espectaculares características el paseo de ronda superior o *adarve*, que tiene una anchura de cinco metros. Hay que aclarar que realmente le falta un piso a cada cubo, por lo que eran mucho más airosos en su tiempo que ahora, y sólo en una de sus torres ha quedado el piso para el cuerpo de guardia, abierto por una serie de arcos que estaría rematado por un tejadillo.

Otras de las características más llamativas y que ha dado origen a numerosas discusiones, es la de estar fabricadas, tanto los lienzos como los cubos, en su mayoría, por lajas de pizarra. Han llegado hasta nuestros días setenta y dos cubos de los ochenta y cinco que llegó a tener. De los que ya existen hemos podido averiguar su emplazamiento exacto, ya que ocho fueron seccionados, quedando a la vista el arranque de los muros laterales, y los cinco desaparecidos podemos situarlos perfectamente.

En el siglo dieciocho, por orden del Ayuntamiento de la ciudad, se decide aforar los huecos entre cubo y cubo de muralla, para conseguir ingresos en sus arcas, y así se hace, lo que de hecho sirvió precisamente para que la muralla, mejor resguardada entonces por las casas al exterior y al interior, continuara intacta hasta que en el año 1953 el Ayuntamiento, con la colaboración de Bellas Artes, inicia el derribo de los ciento treinta edificios que en un recuento de aquel año aparecieron adosados a sus cubos.

En esta página, el adarve. Junto a estas líneas, la Puerta Nueva y el paramento.

Un suceso histórico tuvo lugar en 1846; fue que el coronel Miguel Solís se alzó para derrocar a Narváez, siendo la ciudad situada por el general Concha durante quince días, bombardeada y tomada al asalto. En 1921 la muralla fue declarada Monumento Nacional.

Para una visita detallada a la muralla partamos de la Puerta de Santiago, o del Postigo, defendida por dos hermosos cubos y que en épocas de peste era la única que quedaba abierta para control de la ciudad. Mide 4,15 metros de ancho y su altura es de 6,90 metros. El arco es ligeramente apuntado. La torre de la derecha según entramos conserva grandes sillares romanos de piedra, encajados unos en otros. Sin embargo, la torre de la derecha tiene el típico aparejo de lajas de pizarra y piedra. La puerta se abre en una vaguada natural y tiene por su interior una hornacina con la imagen de Santiago. Tuvo puente levadizo, que permanecía todavía en el año 1839 y se accede al adarve mediante campos. Indudablemente, al estar tan cerca de la catedral, por una de las principales puertas y junto con la de San Pedro, es la que mejor nos da idea de la primitiva fortificación romana.

De esta puerta prosigue la muralla, sin cubos, hasta la Puerta del Obispo Aguirre. Se puede observar cómo fueron mutilados muchos cubos, y se consumará su destrucción históricamente durante la época de Alfonso V, que asaltó y derribó varios cubos para tomar la ciudad donde se encontraba el conde Rodrigo Obeguez, que se había levantado contra él.

La puerta del Obispo Aguirre tuvo dos cubos para guarecerla. Mide casi diez metros de ancho y el adarve está a cuatro metros de altura. El arco y la decoración es tardío, concretamente del año 1844 según reza una plaza. Abiertos, en el gro-

El adarve de la muralla y una vista del cuerpo superior de la guardia.

Detalle de los cubos, con base de grandes sillares y lajas de pizarra.

sor de la muralla, dos cuartitos para vigilancia de consumos... desde aquí a la Puerta del Obispo Izquierdo hay cuatro cubos. Es una puerta nueva abierta en 1888. Se abre en una cornisa del terreno y mide en arco cuatro metros y treinta centímetros de ancho y el adarve está a ocho metros y diez centímetros metros de altura.

A partir de aquí y hasta la Puerta de San Pedro, tenemos cuatro hermosos cubos romanos. Hay un bastión angular llamado «Reducto Cristina» por mención a la Reina regente María Cristina, que fue construido en el siglo XIX. Aquí tenemos uno de los cubos más antiguos de la muralla y mejor conservado, que tiene el cuerpo alto para la guardia, obra romana, y que falta en los otros torreones. Los otros cubos son muy característicos y nos encontramos con la Puerta de San Pedro, denominada antiguamente «Toledana» por estar orientada en aquella dirección.

Esta puerta queda flanqueada por dos hermosos cubos de granito reconstruidos, pero que le dan el aspecto que tenía en épocas pasadas. La altura es de 10,80 metros y mantiene las proporciones de defensa romanas, aunque el arco que separa ambos cubos sufriera reformas en el siglo XVIII. Mide 3,70 metros de ancho y destaca la buena fábrica de los sillares graníticos y calizos, colocados en hiladas o enjarjados unos con otros, siendo su remate la típica obra de lajas de pizarra. Está situada en una vaguada y se salvó de su derribo en 1862.

De aquí pasamos a la Ronda de Castilla y entre el segundo y tercer torreón hay un hueco que corresponde a un desagüe romano que atravesaba la muralla. La Puerta de la Estación es la tercera abierta de nuevo en la cerca lucense y fue en 1875; como dato anecdótico diremos que el coste de la obra fue de 14.612 pesetas. Es un simple arco de diez metros de ancho y se abrió para comunicar la ciudad con la estación de ferrocarril.

Antes de llegar a la Puerta Falsa hemos de admirar los soberbios siete cubos con sus lajas perfectamente dispuestas y sus grandes masas interiores, pues todos son macizos. La puerta del Boquete o falsa es de sillería y pizarra. Mide su arco 3,45 metros y la muralla 11,50 metros. Las esquinas y el arco son de buen cantería reutilizando material romano, y se accede por unas escaleras. Justo al lado está la de San Fernando, que se abrió en 1858 y que fue modificada en 1967. Consta de un simple arco.

La muralla gira, con buenos cubos, hasta llegar a la denominada Puerta Nueva, que paradójicamente es una de las más antiguas de la muralla, pues constaba de dos cubos circulares semejantes a la Puerta de San pedro y en la reforma de 1899 se derribó uno de ellos. Obsérvense los buenos sillares romanos, continúan los cubos, algunos panzudos y de mediana altura, pero conservando siempre su paseo de ronda intacto, hasta la Puerta del Obispo Odoario abierta en 1921 y sin interés alguno.

Varios cubos seccionados siguen a esta puerta hasta llegar a la Puerta Miñá o Puerta del Carmen, situada en una vaguada y que da acceso al camino hacia el río Miño. Se abre entre dos cubos de granito separados sólo 3,65 metros, siendo la altura del paseo de 7,70 metros. Es la más antigua conservada, es decir, la que ha sufrido menos modificaciones y tras su primer paramento de grandes sillares de granito viene el de lajas de pizarra. De aquí a la Puerta de Santiago no tenemos cubos ya que fueron derribados en 1881. Esta zona es conocida como el Paseo de los Canónigos. Hemos recorrido 2.140 metros de

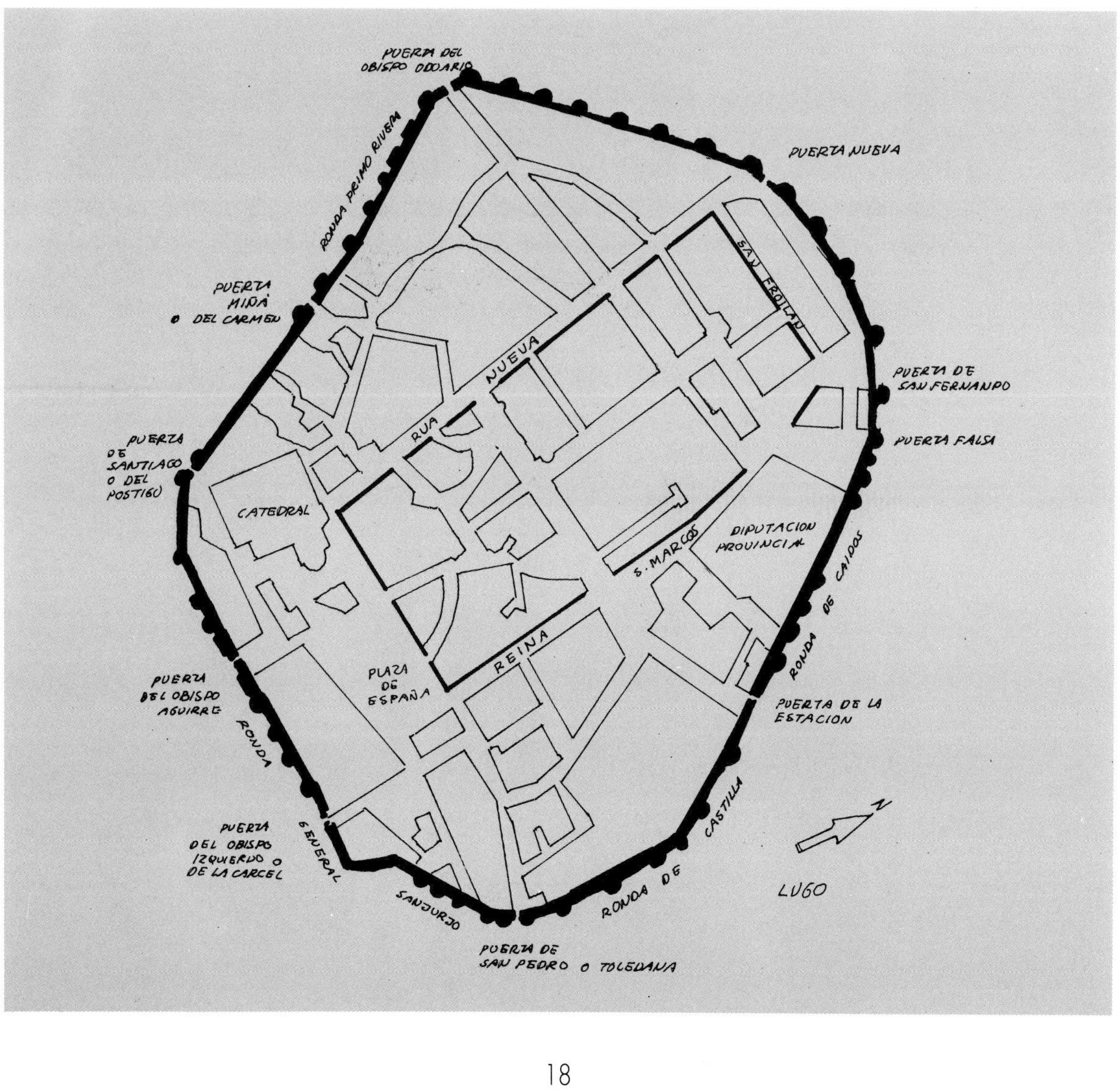

Plano de la muralla de Lugo. Subrayado en negro, el perímetro del primitivo campamento romano.

Cubos cortados de la muralla, donde se aprecia bien la obra, trabajada en lajas de sillería y sillarejo.

muralla romana. Hay que reseñar que para acceder al adarve existen una serie de rampas que desde la época romana han sido modificadas, pero muchas de ellas mantienen su primitiva estructura. Estas rampas están situadas junto a las Puertas, o a veces se recurrió al empleo de escaleras como en las del Castillo, Puerta de la Estación, Puerta Falsa, etc. Don Adolfo de Abel Vilela, en su guía de las murallas romanas de Lugo, es la persona más documentada sobre este tema, junto con Don Narciso Peinado, de quienes he tomado los datos.

Las murallas de Lugo son un monumento nacional que ha servido de base e inspiración arquitectónica para otras murallas peninsulares construidas en la Edad Media, como son las de Mansilla de las Mulas (León), Zamora, Ávila, Bonilla de la Sierra o Plasencia (Cáceres).

MONTERREI (Orense)

Muy poco se ha escrito sobre la acrópolis de Monterrei, en la provincia de Orense, y digo poco porque convendría estudiar debidamente las diferentes etapas constructivas desde el castro celta hasta el siglo XVIII. Orense, como provincia fronteriza con Portugal desde el siglo XII, tuvo que fortificarse doblemente por su proximidad al reino de León y el país vecino.

No muy lejos de Verín se encuentra este gran cerro donde está situada la antigua población amurallada de Monterrei. Tuvo un asentamiento prehistórico por ser un cruce de caminos natural, ya que está situada entre la comarca zamorana de Sanabria y Orense con el valle del río Miño, así como por ser la última gran población en dirección a Chaves (Portugal). El haber sido plaza fronteriza la va a convertir en una pequeña acrópolis, donde estará incluído el castillo, el palacio, la población, con sus casas, hospitales y otras dependencias, hoy todo deshabitado, pero limpio y en vías de restauración; conserva todo el sabor medieval.

Retrocediendo en la historia averiguamos que Monterrei fue repoblado en la Edad Media por mozárabes, es decir, cristianos que venían del sur español, y prueba de ello es la cercana iglesia de Santa María de Mixós de este estilo único en Europa, mezcla de arte islámico con cristiano. Representa el esfuerzo de los colonos gallegos y castellanos por repoblar una comarca casi vacía y que por orden del buen rey Alfonso VIII de Castilla se repuebla hacia el año 1150.

En las primeras fortificaciones que vamos a encontrar hay lienzos que corresponden a la época del rey Alfonso IX (1188–1230), aunque ya hubo un primitivo castillo edificado para intentar frenar de la belicosidad del infante portugués don Alfonso Henríquez (1128–1185), nieto de aquel otro Alfonso VI, hombre destacadísimo para la historia de Portugal, pues subió al trono expulsando de él a su madre y al conde gallego Fernández Pérez de Trava, amante de la reina, siendo finalmente reconocido como rey de Portugal por Alfonso VII de Castilla y León, tras haber invadido el sur de

Garitón y baluarte en Monterrei, y torre del castillo, con matacanes y un balcón gótico bajo tres ménsulas.

Galicia, tanto por la actual provincia de Pontevedra como por la de Orense; ya entonces tuvieron lugar en Monterrei sangrientos combates.
Y también en esta villa amurallada el famoso rey don Pedro el Cruel celebró un consejo en el cuál se decidió asesinar al arzobispo de Santiago de Compostela, don Suero Gómez de Toledo, opuesto a la política ambiciosa y caprichosa de este monarca.
No podemos hablar de Monterrei sin referirnos a don Sancho López de Ulloa, que era el esposo de Doña Teresa de Zúñiga, quien ordenó construir en el castillo la torre del Homenaje que ahora vemos, y que consiguió el título de conde de Monterrei en el año 1482. La obtención de este título fue vivamente comentada en la época, ya que la consiguió durante las revueltas contra los irmandiños, en época de Enrique IV, cuando la nobleza exigía y mandaba en el monarca. Sabemos que gastó más de un millón de maraveies para la obra, según reza la lápida incrustada sobre la puerta de ingreso de la torre.
De la importancia que tuvo para la seguridad del reino, conviene recordar que los Reyes Católicos, no muy de acuerdo con la tenencia de la fortaleza de don Sancho López de Ulloa, ordenaron entregarla en el año 1501 a Fernando de Vera, que era gobernador de Galicia, así como los palacios y casa–fortaleza de la puerta del arrabal. La segunda torre del castillo se dice que fue construida por D. Juan de Zúñiga. El Cardenas Cisneros también estuvo en Monterrey, junto con el rey Fernando el Católico y sus hijos, para encontrarse con Felipe el Hermoso y doña Juana, ante la solicitud de aquél del reino de Castilla que parecía pedir en 1506.
Convertida en plaza fuerte tiene todavía los restos de su antigua muralla medieval, dentro de la gran obra de los siglos XVI y XVII en que se labra un gran recinto abaluartado para la defensa contra el vecino reino de Portugal.
Por un plano del siglo XVIII sabemos que en esta zona denominada «la raya seca», por ser frontera sin el río Miño como foso, ocupaba la colina y tierras anejas. En los comienzos del siglo XVI, como hemos visto, la corona se hizo cargo del castillo, pero tuvo que entregarlo de nuevo a los condes de Monterrei en 1512.
Las guerras con Portugal en el siglo XVII con motivo de la nueva independencia de España harán que

Preciosa saetera en cruz y orbe, del siglo XV. Debajo, marcas de cantero en los sillares. A la derecha, el patio de armas, con la muralla abaluartada, buen trabajo de cantería en el cubo y una hermosa galería gótica.

Reducto del baluarte y una puerta gótica en el recinto de Monterrei.

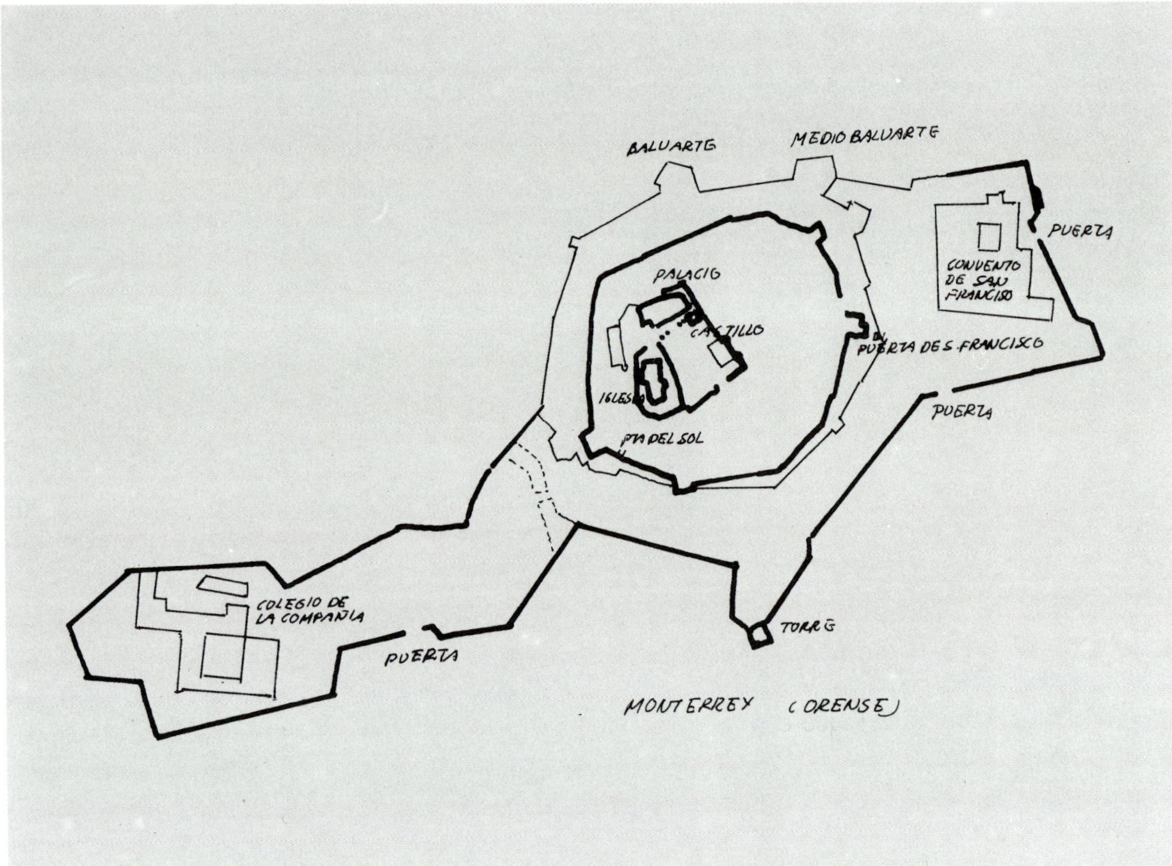

Almenas historiadas, con saetera, y marcas de cantero en lienzos y bóvedas.

se abaluarte la muralla, lo que se hace atendiendo a las nuevas obras de ingeniería militar.
Así, el primer dato que tenemos del abaluartamiento de la villa corresponde al año 1644, fecha en que el gobernador de Galicia, el Marqués de Tavara, envío al ingeniero Juan de Villarroel y Prado para estudiar la muralla y dar su informe, que fue favorable, para la nueva obra, así como el recinto de la Atalaya, monte cercano que defendió la toma de agua de Monterrey.
Las obras continúan lentamente, cambiando gobernadores e ingenieros, siendo D. Carlos de Grunemberg quien tuvo el honor de cerrar el primer recinto abaluartado hacia el año 1664. Otro segundo recinto más bajo se completó en el siglo XVII abarcando hasta el colegio de la Compañía y el Convento de San Francisco, situado en el ángulo opuesto.
Para hacernos una idea más clara de la importancia de estas murallas, diremos que en lo más alto se encuentra la iglesia románico-gótica, el palacio de los condes de Monterrei y la torre del Homenaje y la de las Damas, dejando un patio central sobre el que giran estas edificaciones. La ermita de San Juan, los cuarteles y el conjunto de viviendas forman un círculo en torno al castillo y palacio protegido por una cerca con los baluartes del Sol y una torre que defiende la Puerta de San Francisco, así como el postigo del Sol. Opuesto a éste, otro baluarte y todos los lienzos están circundados por una falsa braga de piedra con los baluartes denominados de el Medio, y Medio Baluarte.
La segunda cerca o nuevo recinto, que parte precisamente de este medio baluarte, engloba también al convento de San Francisco, hasta llegar a una torre vigía y proseguir hasta el llamado colegio de la Compañía, que queda intramuros. Dos puertas situadas cerca del convento y colegio, respectivamente, le sirven de salida. En nuestros días permanecen las puertas, aunque no las otras edificaciones, que están en ruinas.
Del recinto abaluartado construido por don Carlos de Grunemberg en el año 1649 destaca un ángulo del baluarte con su garitón, que todavía desafía al tiempo, así como la mayoría de los lienzos, muchos de ellos recubiertos de plantas, lo que denota la fértil y húmeda región donde están enclavadas la fortaleza y la muralla.
El recinto amurallado primitivo del siglo XIII, del que quedan algunos lienzos en torno al castillo e iglesia, está en mal estado; el castillo fue declarado Monumento Nacional en 1931 y el recinto abaluartado, también.
Como es conocido por todos, en el monte, a los pies de la acrópolis, se ha construido un parador nacional de turismo desde donde se puede acceder fácilmente hasta el conjunto de edificaciones del castillo, iglesia y baluartes, obras militares que van desde el siglo XIII al XVIII, inclusive.

OLITE (Navarra)

Olite está situado en un pequeño cerro en la zona de transición entre La Ribera y la Navarra Media, en el margen del río Cidacos. La zona que le rodea es rica en huertas y sotos, y tiene muy próxima la Sierra de Ujué, que limita su término municipal con los de Tafalla, al norte; San Martín de Unx al nordeste; Beire y Pitillas al este; Murillo el Cuende al sureste; Caparrosos está al sur, junto con Marcilla, y Falces al oeste.

Incluso habitado desde la época del magdaleniense, como se deduce del conjunto de piezas líticas encontradas en la Haya Grande, la pequeña población de Olite va a constituir un núcleo de relativa importancia en época histórica y, en concreto, con la llegada de los romanos, a quienes se les atribuye su fundación. Los materiales encontrados hasta ahora en las diferentes excavaciones (cerámica, monedas) nos hablan de restos de pequeñas explotaciones agrícolas. El núcleo del antiguo recinto urbano de Olite nos muestra una parte romana denominada «el cerco de dentro», y otra que se conoce como «el cerco de fuera» que corresponde a un ensanche medieval de repoblación cristiana de la zona.

El «cerro de dentro» estaba formado por un recinto de dos hectáreas, de forma trapezoidal, con unos seiscientos metros de muralla, que ha sido en gran parte destuida para reutilizar su material, pero de la que aún podemos apreciar los restos de veinte torres simétricamente colocadas y distantes entre sí treinta metros aproximadamente. Estas torres y lienzos están formadas por hiladas de sillares rectangulares que varían en sus medidas, pero algunos bastante grandes, de metro y medio de longitud por 0,6 m. de altura, y muchos de ellos almohadillados. Se piensa que corresponde a una obra romana de los siglos I y II.

De la época visigoda, que ocuparía el mismo solar que el romano, tenemos fuentes escritas, que recoge San Isidoro de León en su *Historia Gothorum* donde se expresa que en el año 621, bajo el reinado de Suinhia: «efectuó también en el comienzo de su reinado una expedición contra las incursiones de los vascones que infestaban la pro-

Torre llamada romana, hecha a base de sillares almohadillados. A la derecha, el portal de Tafalla, abierto en el muro medieval.

Parador
Parador

Interior de la puerta del Chapital, obra gótica que defendía el primer recinto amurallado de Olite.

vincia tarraconense. Su llegada infundió a los montañeses tal terror que en seguida, aparentando reconocer sus justos deberes, depuestas las armas y tendiendo suplicantes las manos, le doblegaron humildes sus cervices, entregaron rehenes y erigieron a su costa y su trabajo Oligito como ciudad de los godos, prometiendo acatar su soberanía y poder y cumplir cuanto ordenara». Aquí tenemos, pues, una buena referencia para la descripción de la fundación o refundación sobre el solar romano de Olite.

Lo indudable es que con el levantamiento de los vascones, tanto Leovigildo como Suintile tuvieron que llevar a cabo una serie de campañas militares contra los vascones para someterlos.

De esta muralla romana se ha construido una torre, de la que se aprecian dieciocho hiladas horizontales de sillares almohadillados y doce hiladas de sillares más sin almohadillas, estando las esquinas mejor labradas y de nuevo con estos sillares almohadillados.

Llegada la época musulmana, el conde Casto, del partido de Vitiza, capituló ante los musulmanes y se islamizó en el año 714. Sus descendientes fueron los famosos Banu Qasi de Tudela, y su área de dominio y acción comprendía entonces las ciudades de Calahorra, Tarazona, Tudela y Nájera, que dominaron durante los siglos VIII y IX. Fueron denominados *los terceros reyes,* ya que se mantenían en sus fueros con una gran independencia tanto de Córdoba como de los reinos cristianos de Pamplona y del Pirineo.

Con el rey Sancho Garcés I (905–925), los dominios de los Banu Qasi se verán afectados, pues el cristiano conquistará Santa María de Ujué, desde donde se divisa Olite, y se formará un vacío de frontera frente a los musulmanes en esta zona que durará dos siglos. Con la toma de la ciudad de Tudela en 1119, se decidirá a repoblar esta zona. En 1089 se cita a Olite como una almunia o casa de campo del monarca de Pamplona y se concederá fuero a los pobladores de Olite en el año 1147. Es entonces cuando se desborda la población del viejo recinto romano, creándose a un lado un nuevo burgo que cuatriplicará la extensión primitiva. Entre uno y otro cerco quedará un espacio vacío que será la actual plaza de Carlos III el Noble. La nueva población quedará dividida por la Rua Mayor, quedando a su izquierda un conjunto de calles de irregular trazado en torno a la iglesia de San Pedro y a la derecha, un sistema viario perfectamente organizado.

El núcleo primitivo romano y visigodo quedó como pequeña acrópolis para la nobleza, con la construcción de un castillo denominado más tarde «Viejo», la iglesia de Santa María, el Ayuntamiento y la Torre del Chapitel. La muralla va desde el Portal de Tafalla o San Francisco, siguiendo a la derecha por la denominada calle romana en la que se encuentran lienzos y torres de esta época, hacia la Casa Consistorial donde gira a su izquierda siguiendo por la Plaza de Carlos III el Noble, y ahí se abre la puerta bajo la torre del Capitel y enlaza con el castillo, iglesia de Santa María y Ronda del Castillo, para volver a la Puerta o Portal de Tafalla.

El segundo recinto o «cerco de fuera», que parte del Ayuntamiento, sigue por la calle Alcalde de Maillala para torcer a su izquierda. Aquí estaría el Portal de Falces, sigue la muralla por la calle Arco de Afuera hasta el Portal de Tudela, situado al final de la Rua Mayor, para continuar hacia la iglesia de San Pedro, situada en un ángulo de la muralla, donde a poca distancia se unía con el castillo y, por lo tanto, con la «cerca de dentro». Aquí estaba el Portal Ferrero, porque por él se introducía el heno, o Portal del Río, que era una puerta que formaba ya parte del castillo y que se dirigía al camino de San Martín de Unx.

Como dato anecdótico señalamos que según las normas de Olite en el siglo XIII, cualquier nuevo vecino de la población «debía constuir dos almenas en la barbacana para ser admitido en la villa», como señalan los profesores Carmen Jusué y Eloisa Ramírez en su magna obra sobre Olite. En 1365 el rey Carlos II recurrió a obligar a todos los vecinos a reparar la muralla, con excepción «de viudas y huérfanos».

El palacio de Olite, sucesor de aquella primitiva almunia real, va a ser habitado por el rey Teobaldo de Champaña, pero será Carlos III el Noble quien transformará el primitivo palacio–fortaleza en una cómoda residencia. El castillo viejo se ha convertido en la actualidad en Parador Nacional de Turismo y consta de un rectángulo con cuatro cubos en las esquinas. Las habitaciones giraban en torno a un patio central alargado. Las torres de este castillo–palacio, «el palacio viejo», se denominan: de la Prisión, Capilla y de la Cigüeña. Se trata de una obra gótica de gran envergadura,

Cubo de la muralla, con base romana, y detalle del paramento de sillares.

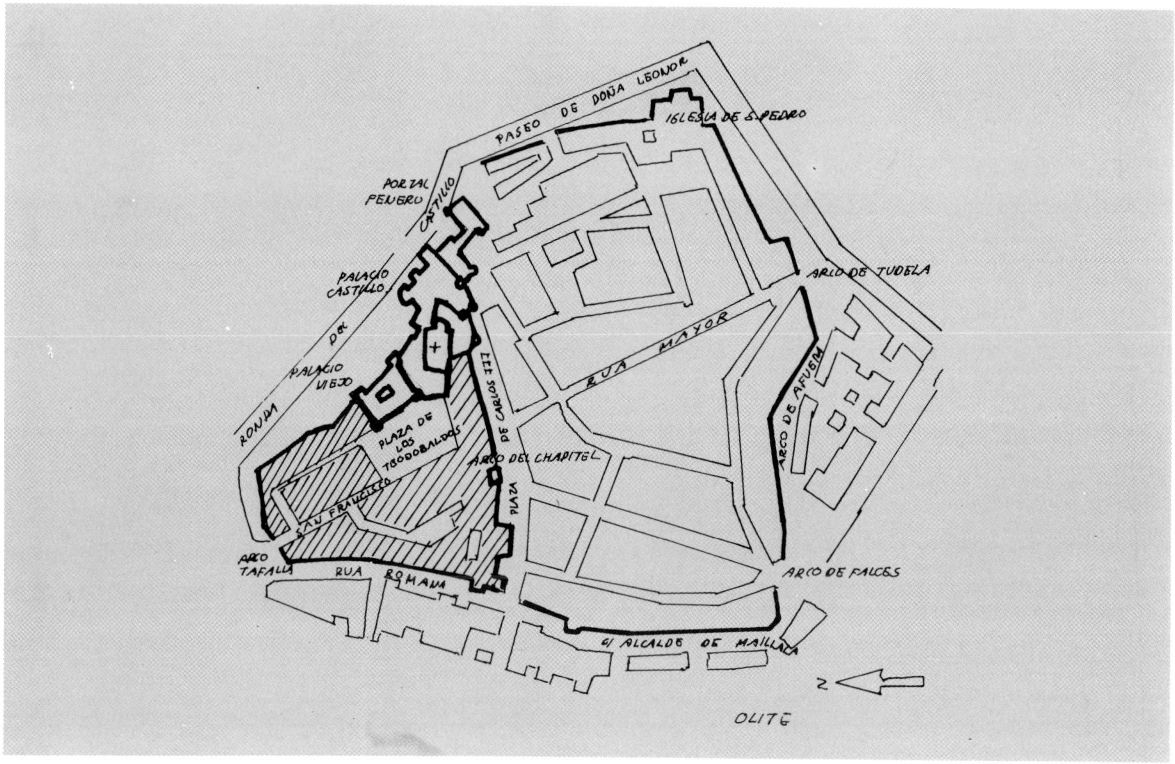

con una notable galería interior, en la que trabajaron obreros y alarifes musulmanes. Después, se encontraba la capilla de San Jorge, hoy en ruinas, para enlazar toda esta obra con la iglesia de Santa María y ya el castillo nuevo.

Los reyes de Navarra eligieron Olite como corte, junto con Pamplona. Olite era también cabeza de Merindad, una merindad bastante extensa, pues ocupaba la quinta parte de la actual Navarra.

En los siglos XIV y XV es cuando va a adquirir notable importancia, bajo la figura del rey Carlos III, con la construcción de la capilla de San Jorge, el palacio–residencia y también del alcázar real, que tenía su jardín, sus huertos, e incluso un pequeño parque zoológico con animales exóticos. El propio castillo tuvo veintidós torres, algunas con nombre propio, como la Torre de los Cuatro Vientos, Las Atalayas, La Torre sobre el Portal, Torre de las tres coronas, Ochavada, del Aljibe, del Homenaje o de la Prisión. Hay que anotar que en él vivieron numerosos personajes históricos, como la Reina Blanca, casada con Juan II y cuyo hijo fue el príncipe Carlos, llamado el príncipe de Viana quien, como su madre, residió largos años en Olite, convertida así en corte de Navarra. y que también en Olite se celebraron frecuentes cortes. Fue famoso el convenio de 1471 firmado en esta localidad por el que la hija del rey Juan II, Leonor, renunciaba a sus derechos a la corona de Aragón. La judería fue muy importante, y con la expulsión de los judíos en el año 1498 comenzó el declive económico y político del lugar. Fernando I el Católico incorporó en 1512 Navarra a la corona de Castilla. Al poco tiempo se construyeron varios palacios de los nuevos señores castellanos y navarros, como el del marqués de Rada, situado en la Rua Mayor.

Las murallas de Olite, de las que forma parte el palacio viejo y el castillo, constituyen un caso excepcional en la arquitectura militar hispana por sus diferentes formas, su arriesgada altura y su particular estilo, que podemos denominar francés. Las cavas de la muralla o fosos fueron objeto de obras en el siglo XVI, ya que en el año 1550 se inició su cegamiento que no llegó a hacerse efectivo hasta 1601, contribuyendo negativamente a la visión militar de las murallas.

Tras la conquista de Navarra por Fernando I, este rey decretó la demolición de muchos de sus castillos y torres, aunque fueron bastantes los que llegaron a salvarse incumpliendo este decreto. El de Olite, intacto, se convirtió en residencia del virrey y mantuvo así su pasado real. Fue declarado Monumento Nacional en 1925.

Plano del recinto amurallado de Olite. Con trama, el palacio–residencia y alcázar.

ARTAJONA (Navarra)

Aislada en un pequeño cerro que le sirve de atalaya natural, esta villa debe su existencia a un cruce de caminos que desde Tafalla y Olite cruzan a Puente la Reina, de la que dista tan sólo catorce kilómetros, para enlazar con el Camino de Santiago. Recorrida de sur a norte por un camino que desde Pamplona va a Miranda de Arga y a Falces, la pequeña población se encuentra en una situación geográfica parecida a la de Olite, pues está a caballo entre La Ribera y la Navarra media.

Tiene una de las más famosas murallas medievales y la mejor conservada de toda Navarra, murallas denominadas «El Cerco», que le sirvieron de muy buena defensa frente a castellanos, aragoneses y franceses a lo largo de la Edad Media. Es sorprendente ver en una población tan pequeña unos edificios tan como grandes estas sólidas murallas o la iglesia parroquial; este es el caso de Artajona, en que se dan ambas cosas. Junto al poder militar que representan las obras de defensa, el religioso, centrado en la iglesia de San Saturnino, que fue levantada en el siglo XIII y que conserva en perfecto estado su estructura ojival, con una soberbia torre nave de trece metros de anchura y con un buen retablo del año 1497. Ofrece un gran campanario de planta cuadrada, con grandes ventanas en cada cara. No tiene ábside, pues quedó inacabada en el crucero, donde un óculo proporciona luz. A la vez que campanario, esta torre es también atalaya para vigilar todo el contorno y forma un conjunto homogéneo con la muralla.

También posee Artajona otra notable iglesia, la de San Pedro, con planta de cruz latina y en cuyo interior hay un *lignum crucis* del siglo XII.

Por su parte, la muralla cuenta con nueve torreones de planta cuadrada muy semejantes unos a otros, que sobresalen otro tanto de la altura de la muralla y conservan el almenado, presentando cinco almenas rectangulares en cada frente. Toda la muralla, con torres incluídas, es una buena obra de pequeños sillares, de la que por desgracia han desaparecido, sobre todo, muchos lienzos, así

El cerco amurallado de Artajona, con siete de sus nueve torres almenadas

como varias torres que fueron construidas en los siglos XIII y XIV sobre una base anterior.

No es de extrañar que Navarra estuviese bien defendida con torres en el Pirineo, castillos en la Navarra Media y murallas hacia la Ribera, obedeciendo a las características del terreno y a la población: al norte montañoso, con habitat disperso y numerosos, al sur concentrado en pocas ciudades que tienen que amurallarse, pues limitaron primero con los musulmanes del califato y después con el reino taifa de Zaragoza, hasta que después de su reconquista cristiana Navarra quedó aislada y sin posible proyeccción al sur. Aragón y Castilla, más el País Vasco y el reino de Francia rodearon y también aislaron este pequeño reino hispánico.

Si repasamos brevemente su historia, veremos que estuvo habitada por várdulos y vascones; después fue romanizada en parte, al igual que ocurre con la penetración visigoda, que fue lenta y tardía. Se inició en la política peninsular con la llegada de los musulmanes y los Banu Qasi de Tudela, que entroncaron con los primeros reyes navarros, es decir, con la dinastía Jimeno. Navarra acabará quedando como escudo frente al notable expansionismo del Islam, y los navarros llegarían rápidamente al Ebro en época de Sancho Garcés I (905–025); sufrirá los ataques de contrapartida de Abderramán III en el año 924, campaña en la que Huarte–Araquil saqueará Pamplona y otras localidades para volver a la base segura del Tudela. Con Sancho el Mayor (1999–1035) Navarra se extendió por todo el sur, unificándose con Aragón, Castilla y Boltaña. Después pasará a formar parte del reino de Aragón, para luego desmembrarse: Guipúzcoa, Alava y Logroño pasarán al rey Alfonso VI de Castilla, aunque extendiéndose al otro lado de los Pirineos por Bigorra y Bearne,

Como dato curioso, vale la pena señalar que entre los años 1157 y 1158 se creó, dentro de Navarra, un pequeño reino con capital en Artajona, bajo el dominio de Sancho III de Castilla. Tras varias visicitudes, los navarros elegirán como rey a Teobaldo I, alternando en el poder las casas de Borbón, Evreux y Foix, hasta su incorporación a la corona castellana en el año 1512. Por lo tanto, desde el siglo XIII Navarra se inclina por los prínci-

Detalle de los sillares. A la derecha, muralla con almenas y muro crecido a causa de los habitáculos, y el interior de un cubo, donde iban los andamiajes de madera.

Cubo de la muralla. Obsérvese la llaga de cal que separa los sillares y la puerta adintelada para el paso de ronda.

pes de casas francesas, lo que queda perfectamente reflejado en sus monumentos, iglesias, castillos y murallas. El cerco de Artajona, parece que fue levantado originalmente entre los años 1085 y 1109 por los canónigos de Toulouse, pero fue totalmente reedificado en estilo gótico en el siglo XIV. En 1381 se había derrumbado «grant partida de muro de la fortaleza, et las costará mucho el refazer et repasar aquell».

Las torres presentan una peculiaridad, y es que el frente exterior y los laterales son de sillares pequeños, pero están huecas y sin muro por el interior, que es donde se unen al adarve. En este hueco irían al menos dos pisos de madera para la defensa, más la terraza almenada. Ejemplos parecidos los tenemos en la cerca de Loarre y en la de Albarracín; parece que dejaron las obras inconclusas, pero no es así. Es un curioso sistema de edificación que ahorra material al interior, pero que proporciona al exterior una gran y buena torre. Otro dato interesante es que los cubos no tienen ninguna apertura por su cara exterior, sólo las correspondientes al paso del adarve, lo que les proporciona un fiero aspecto. Algunos cubos han sido ocupados por viviendas circundantes provistas de sus indispensables tejadillos y muretes.

Como es natural, la muralla presenta planta topográfica, es decir, se adapta al terreno, configurando una planta ovalada en forma de riñón. De los quince cubos que tuvo, quedan nueve y la planta de otros tres. Han sido reconstruidos durante los años sesenta, llevando a cabo la Diputación Foral de Navarra las obras de consolidación y reposición del almenado, que estaba, en la mayoría de los casos, perdida. Tuvo esta muralla tres puertas, de las que se conservan dos: el Portal Remague, que comunicaba la villa murada con el arrabal y el Portal de San Miguel, abierto con arco escarzano junto a una sólida torre. El Portal de Airzaldea al sur–este no se conserva, aunque sí sabemos su ubicación exacta. También podemos considerar la torre de San Saturnino, como obra militar que forma parte de las murallas de Artajona. Realmente es una iglesia–fortaleza con grandes contrafuertes, que disponen de un camino de ronda sobre las bóvedas, así como de una aljibe, que está situado junto al coro bajo. Incluso la torre–campanario tiene en su sótano una mazmorra.

El castillo, desaparecido, «debió ser un donjon de planta circular que estuvo situado en el flanco oeste del recinto», según las investigaciones de J.J. Martinena Ruiz, aunque se dice que fue demolido y que sólo se conservó el calabozo que sirvió en el siglo XVI como pozo de nieve.

Siguiendo datos del profesor J.J. Martinena, sabemos que en el año de 1464, la princesa doña Leonor «concedió varias mercedes a Artajona por el valor con que se defendió contra los beamontes partidarios del príncipe de Viana, durante la guerra civil que asoló el reino. En los últimos años del siglo XV, volvió a atacar la fortaleza el conde Lerín, teniendo que enviar el rey don Juan de Labrit tropas leales en su socorro. El premio a su lealtad incorporó a perpetuo la villa a la corona en 1498».

A partir del siglo XVI las demoliciones de la muralla fueron constantes, hasta el punto de que llegaron a ser castigados aquéllos que sustraían piedras de ella. Ya en 1576 fue acusado Pedro de Lasterra de haberse llevado dos acémilas cargadas de piedra de la torre del rey; o Juan de Irisarri, que construyó su casa con piedras traídas del cerco, lo que significa que, por parte de las autoridades municipales se valoraba y respetaba su construcción sobremanera.

Hoy la villa murada permanece prácticamente desierta y es arrabal la parte viva de la población. Desde lejos, la vista «del cerco» y la iglesia, impresiona a toda persona sensible a las tradiciones y arte de la Edad Media.

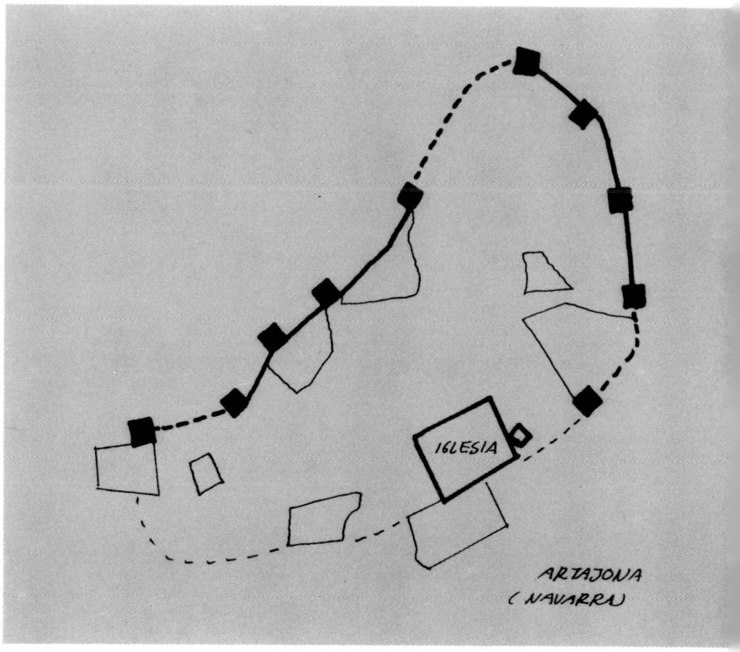

Plano del recinto amurallado medieval de Artajona. En negro, los cubos y lienzos que mejor se conservan.

GIRONA

Guardada al oeste por el río Oñar, que le sirve de foso, y el arroyo Galligans al norte, la vieja ciudad nos ofrece todo el interés histórico agazapada en un cerro cuyo punto más alto es la Torre Gironella. El río Ter recoge las aguas por cuatro corrientes fluviales. Ruta natural situada a la salida del Ampurdá no muy distante del paso del Congost, han convertido a la ciudad en una verdaderra fortaleza donde se han desarrollado numerosos sucesos bélicos siempre en torno a sus murallas.

Oleadas de tribus ibéricas se aposentaron en Girona, donde se han hallado restos de esta época cerca en la torre Gironella, así como en el casco urbano, al cimentar nuevas casas. Nuevas investigaciones pueden sacar a la luz parte de su pasado prerromano, e insistimos en que aquellos tramos de muralla a base de grandes sillares y que se han llamado ciclópeos, no son ibéricos, sino romanos.

Antes de pasar a la descripción de la muralla, tenemos que recordar su pasado romano; se trata de hecho de una reconstrucción romana realizada realizada cuando en tiempos de Galieno los francos saquearon la ciudad, al igual que otros muchos centros importantes como Ampurias, Ripoll, Tarrasa o Barcelona. Sobre la muralla romana se edificó la medieval, aprovechando todo lo posible los materiales y aún conservando varios torreones circulares intactos.

En Girona hay dos sectores amurallados: el viejo, denominado *Força Vella,* es decir, Fuerza Vieja, que es el romano situado al norte, y la ampliación medieval al sur. El primer recinto quedaba protegido en su cara norte por el río Galligans a modo de foso natural. Comenzamos la descripción por el Portal de *Sobre Portes,* inmediato a la escalinata de la catedral y que consiste en dos soberbias torres circulares de sillarejo, unidas por un arco escarzano y sin almenaje alguno. Tampoco tienen saeteras y otras defensas, aunque su aspecto es de gran fortaleza. Su altura se aproxima a los quince metros y en su interior quedan los restos de las dos torres romanas que defendían esta salida.

El portal de San Cristóbal, en la muralla vieja de Girona. A la derecha, portal de Sobre Portes, con enormes cubos en sillarejo homogéneo.

La muralla hacia la torre Juliá.
A la derecha, sillares
perfectamente encajados
a hueso, sin trabazón, y
almenas con salientes para
colocar parapetos móviles
de madera entre una y otra.

El Portal de *Sobre Portes* está situado entre el Colegio del Ave María y la *Casa Pastors,* continuando la muralla en dirección al río formando parte de la gran casa antes indicada. Desde la torre de la izquierda del Portal, según entramos, continúa la cerca hacia la Catedral por medio del Colegio del Ave María para enlazar con la Torre Cornelia de la Catedral. El tramo más espectacular es el que queda en la Plaza de San Félix formando parte de la *Casa Pastors* y que ahora es el Palacio de Justicia. Aquí se aprecian los bloques romanos calizos, abajo y los medievales, encima. La Torre Cornelia también es de una gran belleza. Construída en sillarejo bien escudrado eleva su mole circular con una altura que se aproxima a los veinte metros. Se abrieron numerosas ventanas que desfiguran la torre. En 1302 el rey Pedro III ordena construir esta torre que forma parte de las dependencias de la catedral, ya que la muralla había sufrido serios embates tras la toma de la ciudad por el rey francés Felipe el Atrevido. La muralla continúa y seguimos ascendiendo hacia la torre Julia que de alguna manera encierra al recinto catedralicio dándole un aspecto de verdadera fortaleza. Un buco rectangular y nos encontramos junto al Portal de San Cristóbal, que es un añadido exterior de la época de la guerra de Independencia, ya que la muralla sigue en línea recta, desviada un poco hacia el sureste. Este fuerte forma un recinto alargado y queda unido a la muralla por el oeste y por el oortal que lleva su nombre, abierto entre muros paralelos, lo que dificultaba la entrada. La muralla asciende con una torre cuadrada y otra circular que formaban parte de la llamada «El fuerte de los alemanes», donde en el ángulo noreste termina la cerca vieja con la Puerta de la Reina Juana, abierta en una torre y con entrada acodada, y fechada en 1467.

Antes de volver hacia el río queda un tramo aislado de la cerca, muy interesante, formado por la torre romana y la torre Gironella. La torre romana es de planta cuadrada con un buen aparejo de bloques de piedra arenisca muy uniformes. Mide ocho metros de lado y formaba parte de una defensa avanzada, antecesora de la Puerta de la Reina Juana. Algunos de los sillares de esta torre miden medio metro de altura por un metro de longitud. Otras construcciones descubiertas en sus proximidades indican que se trataba de un conjunto de edificaciones militares.

La famosa Torre Gironella hoy destruída, era una gran torre circular de la muralla medieval situada en el punto más alto de ésta, a modo de espolón y que formaba el ángulo noreste de la trama murada. De aquí bajaba por dos lados la cerca que envolvía a la población romana. En 1411 sufrió un derrumbamiento, iniciándose su reconstrucción que se terminaría un año después. El cronista Ramón Folch, que fue el capitan encargado de la defensa de la ciudad cuando estuvo sitiada por Felipe el Atrevido, en 1285, nos habla de la torre Gironella: «Hay una torre muy grande y fuerte, de muro grueso de cal y canto», llamada la Gironella, en que consiste la mayor defensa de la ciudad. Tuvo 25 metros de diámetro y era el símbolo y orgullo de Gerona. Permaneció hasta la voladura de los franceses a principios del siglo XIX cuando quedó reducida a un montón de bloques de piedra dispersos. Se ha alcanzado en esta torre la cota de 126 metros de altura y hemos partido de 66 metros a nivel del río Oñar.

La Torre del Telégrafo une la muralla romana con el muro del recinto de la cerca nueva que va en dirección sur y del que hablaremos depués. En el tramo del muro que está situado junto a los antiguos estudios generales podemos apreciara mucho lienzo y una torre romana circular, y otra rectangular, pero lo más interesante es la Puerta Rufina, que se descubrió en 1931 en los bajos de la Casa Rectoral. Consiste en una puerta defendida por una torre de tal manera que el atacante, para entrar, debía dar su derecha al muro de la ciudad. Forma un doble ángulo, con lo que la defensa es aún mayor. Todos los restos de pilares huecos para la puerta, etc., se conservan, aunque su estudio pertenece a la arqueología.

Por el interior del Colegio de la Sagrada Familia continúa la muralla romana, con otra torre de planta rectangular. Una torre circular se encuentra dentro de la Casa de los Agullana, y puede verse en su jardín. Aquí estuvo el Portal del Correo, hoy

Torres medievales sobre trazado romano en el lienzo norte de la muralla.

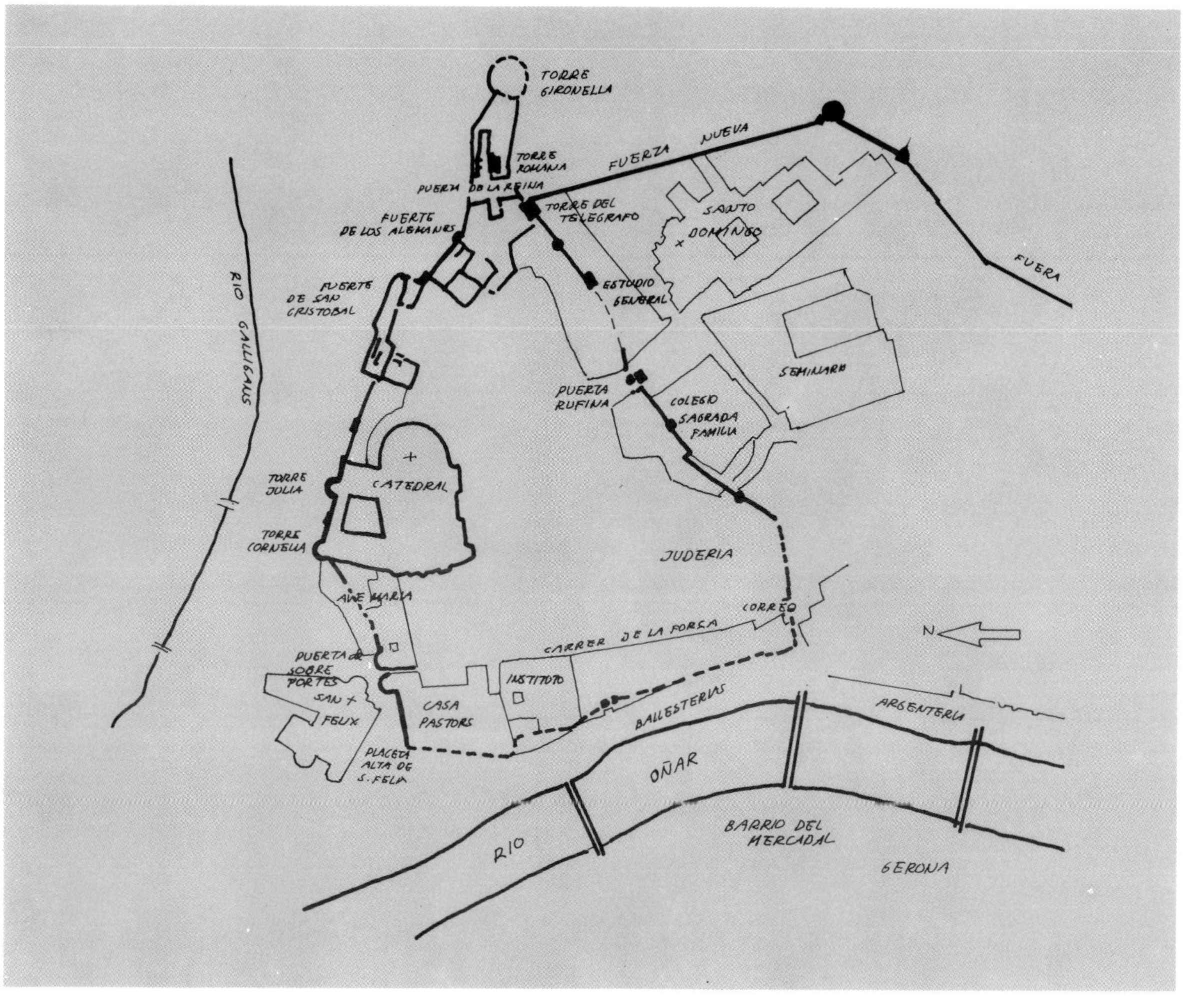

Plano de la muralla y de la ciudad vieja de Girona.

derruido, y que era una poterna romana. La muralla ha llegado a la calle de Ballesterías, yendo paralela al río y quedando sólo un tramo en la casa *Bosmonart* para seguir hacia la casa *Pastors,* donde habíamos iniciado la descripción. La muralla se construye con piedra caliza de la zona en el Bajo Imperio romano, como en la mayoría de las ciudades de Hispania y Galia y fue recrecida y transformada en la Edad Media. En 1023 se citan varias torres circulares, la torre Gironella y el castillo de los Cabrera en la casa de Agullanas.

Durante los siglos XII al XV se rehizo la muralla edificando sobre las torres romanas las de Sobre Portes, Torre Cornelia y Julia, es decir, parte de todo el frente norte de la muralla y se fortificaron los ábsides de la iglesia de San Félix. Incluso, la ciudad se ensanchó al otro lado del río terminándose las obras de amurallamiento un siglo después. Impresiona la altura de torres y lienzos de esta cerca vieja.

La nueva cerca, también medieval, parte de la torre del Telégrafo en dirección sur, con un tramo recto muy grande terminado en una torre circular y que engloba en su interior el Convento de Santo Domingo que data de 1253, pudiéndose fechar la muralla a principios de este siglo.

La muralla baja en dirección sur, con tramos muy largos sin torres, teniendo las puertas del Socorro y Portal Nuevo. Sigue hasta la calle Canteras donde tuerce para ir a dar al río y seguiría paralelo a éste, para unirse con la vieja cerca en la Plaza de Correo Viejo. El área que englobaba es doble que la ciudad murada romana.

Por un plano de Girona de principios del siglo XIX sabemos que existía en esta muralla la batería de la Merced, la Torre del Carmen y una puerta junto al Puente de San Francisco, para continuar al otro lado del río, barrio de Mercadal en los baluartes de Santa Clara y Santa Cruz. El fuerte de los Capuchinos, Condestable y Calvario, al sur, defendía la ciudad desde sus montes, así como el de Montjuich,

El Palacio Episcopal, que comparte lienzo con la muralla, y un portillo abierto recientemente en el lienzo.

Torre de San Daniel, San Narciso, San Luis y San Juan, defendían a la ciudad por el oeste.

Tras la época romana y visigoda, Girona fue ocupada por los musulmanes, que la perdieron a finales del mismo siglo VIII. A partir de aquel entonces la ciudad permaneció bajo la protección de los francos y fue convertida en un condado integrado en el de Barcelona en el siglo IX, en época de Wifredo I.

Como ciudad fortificada próxima a la frontera tuvo mucha importancia ya que aquí se detuvo en 1285 a todo el ejército francés durante la cruzada contra Pedro el Grande. Dos siglos más tarde, en la guerra civil del reinado de Juan II, defendió la causa del futuro Fernando el Católico que, junto a la reina Juana Enríquez, estaba unido a los payeses de remensa y que defendieron la población. En el año 1485 estuvo cercada por los payeses de remensa, descontentos por las normas económicas a que estaban sometidos.

Pasado más de un siglo, Girona fue punto clave en la guerra de separación de Catalunya, después contra el rey francés Luis XIV, con dos sucesivos asedios en 1675 y 1684, siendo ocupada más tarde por las tropas del mariscal de Noailles en 1694. En nombre de Felipe V fue ocupada por las tropas hispano–francesas en 1711. Son también famosos por el heroismo de la población los sitios de Girona en 1808 y 1809, siendo defendida por Álvarez de Castro.

El último asedio fue el de Prim en el año1843. Años después, con la llegada de las ideas liberales, se comenzó a derribar las murallas del Mercadal para el ensanche de la ciudad. Para finalizar diremos que su recinto fue declarado monumento nacional en 1967, y que es la capital de provincia española que tiene más vestigios de fortificaciones aparte de su muralla. Este elenco monumental está constituido por el baluarte de la reina Ana, del Condestable de la Ciudad, Mercadal, Merced, Puerta de L'Areny, Alemanes, Serracin y San Cristóbal, Capuchinos, Calvario, Cabildo, Del Llamp, Santa María, San Pedro, San Francisco de Paula y las torres de San Luis, Alfonso II, San Juan, San Narciso y San Daniel, aparte del castillo de Montjuich.

PALS (Girona)

Pocos lugares quedan ya a lo largo de toda la Costa Brava tan encantadores como la pequeña villa medieval de Pals. Asentada en un altozano, dista tan sólo cinco kilómetros del mar Mediterráneo, y está situada en el camino entre Torroella de Montgrí y Palafrugell y Cabo Bagur y La Bisbal. Los más bellos paisajes se dan en esta rica zona gerundense que, por otra parte, es enormemente rica en monumentos tanto religiosos como relativos a la arquitectura militar. Según el inventario de arquitectura militar del año 1968, Girona es la provincia que tiene mayor número de monumentos de este tipo, con la elevadísima cantidad de seiscientos treinta y uno, de los que ciento cincuenta y cuatro son torres, tan típicas en toda Catalunya.

La villa amurallada de Pals tiene un perímetro aproximado de setecientos cincuenta metros y en la muralla se abren dos puertas principales, situadas al este y oeste, respectivamente, unidas por la calle Mayor, que divide en dos a la población. Faltan a la muralla dos tramos inmediatos a ambos portales, pero en escasos metros (unos cincuenta) que puede seguirse perfectamente la dirección de la cerca. Tiene seis torres de planta cuadrada que flanquean el recinto poligonal y que están situadas en los ángulos.

Los lienzos de la muralla están realizados en sillares pequeños pero muy bien escuadrados. Los cubos presentan dos filas de saeteras, unas en la parte inferior y otras a la altura del adarve. Disponen, también, de tres almenas grandes en cada cara, con la característica especial de tener pequeños canecillos exteriores en las mismas almenas destinados a sostener entre una y otra un parapeto de madera. Este detalle arquitectónico se ve en pocos castillos, como en Orgaz (Toledo) o Belmonte (Cuenca). Se asientan los cubos directamente en la roca, e igual los lienzos, favoreciendo así la defensa, ya que cavar una mina para derribar la muralla resulta muy difícil.

Como en otras torres catalanas y del Pirineo, los cubos presentan tres lados perfectamente escuadrados, estando hueco el cuarto, que da a la

Panorámica de la ciudad amurallada de Pals. A la derecha, uno de los cubos, con triple fila de saeteras.

población. Tienen una altura doble que la muralla y producen una gran sensación de robustez. Dentro de la villa, en el lado norte y muy cerca de la muralla, existe la Torre de las Horas, que es el único resto conservado del castillo. Se trata de una torre cilíndrica, sumamente bella, edificada toda ella a base de sillares pequeños e interiormente dividida en dos pisos; el primero, con bóveda apuntada, y el segundo con bóveda de esfera. Un segundo cuerpo exterior triangular remata la torre, con un bello arco apuntado a modo de espadaña. Tiene esta torre nueve aspilleras en la azotea, que forman la mínima separación que existe entre almena y almena.

La importancia de la ciudad de Pals radica, entre otras cosas, en el hecho de que constituye el perfecto prototipo de una pequeña villa medieval catalana y está bastante bien conservada. No vemos aquí algo tan importante como las murallas de Tarragona, ni mucho menos tan espectacular, pero la medida de estas villas fortificadas en torno a su castillo e iglesia y con sus portales de salida al campo nos da la idea exacta de lo que fueron en sus tiempos de mayor actividad y florecimiento.

Portal gótico, de grandes dovelas, y la torre de las Horas, junto a la muralla. A la derecha, arcos de cobertizo medievales.

No hay que olvidar su proximidad de este lugar al mar, ni cómo toda la costa del Mediterráneo era entonces víctima de los frecuentes asaltos de los piratas de todas las nacionalidades, sin descartar a los turcos y a los temidos berberiscos, que asolaron toda Catalunya y el Levante español hasta bien entrado el siglo XVI. Pals es, pues, un modelo de fortificación muy a tener en cuenta para los estudiosos de la arquitectura militar.

La historia medieval de Pals comienza a conocerse en el lejano año 889 en el que se citan en un documento el *Castellarum Aspero* y la villa de *Palaus*. Parece ser que el nombre de la población alude, con gran propabilidad, a aguas palustres estancadas. Los condes de Barcelona Ramón Borrel y Ermesinda donan la torre de Pals y su iglesia al obispo de Girona en el año 994, y también queda constancia de tal transacción en un documento de la época. Es indudable que la torre fue lo primero que se construyó el el recinto, y que éste aumentó con el castillo. Posteriormente se amuralló la villa.

Como en toda Catalunya, el feudalismo estaba muy extendido y Pals perteneció a una familia, en este caso la familia Gausfred. Pero a lo largo de los años tuvieron lugar una serie de cambios. Cliver Bernat, señor de la villa y castillo de Pals se apoderó un día de varias posesiones que dependían del cercano monasterio de Sant Feliú de Guixols, por lo que fue excomulgado por el obispo de Girona. Arrepentido Cliver, restituyó a los monjes sus bienes, dejó a su familia y a sus propiedades y se embarcó como cruzado a Palestina, donde murió algunos años después por el símbolo de los cristianos. Fue un hecho notable y renombrado en su época, cuyos ecos han llegado hasta fechas muy posteriores. En el año 1190 el rey Alfonso el Casto concederá el castillo de Pals a Ramón de Vilademuls, de quien pasará a otras manos. En el año 1351 se integra en el nuevo ducado de Girona, que fue creado en favor del infante Juan, que era el primogénito del rey Pedro el Ceremonioso. Años después se habla ya de la restauración de sus murallas, concretamente en el

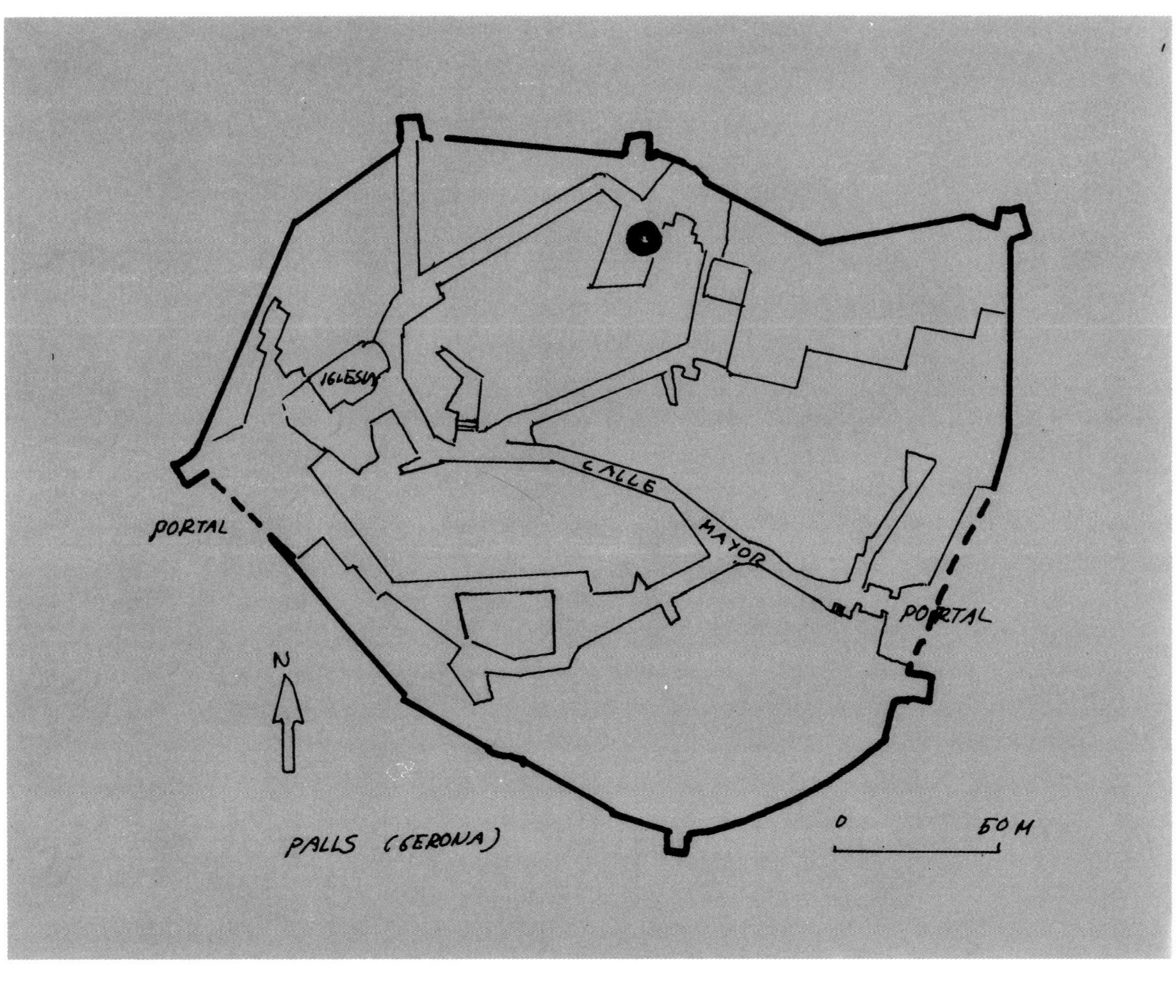

Plano con el perímetro amurallado de Pals (Girona).

Saeteras abocinadas en las torres de la muralla.

año 1401, señal de que al menos fueron construidas en el siglo XIV, muy posiblemente sobre una base anterior.

Tanto la población amurallada como el castillo, sufrieron los ataques y contrataques de los partidarios del rey Juan II y también de los de la *Generalitat*, enfrentados entre sí. Así, el castillo cae en manos del duque de Lorena, pero es recuperado por el futuro rey Fernando el Católico, aunque de nuevo éste lo perdería.

Las murallas, tras estos sucesos, fueron nuevamente reparadas en 1478, junto con la iglesia parroquial, pero en detrimento del castillo, ya que se en aquellos momentos se escoge como cantera de donde aprovechar las piedras el castillo, *«un castell molt antich e enderrogat»*, aunque a condición de que se dejara intacta la torre maestra, o de las Horas, que es la que afortunadamente podemos ver todavía en nuestros días.

En época reciente se ha restaurado convenientemente la muralla y se han adecentado además sus tortuosas y medievales calles y plazas, de modo que hoy ofrece todo su viejo sabor milenario al visitante, al historiador o simplemente turista, que siempre encuentra en Pals una belleza inigualable y la paz perdida por las prisas actuales.

ULLASTRET (Girona)

Una de las estampas más románticas que podemos contemplar es la de un castillo o muralla arruinada. Las piedras llenas de historia, nos hablan de su pasado glorioso, provocan nuestra imaginación. Así ocurre en las últimas estribaciones de la Sierra de Gavarras que llegan hasta las ruinas del poblado ibérico de Ullastret, situado en el cerro de San Andrés procurándonos una visión absolutamente romántica.
Antes de proseguir, hay que aclarar que existen dos poblados amurallados en Ullastret: el que hemos indicado, ibérico , del cerro de San Andrés y el medieval en la cercana población que lleva su nombre.
Situados ambos en la ladera derecha que forma el valle del río Ter, en un terreno pantanoso del Ampurdá, Ullastret ibérico fue comenzado a excavar en 1947 y consta de una muralla que por la parte de poniente mide 500 metros de longitud, formada por grandes sillares muy bien escudados que cronológicamente son anteriores al grupo de fortificaciones ibéricas como Olérdola (Barcelona), Girona capital o Tarragona. Se conservan bastante bien estos lienzos de muralla que se adaptan al terreno y es uno de los recintos más antiguos de Catalunya, pues data del siglo VI a. de C. Torres cilíndricas y cuadradas, y puertas de entrada directa al poblado, así como poterna, completan las referencias a este importante conjunto arqueológico, en el que se han realizado más de veinte campañas de excavaciones, poniendo de manifiesto su habitabilidad continuada desde el siglo VI a. de C. hasta el año 195 a. de C., época de la campaña de Catón en la que es saqueada y abandonada posteriormente.
Resulta interesante ver el trazado de calles, plazas, cisternas para aprovechamiento de agua, etc., así como la abundancia de objetos cerámicos, monedas, joyas y muchos utensilios griegos e ibéricos. El paso del tiempo hizo que se abandonase el poblado; sus gentes bajaron al llano y ocuparon nuevos emplazamientos, aunque en la Edad Media, sobre sus ruinas y apro-

Murallas de Ullastret. A la derecha, cubo circular, habilitado para cárcel. Sobre el dintel, una honera nos dice que estamos en el siglo XV.

CARCEL

Detalle de los sillares, desgastados por el paso del tiempo, y un cubo desmochado en la muralla.

El único cubo circular de toda la muralla, al norte del recinto, con almenas prolongadas en horizontal.

vechando su buena disposición estratégica, se edificó un castillo en el siglo XII de planta trapezoidal, con torres redondas de flanqueo y una capilla dedicada a San Andrés que dará su nombre al cerro.

La puerta de Ullastret ibérico, conocida como el Barrio griego, se abre con entrada directa entre dos torres de planta rectangular, que sobresalen 6 metros de la línea de muralla, teniendo un frente de 8,30 metros. Esta puerta tenía una reja que se cerraba desde lo alto a modo de rastrillo y unas puertas de madera forrada de plomo. La distancia entre las torres circulares es de 30 metros, siguiendo más o menos esta norma y tenían talud. El interior de la muralla estaba formada con piedra pequeña mezclada con tapial. Todo esto forma parte de la más remota antigüedad de Ullastret medieval. El topónimo indica abundancia de olivos silvestres. La nueva población, cercana unos centenares de metros a la antigua acrópolis ibérica, entrará en la historia escrita en el año 899, cuyo nombre aparece en una serie de diplomas carolingios.

Plenamente integrada en el Condado de Ampurias, se vende al conde Ramón Borrel de Barcelona, para pasar por diferentes manos, iglesia de Girona, Arnau de Terrades, etc. Tras varios siglos, la villa murada medieval va a ser asaltada en 1385, ya que se habían refugiado en ella el conde de Ampurias que luchaba en contra de Pedro el Ceremonioso. Sublevados sus habitantes, en 1464, el rey encomendará el castillo de Ullastret al capitán portugués Joâo de Moraes. Ullastret tuvo gran importancia militar junto con los cercanos castillos de Pals, Peratallada, La Bisbal, Castell de Empordá, Rupiá y Foixat.

La característica de la participación de Ullastret es que el montículo sobre el que se va a edificar la población y muralla no tenía suficiente extensión para incluir a todo el vecindario, reservándose este lugar para el castillo, la iglesia y suponemos, la casa de los principales, ocupando el resto de la población el llano, fuera de la muralla. El recinto amurallado mide 240 metros de longitud, aproximadamente, y presenta una planta poligonal alargada.

Está asentado sobre el montículo, formando terraplén, y los muros y torres, talud, para adap-

Casona medieval sobre pasadizo, con arco conopial del siglo XV. A la derecha, el plano del recinto amurallado.

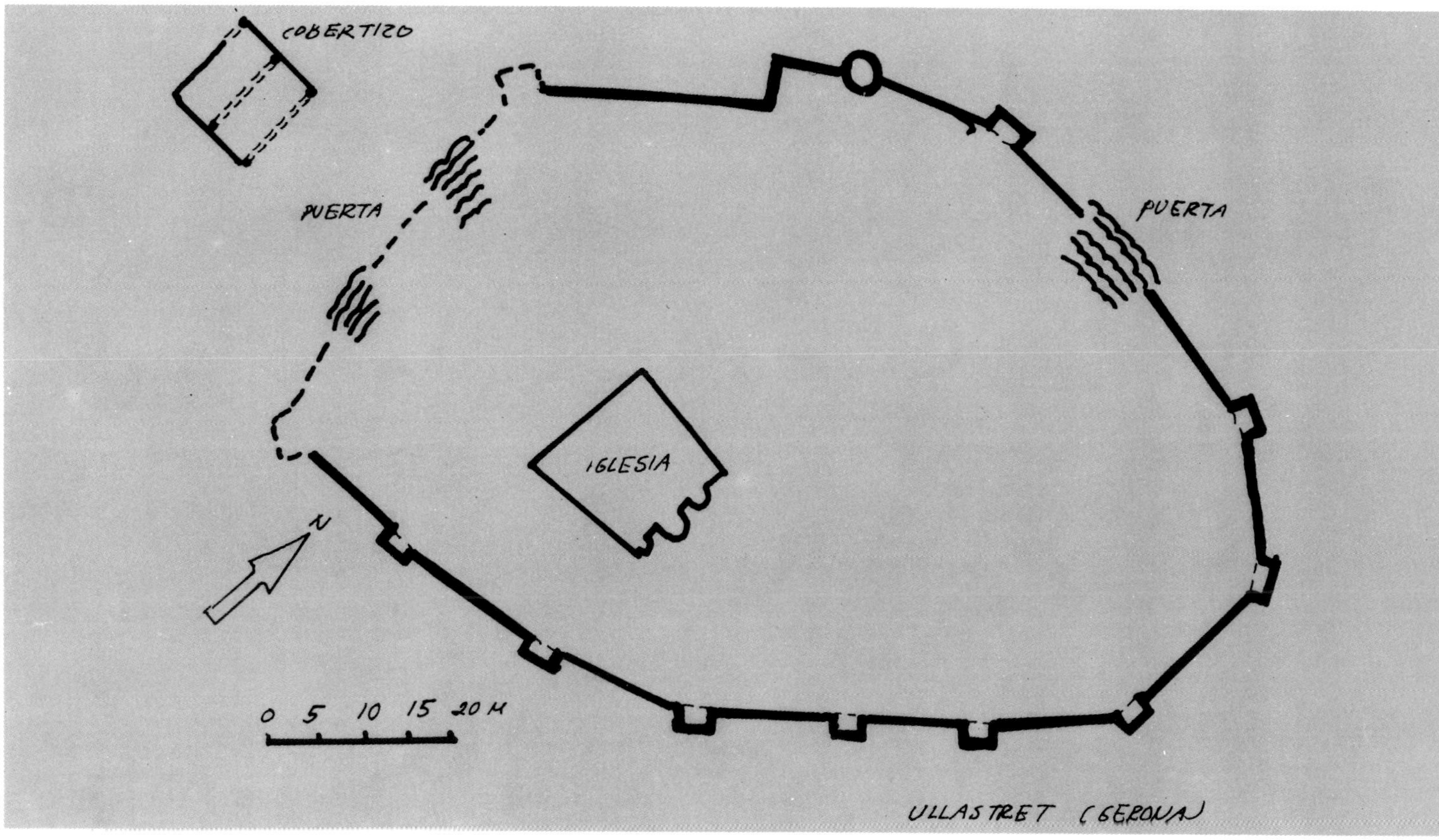

tarse a éste. La construcción es mampostería asentada y posee 9 torres de planta cuadrada, más 2 perdidas de iguales características y una circular. Por el lado norte la muralla forma un ángulo recto y, a continuación, se eleva la torre circular correspondiendo todo el conjunto al siglo XII. Esta torre presenta ruinas y tiene sus saeteras correspondientes. Según señala D. Luis Monreal y Tejada, sobre la villa de Ullastret y en concreto sobre estas saeteras: «en la torre cilíndrica las aspilleras están formadas por una boca redonda, que se prolonga hacia arriba en una ranura, todo ello recortado en dos o tres anchas piezas de piedra. En cambio, en las torres cuadradas las saeteras son rectas y muy rasgadas, de considerable altura; están dispuestas de una manera metódica, abriéndose tres o cuatro en la cara principal de la torre, a un nivel superior las del centro y más baja la de los lados. Además, las centrales cortan el muro en sentido perpendicular a éste, mientras las laterales lo hacen en línea oblicua para poder disponer así de un abanico de fuegos que hiciera más amplio el campo dominado desde la torre».

Las torres de planta cuadrada tienen también su talud, uniéndose unas a otras por lienzos con talud, también, cosa bastante excepcional en los recintos de la Edad Media. Más allá de la torre circular, hacia el este, se abre la puerta o espacio que comunica la villa murada con el arrabal o resto de la población. La muralla continúa con ocho torres muy semejantes, que van formando el polígono fortificado. Hemos indicado que por el frente oeste, dos escalinatas ponen en comunicación la villa murada con la lonja, extramuros. Aquí la muralla ha desaparecido aunque podemos apreciar la planta y restos de las torres que forman este frente.
En el interior de la población, destaca la iglesia parroquial de tres naves y ábside, que pertenece al estilo romano. También merece especial atención el cobertizo gótico o lonja que cumplía la función de mercado de productos.
Se dice que la torre circular sirvió de prisión, aunque no existen pruebas que lo confirmen. Del castillo intramuros que Ullastret tuvo nada queda: se señalan algunos muros como pertenecientes a la fortaleza. La pequeña villa impresiona por su ambiente medieval de torres y calles perfectamente conservadas.

HOSTALRIC (Girona)

Hostalric es una pequeña población medieval situada en la margen izquierda del río Tordera y a unos quince kilómetros del mar Mediterráneo en línea recta y al pie de las Gavarras y Montnegre. Ocupa un lugar privilegiado, pues está en la lógica vía de comunicación entre Barcelona y Girona, camino utilizado durante toda la Edad Media. Separado unos kilómetros solamente de las cumbres del Montseny, la villa se acurruca en el fértil valle del Tordera y su posición en un cerro dominante sobre el río, le conferirá el aspecto de ciudadela.

Tenemos que distinguir entre dos tipos de obra muy diferentes: la muralla medieval y al oeste, el castillo nuevo, que es una típica fortificación abaluartada.

Aparece la primera documentación referida a Hostalric en 1106, fecha en que el vizconde de Girona, Cabrera, jura fidelidad al rey Ramón Berenguer III. La fortaleza aparece ya en 1145 como Castro Ostalrico. Su señor, Ponce de Cabrera, años después es desterrado a Castilla como castigo por su insumisión contra el rey Alfonso II de Aragón; después se reconciliaría para volver a caer de nuevo en rebeldía. Así ocurrió sucesivas veces, hasta que el rey decidió quedarse con el castillo de Hostalric, la esposa de Cabrera, dama de gran belleza hizo de mediadora y consiguió que se le devolviera a su marido la posesión de la villa.

La historia del castillo y villa cobra gran importancia durante la guerra mantenida con Felipe el Atrevido de Francia, que habiendo invadido el Ampurdán, es retenido por las tropas de Pedro el Grande, cuyo cuartel general y punto de partida era Hostalric. Incluso se supone que en esta época se repararon las murallas que más tarde van a dar forma a la villa. La fecha exacta de estos sucesos es agosto de 1285. Años después se continúa la labor de reparación de todas las fortificaciones. Nueva documentación nos informa de cómo el rey Juan I, en 1392, concede autorización para reparar las murallas y fosos de Blanes y Hostalric.

Durante la guerra contra la *Generalitat* el capitán Pedro Belloch llegó a esta población encontrando

La entrada principal de la muralla, en arco con almenas, y una gran torre esquinera, con matacanes.

Vistas de la muralla, adaptada en casi todo su perímetro para viviendas.

cerradas las puertas de la muralla defendidas por el conde de Módica, para posteriormente tenerlas que abrir ante el asedio, aunque quedó una torre leal a la reina Juana. Aquí tuvieron lugar una serie de ataques y contra–ataques hasta que es tomado por los payeses, para ser reconquistado en 1463 y pasar a la corona, nombrando a un caballero portugués como alcaide del castillo, en sustitución del rebelde Cabrera.

La fortificación de la villa conocerá, también asedios en 1694 durante la guerra contra Francia, en la guerra de Sucesión y con la de Independencia de 1809. En este último año la guarnición defendió heroicamente el castigo bajo el mando del comandante Juliá Estrada, que consigue escaparse con un grupo de defensores y llegar a Vic. Este será el último episodio bélico ocurrido en Hostalric.

Volviendo al origen de las murallas medievales diremos que son obra de finales del siglo XIII y principios del catorce, construidas sobre una base anterior que formaba la línea defensiva del río Tordera, junto con los castillos de Centelles, Monsoriu, Fluviá, Montclús, Palautordera (iglesia), monasterio fortificado de Breda, Palafolls y Blanes.

La muralla tiene once torres cilíndricas semicirculares, con entrada por el adarve mediante un arco gótico. En cada almena se abre una saetera y tanto lienzos como torres tienen un gran talud que les confiere un carácter especial. Hay dos tipos deferentes de torres: sencillas, semicirculares y con su remate de almenas rectangulares, divididas interiormente en dos pisos y con una altura aproximada de quince metros; y otras torres parecidas a las de Tossa de Mar, como la torre de los

La poblada muralla de Hostalric. Junto a estas líneas, un detalle con el material empleado en su construcción.

Presos o de Arará, que tiene una altura de más de veinticinco metros, y que a nivel del último piso está recorrida exteriormente por una cornisa de matacanes formada por ménsulas unidas por arquillos de medio punto.

Esta torre es la más impresionante de Hostalric y consta de su talud, primer piso, segundo piso abandonado, en el que puede haber dos estancias superpuestas debido a su altura, y un tercer piso–azotea abierto con saeteras a partir de la cornisa de matacanes. La torre defiende una puerta de la muralla abierta con arco rebajado. De aquí hacia el este nos encontramos con siete torres cilíndricas, hasta llegar a la de los Frailes llamada así por haber formado parte del convento de San Francisco, que constituía un verdadero reducto.

Esta torre de los Frailes tiene tres picos, con bóveda de medio punto y se accede a cada piso por una escalera que asciende por el interior del grueso muro. Su altura es también considerable y parte del piso tercero estuvo derruido.

El lado sur de la muralla no tiene torres y se une más allá de la iglesia con la puerta y torre de Arará, donde la muralla enlazaba con el castillo medieval y que después de ser destruido pasó a ser un castillo del siglo XVII.

Muchas casas fueron adosadas a las murallas, taladrando sus muros y abriendo ventanas, tanto en los lienzos como en las torres y sólo una lenta recuperación ha podido consolidar muchos tramos para devolverle su aspecto fiero del pasaddo. Con las reformas del siglo XVII se permitirá la cerca vieja, convirtiéndola por el norte en baluarte y uniéndola al fuerte nuevo. El castillo en sí es una importante obra militar abaluartada que en la medida de lo posible se adapta al terreno, presentando una planta alargada con una serie de ladrillos, como los de Santa Tecla y Santa Bárbara. Numerosas construcciones se levantaron a su alrededor como polvorines y almacenes entre otros. Tiene dos puertas situadas al norte y sur, que le comunican con la ciudad y con el campo, respectivamente.

Por un plano de la villa de 1696 podemos ver la puerta vieja y el fuerte proyectado al oeste para defensa de la villa que ocupaba el solar del castillo medieval. Tanto el recinto murado como el fuerte, fueron declarados monumentos históricos–artísticos en 1963.

TOSSA DE MAR (Girona)

Tossa de Mar es una conocidísima villa gerundense situada en el cabo de su mismo nombre, y a caballo entre Lloret de Mar y San Feliú de Guixols, ambas dos nobles poblaciones de gran solera en la vieja Catalunya. Transcurridos los primeros siglos de la Edad Media, pasarían por la zona romanos y visigodos e incluso los musulmanes, que todavía en el año 985 saquearon Barcelona y su comarca, por lo que una incipiente repoblación que se llevaba a cabo en aquellos años se verá retrasada.

Su posición, en la misma costa, sin dejar el mínimo espacio por medio, hará que pronto tenga que amurallarse para defenderse de los posibles ataques; primero de musulmanes, y después, de los piratas que por mar asaltarán las costas catalanas. Si el conde Miró hizo donación de Tossa anteriormente, su hermano, el conde Borrell de Barcelona, la hará efectiva en el año 966, citándose la villa en el documento *qual nominator Torsa* que corresponde a Tossa y que sería donada al monasterio de Ripoll una vez muerta su esposa, la condesa Almerudis. Así, nueva documentación acredita su paso a manos de este monasterio en el año 1096. En 1187 se forma la carta de poblamiento concedida por el abad de Ripoll, Ramón de Berga, indicando la exacta fundación del castillo, situado en el monte Guardina. Un dato curioso es que en dicha carta de poblamiento se permite habitar dentro de los muros del castillo o fuera, con la condición de pagar un censo al monasterio que consistía, en aquel tiempo, en una gallina anual.

Aún así, en época posterior hubo conflictos por la posesión del castillo y la villa amurallada de Tossa, que se agravaron en el siglo XIV en época de Jaime II (1325). De todas formas, siguieron siendo los abades del monasterio los señores jurisdiccionales que gobernaban la bailía. En 1345 fue otogada a Pedro de Riera a perpetuidad, así como a sus descendientes, pasando depués a la familia Falguera hasta el siglo XIX. Desde el siglo XV realmente la villa de Tossa va a tener paz tonícua, salvo los pequeños sobresaltos de la Guerra de

La muralla de Tossa de Mar desde la playa. A la derecha uno de los cubos. Las ménsulas sostienen arquillos que dejan un espacio libre para arrojar líquidos.

Catalunya, siglo XVII, de Independencia a principio del siglo XIX y de la Guerra Civil en el XX.

Comencemos a describir sus murallas, declaradas monumento nacional en al año 1931. Forman un recinto poligonal que partía del castillo situado en un promontorio de unos cien metros de altitud. Sus escasos restos todavía persisten. La construcción de las murallas tenía grandes ventajas ya que el castillo defendía a la población por el sur y sólo quedaban los otros tres lados protegidos de alguna manera por el mar.

El recinto tiene forma poligonal y al sur–este formaba parte de las defensas de la antigua iglesia parroquial; iba paralelo al mar, para adentrarse en tierra hasta llegar a la torre circular denominada de Joanás. De aquí sigue la muralla formando pequeños entrantes y salientes con cuatro torres que siguen en dirección este–oeste, formando el frente mayor de la villa. Las torres de la muralla son todas circulares y están separadas entre sí por una distancia de treinta y cinco a cuarenta metros. Desde la torre de Joanás a la del Reloj no existe puerta ni portillo. Una característica especial de este sector es que tanto la torre de Joanás como la del Reloj son mayores en grosor y altura que las otras, precisamente por estar situadas en los ángulos de mayor inflexión.

Junto a la torre llamada del Reloj hay un portillo sencillo que da paso a la plaza. Más allá, otra torre, para terminar en la torre llamada de Codolar, de grandes dimensiones. La muralla sigue en dirección este, cercana al mar e inicia su subida hacia el castillo. La muralla existente tiene en nuestros días una longitud aproximada de cuatrocientos treinta metros y faltan al menos ciento setenta de su unión con el castillo.

La torre del Codolar está aneja al palacio del gobernador. Toda la muralla es de sillarejo y está almenada, teniendo cada almena rectangular una saetera. El camino de ronda es amplio y está en perfectas condiciones. Las tres torres mayores tienen una cornisa de matacanes que las diferencian de las otras, más sencillas. Estas pequeñas ménsulas escalonadas del remate de las torres sostienen arcos de medio punto y son parecidos a las torres del recinto de Hostalric. Para acceder a ellas, ya que son macizas, se ingresa por una puerta a la altura del adarve.

Uno de los boquetes abiertos en la muralla por necesidades del tráfico rodado. A la derecha, el cubo del Codolar.

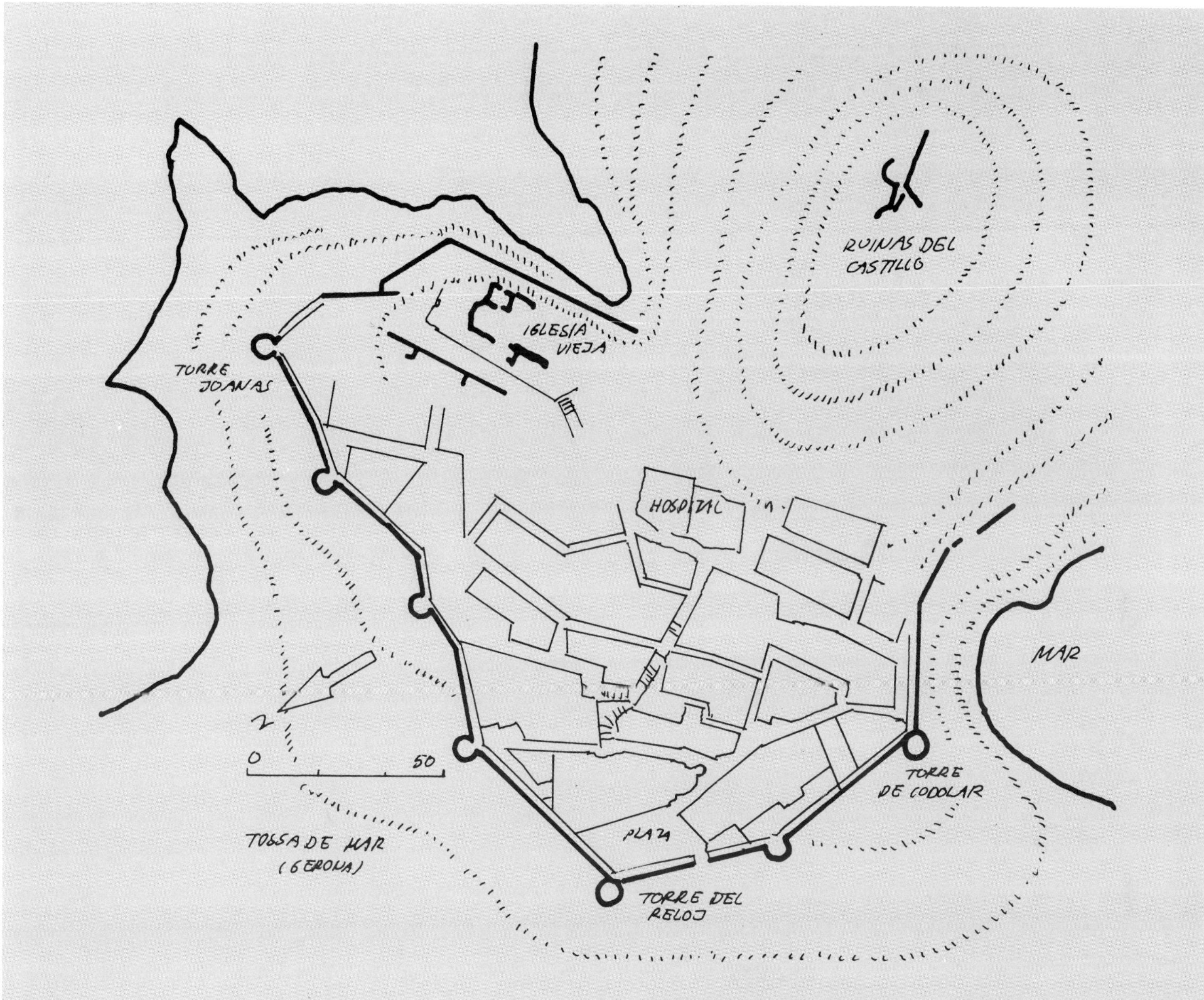

Un agradable rincón de la villa amurallada. Arriba, el plano del recinto.

La única puerta existente, junto a la torre de Codolar, como hemos indicado, da paso a una segunda puerta fortificada y con rastrillo. También cabe resaltar que al adaptarse la muralla al terreno y tener la misma altura, ofrece un notable escalonamiento de los muros.

Estamos hablando siempre de la villa vieja, ya que la nueva está situada en una pequeña llanura. Interiormente la villa conserva un barrio medieval típico, con sencillas casas de moldura gótica y los restos de la iglesia de San Vicente, que permaneció hasta el siglo XVIII cuando fue trasladado su culto a la nueva iglesia parroquial. Correspondía al siglo XIV, posiblemente, una obra gótica del Abad Ramón Dezcatllar, que renovó el castillo y posiblemente rehizo también las murallas. Estas murallas y torres son todo un símbolo de la Edad Media catalana, en la que como en otros lugares, la iglesia era también poderosa y poseedora de castillos y villas y muchas veces, del amurallamiento de las ciudades. Ello obedecía a causas internas y era una defensa contra la nobleza.

Dado que no sufrió asedios ni devastaciones de consideración, se han podido conservar perfectamente hasta nuestros días las murallas de esta pequeña villa, que como hemos indicado, fueron declaradas monumento nacional en al año 1931 y posteriormente muy bien consolidadas; actualmente constituyen la máxima atracción de esta encantadora y turística población.

TARRAGONA

Tierra de ilergetes y cosetanos en el siglo VI a. de C. Tarragona fue habitada, también, por fenicios y griegos, que establecieron pequeñas factorías en su costa. A partir de la segunda guerra púnica se convirtió en una ciudad de relativa importancia ya que la línea divisoria entre los dominios de Roma y Cartago quedó establecida en el Ebro, río que más tarde va a ser cruzado por los romanos convirtiendo a Tarragona en centro de operaciones y campamento militar. Reorganizado el territorio de Hispania bajo los romanos, estos dividirán la península en dos sectores: Citerior y Ulterior, asegurando a Tarragona la capitalidad de la primera. Asentada en un promontorio sobr eel mar Mediterráneo, la ciudad, situada junto a la desembocadura del río Francolí, será un puerto excelente de exportación de productos de la zona, especialmente vino. Ganó pronto fama y los romanos le fueron concediendo honores que fue añadiendo a su primitivo nombre siendo llamada ya en el año 45 a. C. *Colonia Julia Urbs Triunfalis Tarraco.*

Olvidado su pasado ibérico, *Tarraco* se convirtió en el puente más importante de la Hispania Citerior, y en tiempos del Emperador Augusto se engrandeció añadiendo los territorios de los cántabros a la primitiva provincia de la Hispania Citeriory denominándola *Tarraconense,* por lo que jurídicamente comprendía media España. Nuevos episodios bélicos va a sufrir Tarraco en el siglo III d. de C. con la invasión de tribus galas, teniendo que poner a prueba sus primitivas murallas íbero–romanas. En el transcurso de los siglos III y IV la ciudad fue decayendo con las crisis políticas y económicas del Imperio Romano, de tal forma que sufrirá una gran despoblación y cuando los visigodos encontraran que la antigua gran ciudad estaba reducida a un sector, quedando mucho espacio interior de la muralla, vacío y yermo.

Asimismo los musulmanes ocuparon Tarragona en el año 714, recobrando prestigio al establecerse en ella atazanas para la construcción de barcos e iniciando el comercio con Italia y países de Oriente. Era el puerto más importante situado al noreste

El Paseo Arqueológico, con la estatua de Julio César, y una entrada al recinto amurallado. En la página siguiente, muros ibéricos y romanos superpuestos.

TARRAGONA AMIGA

Sillares reutilizados en la Torre del Arzobispo y detalle de la muralla, con obra ibérica y romana.

del emirato y califato de Córdoba (714–1032). Posteriormente, con los reinos taifas musulmanes quedó englobada en el reino de Tortosa, entre los ños 1035 y 1061, en que esta ciudad y su territorio pasaran al reino musulmán de Zaragoza (1061) para después, junto con Lleida, formar un nuevo reino hasta su conquista definitiva en el año 1108 por las tropas conjuntas de Gastón de Beara, el obispo de Barcelona, Olegario, el rey Ramón Berenguer III y Roberto de Agulló, un caballero normando.

Hasta 1118 no se pudo reemprender la repoblación de la zona, ya que hubo grandes desacuerdos entre sus conquistadores, que finalmente quedaron zanjados, concediendo sus derechos Olegario, obispo de Barcelona, al arzobispo de Tarragona, y compartiendo los derechos feudales con Roberto Agulló.

Sabemos que tuvieron que empezar por desescombrar la propia ciudad y que levantaron la primera iglesia dedicada a Santa Tecla, estableciendo en la torre denominada de Pilatos un castillo, con vigías permanentes, por si atacaban los moros de Mallorca. Se edificó el castillo aprovechando, como es natural, la muralla íbero–romana, demoninado castillo del Arzobispo, propiedad de la iglesia, frente al del rey o de Pilatos, propiedad de los señores feudales y en determinados momentos del monarca.

Por fin, el rey Pedro el Católico, en 1213, promete «en nombre propio y de sus sucesores, que no donaría más, vendería, empeñaría, ni enfeudaría...ni él ni sus sucesores en el reino de Aragón ni en el condado de Barcelona, la ciudad de Tarragona, así tampoco las villas de Cambilis, Valls, Villalonga y Villagrasa», por lo que se intentaba suprimir el poder feudal.

Hay innumerables documentos sobre reparaciones medievales en ambos castillos. En 1372 el rey Pedro III el Ceremonioso liberó a su puerto del pago de derechos por el desembarco de mercancías, por lo que la ciudad cobró un importante auge económico.

La situación de Tarragona en un promontorio culmina en su frente este con la máxima altura, desde la Catedral y Puerta de San Antonio, hasta el Paseo Arqueológico. Una meseta más baja parte de las escaleras de la catedral hasta la Plaza Mayor y las Ramblas, que podemos denominar ciudad baja, a diferencia de la otra denominada ciudad alta, y una tercera planicie, que estuvo también amurallada y que se conoce como ciudad bajo del puerto.

La antigua muralla íbero–romana del siglo III a. de C., sirve de base a la posterior, y en los sillares romanos se pueden apreciar muchos signos lapidarios ibéricos, muestra de la intervención indígena en la obra. Encima, la medieval. La vieja muralla se construyó levantando dos muros paralelos separados por una distancia de 3,5 metros y sobre ellos, un muro con sillares. Los muros paralelos están unidos por otros pequeños transversales, cada diez metros, formados también por sillares, dejando unas cavidades que se rellenan con sillares y encima capa de adobes amasados con tierra y paja.

Comenzando la descripción de la muralla al norte, por la Puerta de Rosario, encontramos un muro ciclópeo, que no es más que mampostería con bloques de gran tamaño, alguno de los cuales llega a medir 4,35 por 1,15, por 1,00 metros. Aquí encontramos un portillo adintelado íbero–romano que nos recuerda las construcciones megalíticas. Antes de proseguir, conviene recordar

Puerta dieciochesca en la muralla vieja de Tarragona.

La Torre del Arzobispo y el muro romano inmediato. Debajo, el plano del recinto, con la muralla en negro. En las páginas siguientes, conjunto y detalle de sillares íberos, romanos y medievales.

que sobre la muralla íbero–romana se edificó la medieval, aprovechando el trazado, incluso los mismos materiales. Posteriormente, en el siglo XVIII, se reforzó esta muralla con otra de baluartes que rodeaba totalmente a la anterior y cuyo tramo oeste ha desaparecido.

Otro tramo ciclópeo sirve de base a la muralla romana y medieval, más allá de la Puerta del Rosario. Aquí comienza una falsa braga de la muralla abaluartada y la medieval continúa con las mismas características hasta el bastión de Santa Bárbara. Es fácil distinguir la íbero–romana con grandes sillares desiguales, casi sin desbrozar, frente a lo propiamente romano que es cuadrado y almohadillado. Lo medieval, mucho más pequeño y con evidente empleo de la mampostería. La torre del Arzobispo formaba parte del castillo edificado por la iglesia tarraconense y tiene una altura de 47 metros. Esta gran torre, símbolo de Tarragona, tiene su base ibérica y el resto es obra romana reutilizada en la Edad Media. Presenta una línea de saeteras y encima una banda de garitones que recorren la torre por sus caras. Está coronada de almenas y presenta un frente de 10 metros de longitud.

A su lado está la Puerta del Arzobispo. La muralla hace un ángulo dirigiéndose hacia el sureste para llegar a la Puerta del Capiscol y torre del mismo nombre. La puerta, es una obra íbero–romana con una gran piedra horizontal que le sirve de dintel y tiene una altura de tan sólo 2 metros, por lo que la podemos considerar como mero portillo. Inmediatamente del dintel se ven los sillares romanos bien escudrados y de buenas dimensiones (1 por 0,50 metros) y almohadillada, es decir, con relieve. A ambos lados, sillarejo medieval. Aquí es donde podemos ver con facilidad cómo los grandes muros íbero–romanos están unidos con cal y piedrecillas para asentarse unos con otros y que la denominación de «ciclópeas» no es correcta, ya que esto significaría la ausencia de trabazón, es

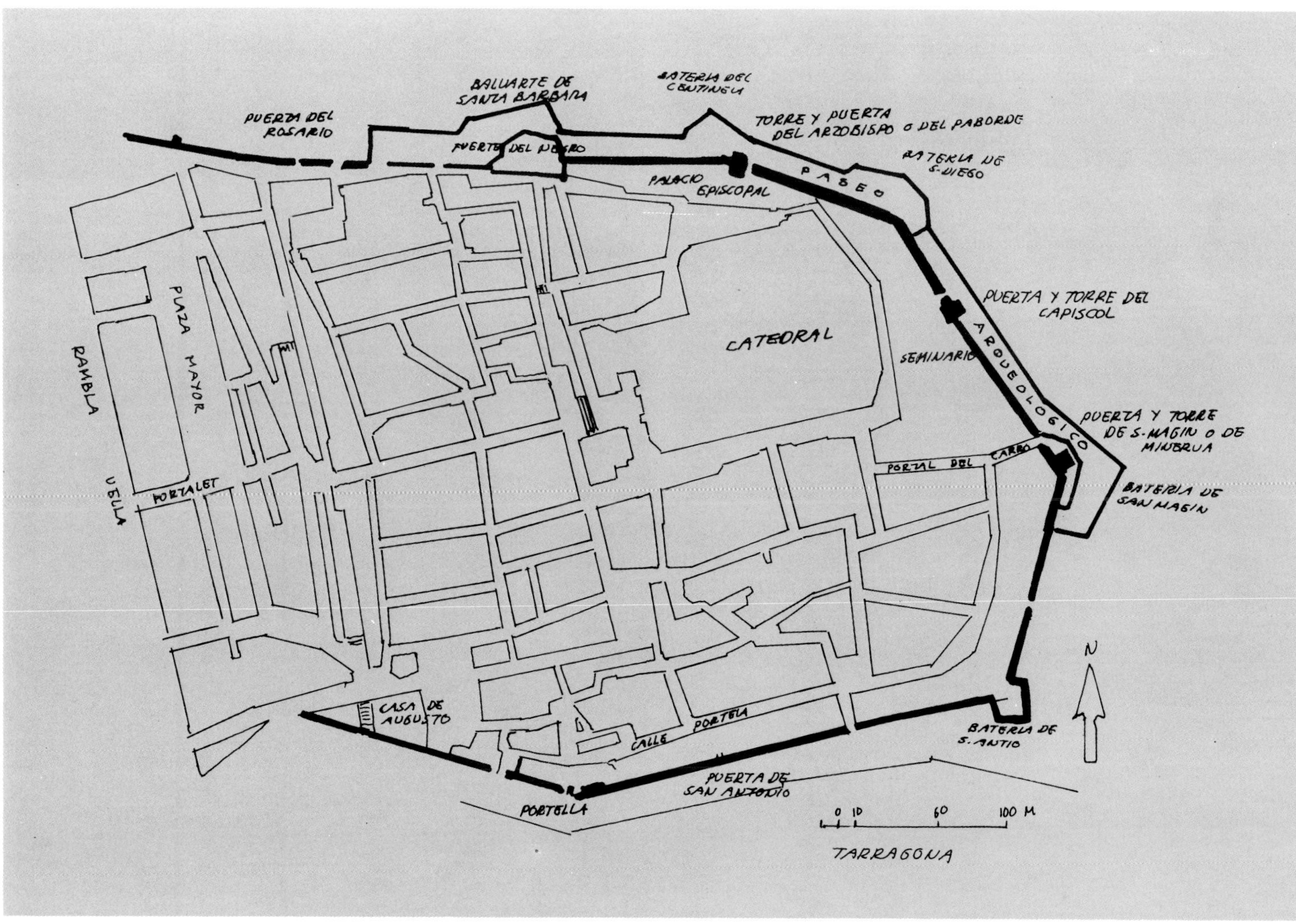

decir, colocar grandes bloques sin cal ni argamasa uno sobre otro. La torre del Caspicol mide 19 por 9 por 4 metros de lado. La muralla llega a la Puerta y torre de San Martín con otra torre de planta rectangular que mide 4 por 12 por 10 metros, con una altura de 7 metros por su parte más antigua.

De aquí, el cerco sigue directamente hacia el sur hasta el baluarte de San Antonio que forma el ángulo noreste, con una longitud de 140 metros para llegar a la puerta del mismo nombre y cien metros después de la Portella, típica puerta de enormes sillares adintelados. Más allá, la torre denominada de Pilatos, que fue parte del Pretorio romano de la Edad Media, denominada Castillo del Rey, todo ello edificado sobre la casa de Augusto, por cuyo nombre también se la conoce. Es una torre casi cuadrada de 24 metros de frente por 30 de lado y 22 metros de altura y con las mismas características de los tres estilos dichos aquí en la muralla, aunque con un claro predominio de sillares romanos. La muralla conservada de Tarragona mide 1 kilómetro y 100 metros aproximadamente, habiéndose perdido todo el lienzo oeste que aumentaría en 400 metros su longitud total. Como antes hemos indicado, un baluarte protege la muralla medieval formado por el Bastión de Santa Bárbara, batería del centinela, batería de San Diego, batería de San Martín y batería de San Clemente que estaba a continuación en todo el frente oeste con cuatro baluartes.

Tarragona fue, hasta mitad del siglo XIX, una gran ciudad fortificada, porque aparte de las murallas y baterías anteriormente descritas tenía su arrabal del puerto, fortificado con cinco baluartes y el fuerte real. Una segunda defensa abaluartada enlazaba el Bastión de San Martín en la vieja muralla romana, formando una primera defensa, con los baluartes de San Fernando, San Jerónimo, Fuerte de la Cruz, Plaza de Armas, Fuerte de la Reina y Fuerte de San Jorge, llegando a la Punta del Milagro y que fueron derruidos con el ensanche de la ciudad a partir del siglo XIX y principios del XX.

Como antes hemos indicado, la ciudad tuvo que fortificarse en 1707, obra realizada por ingenieros ingleses aliados del Duque de Austria, durante la guerra de Sucesión española y perduran en parte estos baluartes, siendo también una buena muestra de este estilo. Catalunya perdió sus Fueros

tras la entrada de los Borbones, siendo tomada Tarragona por las tropas de Felipe V. Como colofón a la defensa de Tarragona, amparada en sus murallas tenemos el sitio de 1811, en que el general francés, Suchet, logró tomar la ciudad tras la tenaz resistencia de sus defensores durante la guerra de Independencia.

Además de sus magníficas murallas, declaradas monumentos Histórico-Artístico en el lejano año 1884, Tarragona cuenta con hermosos e importantes edificaciones como su grandiosa catedral de los siglos XIII-XIV; la capilla románica de San Pablo, en el Seminario; los restos romanos y del Pretorio, foro, necrópolis y anfiteatro; el barrio de la judería, así como numerosos palacios medievales que le confieren un distinguido prestigio.

MONTBLANC (Tarragona)

Muy pocas ciudades catalanas pueden ofrecer un recinto amurallado tan completo como el de Montblanc. Dividida durante muchos años, de nuevo ha surgido pujante esta villa situada en al Conca de Barberá y en el camino entre Lleida y Tarragona, Reus y Tárrega. No está lejos del monasterio de Poblet ni del de Santes Creus, situados al oeste y este, respectivamente. Tanto la muralla medieval como la población han sido declarados Conjunto Histórico y Artístico en 1942.

Bañan la comarca dos ríos: Francolí y Anguera, y la existencia de Montblanc se debe precisamente a un primer poblado que aparece bajo el nombre de *Dues Aigües* que luego cambió el nombre por otro que aludía a los cerros brillantes cercanos: Vilasalba, según aparece en un documento de 1155 por el que el conde de Barcelona, Ramón Berenguer IV, dispone el cambio de nombre. Los cambios de nombre van a proseguir y nuevamente por orden del rey Alfonso el Casto, en 1162 se expresa sea llamada Montblanc. Así vemos que a principios del siglo XII es cuando se acomete la tarea de repoblación de la zona. No olvidemos que la presencia del Islam en la provincia de Tarragona fue duradera, y que la gran ciudad de Tortosa fue reconquistada en 1148, dando por finalizada la ocupación árabe en Catalunya. Nuevos repobladores del Pirineo, de Aragón, francos incluídos, se unieron en las tareas de levantar poblaciones, arar los campos y construir murallas y castillos. Cada pequeña comarca será gobernada, o bien por un conde, o estará bajo el mandato directo del rey. Han pasado muchos años pero la villa sigue perteneciendo a la corona y es Pedro el Católico, que residió en ella quien concede la población a su esposa, la infanta Leonor de Castilla.

Sin embargo, pasará después al vizconde de Gardona, Ramón Folc, junto con un nutrido grupo de villas como Esplugá de Francolí y Barberá. En esta época, principios del siglo XIII, ya estaba construido el castillo y las murallas, así como una judería de relativa importancia.

Recinto amurallado de Montblanc y una de sus torres, con sillares que protegen los ángulos y saeteras en las almenas.

Una de las entradas al recinto amurallado y una torre vista desde el interior, con el ahuecado para encajar estructuras de madera.

Lienzo y torre con refuerzos de sillería en las esquinas. Las almenas tienen salientes para colocar trampillas abatibles de madera.

Las noticias de reparaciones del castilo abarcan parte de la documentación del siglo XIV, y en el año 1307 el rey Jaime II presidió cortes en Montblanc, donde se trataron temas de interés nacional: «la conquista de Cerdeña, la acusación contra los templarios y la defensa de la autoridad real contra las pretensiones de los eclesiásticos» como recuerda Luis Monreal y Tejada en su obra relativa a los castillos catalanes.

Nuevamente se celebraron cortes en 1333 y Pedro el Ceremonioso visitó la villa en repetidas ocasiones, ordenando que se reparase en viejo castillo y así mismo construir nuevas murallas en 1366. La construcción duró dos años, aunque fueron definitivamente terminadas en 1377. El rey don Martín el Humano concedió al infante D. Martín el ducado de Montblanc, establecido para esa ocasión.

Poco más tarde se dispone que se repare la muralla para celebrar la entrada del Conde de Foix en tierras montblanquinas. La villa conoce su esplendor y es escenario de cortes y visitas reales, que se alojarán en su palacio. A finales del siglo XV comienza su decadencia y la familia Villafranca que había asistido siglos atrás a la repoblación de la villa deja de poseer el castillo. Los acontecimientos de la expulsión de los judíos en 1492 ocasionarán graves pérdidas económicas a la población. En la guerra de Catalunya del siglo XVII se ordenó volar la iglesia y las torres de la muralla, ya que el castillo había sido abandonado y con sus piedras se había reconstruido la iglesia un siglo antes.

Pero veamos cómo son sus murallas. Forman un recinto poligonal que se acerca al rectángulo, con una extensión de dos mil metros. Dentro de las murallas se encuentra un cerro, por la parte norte, que es el lugar donde estaba el castillo. Al Pie del cerro, la iglesia parroquial, Santa María.

El recinto edificado de nuevo sobre otro más antiguo presenta la sencillez nacionalista de las nuevas villas catalanas. Constaba de treinta y cuatro cubos, de los que existen completos veinte. La muralla está construida en piedra y tapial

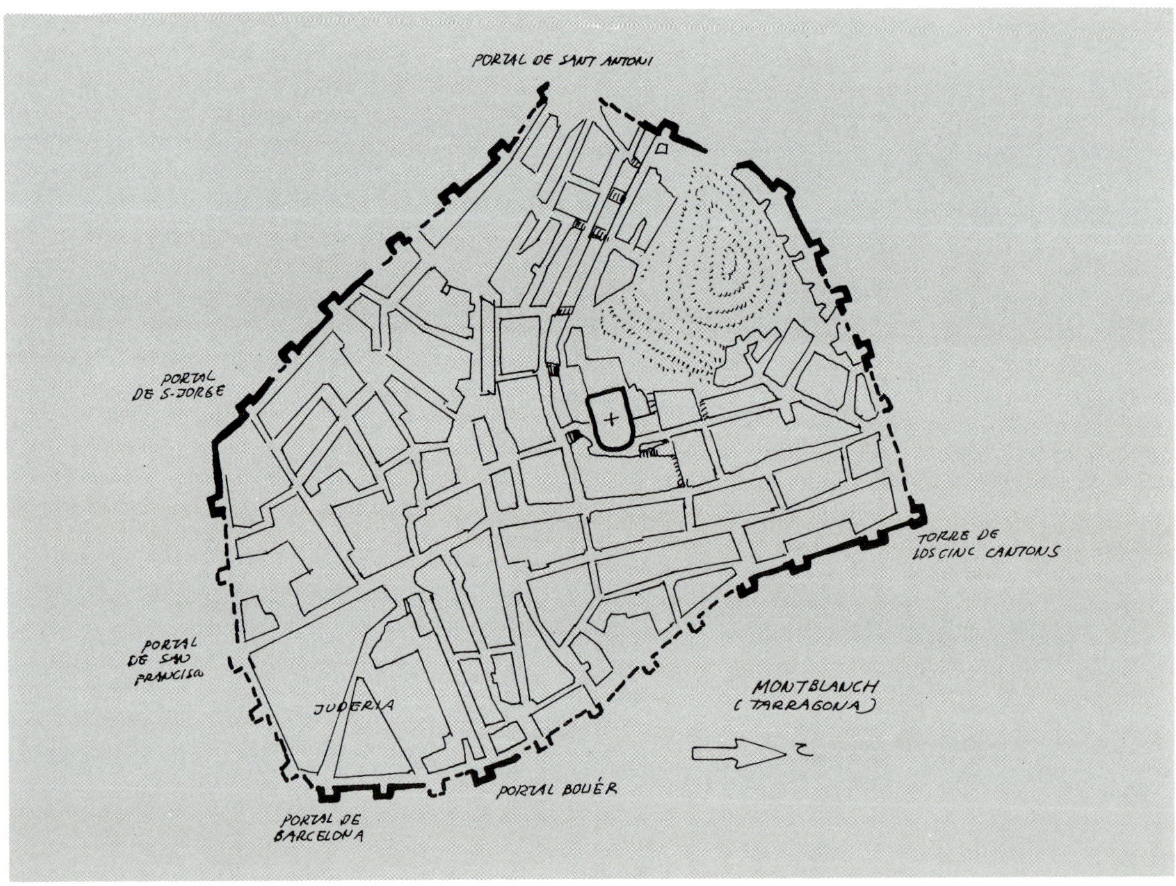

El portal de San Jorge,
plano del recinto amurallado
y un detalle con esgrafiado.

de argamasa, con una altura de seis metros y 1,20 de anchura por donde estaba el paseo de ronda. Las torres o cubos se sitúan simétricamente, son de planta cuadrada y tienen una altura de dieciséis metros.
Como en otros lugares catalanes hemos visto que estas torres presentan tres caras solamente, y poseen tres pisos. Por lo general, el inferior es macizo y los dos superiores divididos por pisos de tablones para aterminar en el almenado. En las torres, dos puertas que daban acceso al adarve. Las puertas de la muralla están cubiertas en las torres y se denominan portales. Las primitivas estaban situadas simétricamente y era el Portal de Barcelona, el de San Jorge, San Francisco y San Antonio. Algunas puertas fueron cerradas y se abrieron otras como la de Bover. La muralla tenía su foso, excepto en el sector norte. Una de las torres más peculiares es la llamada de los *cinc cantons*, porque, efectivamente, tiene cinco lados y forma el ángulo noreste del cerco.
El Portal de Bover es una gran torre que se abre con arco rebajado adovelado y presenta sillares muy bien escudrados en sus ángulos. Su almenado fue tapiado y tiene un balcón amatacanado que le sirve de defensa. Numerosas saeteras se ven en su frente exterior. Esta torre tiene dimensiones mayores que las restantes, siendo más ancha.
El Portal de San Francisco es semejante al de Bover y consta, también, de su arco de medio punto adovelado, su balcón amatacanado bajo las almenas y sus saeteras. Se accede por una escalera exterior al primer piso, y tiene tres más; el siguiente comunica con el adarve y el último con la terraza y almenaje teniendo el balcón amatacanado. Su altura es de quince metros.
El Portal de San Jorge es mucho más esbelto que los anteriores y consta de piso con el consiguiente arco de ingreso, piso primero y segundo. Su altura es de unos dieciocho metros. No todas las torres presentan la misma altura ya que la de los portales y ángulos de la cerca suelen ser más altas. Por regla general, cada torre tiene un remate de cuatro almenas en su frente y tres en el lateral. La torre del Portal de Bover fue reconstruida en 1921 y tiene cuatro pisos, con habitaciones y escaleras de piedra, mientras que las otras torres tenían una escalera de madera móvil para acceder a cada piso y retirarla en caso de asalto, haciendo así más fácil su defensa.
Las torres del Portal de San Antonio y San Francisco fueron derribadas parcialmente en el año 1863 y reconstruidas recientemente. Para terminar, contaremos la leyenda de que los vecinos de Montblanc podían coger una carga de leña de los bosques de Poblet con la condición de que al pasar delante de la portería, debían dejar el tronco más grueso al fraile portero. Cierto día, un montblanquino al pasar con su carga de leña, coge el primer tronco que tiene y lo tira al monje, tronco que no era el más grueso. Se entabla una discusión y mata al monje. Los frailes se querellan ante el rey y éste ordena desmochar todas las torres, una a una, desponjándolas de las defensas de sus almenas para castigar así el orgullo de los pobladores de la villa.
Hay que señalar, como monumentos insignes, aparte de las murallas y de la iglesia de Santa María, su plaza Mayor porticada, el Ayuntamiento y el palacio Desclergue; la iglesia de San Miguel en la que se reunieron muchas veces las cortes catalanas, es una obra del siglo XIII, con una sola nave, y con su torre románica de buena sillería; San Marcial, junto a la torre del mismo nombre, obra del siglo XIV; los restos del convento de San Francisco; el palacio real; el de los Alanyá del siglo; la en tiempos poblada judería, con sus calles estrechas y arquillos y el puente de origen romano, sobre el río Francolí; monumentos que junto con las murallas hicieran que esta villa fuese declarada Conjunto Monumental y Artístico.

BALAGUER (Lleida)

Balaguer se encuentra situada en la orilla derecha del río Segre, 25 kilómetros al norte de Lleida capital, y sobre un montecillo que queda cortado por el río. Asentada en una vía de comunicación principal, como es el curso del Segre, camino hacia el Pirineo y el Ebro, se cruza aquí la carretera que une Tárrega con el mismo centro de Catalunya, con Barbastro y Huesca.

La comarca es rica en agricultura y no es extraño que desde épocas remotas el hombre se asentara en el cerro que ocupa la actual ciudad de Balaguer. A la importancia económica hay que unirle la defensiva, ya que su situaación en la comarca de la Noguera y a pie de monte de la Sierra del Monsec le hacen lugar estratégico, naciendo como ciudad–puente. Guarda relación su habitat con el puente sobre el Segre, de origen romano y reconstruido en la Edad Media. Ultimas investigaciones han puesto al descubierto numerosos núcleos ibéricos en sus proximidades, con reutilización romana.

El principal desarrollo urbanístico de Balaguer corresponde a la Edad Media, y concretamente a la etapa árabe. Dependiente hasta 1032 del califato de Córdoba, con la creación de los reinos de taifa, Balaguer se va a alzar y formar un pequeño reino independiente, para ser englobado en el reino taifa de Lleida gobernado por la familia de los Beni–hud, y bajo la figura de Almondir, que recibió Lleida, Tortosa y Denia, gobernando hasta el año 1091 en que fue conquistada por el Conde de Urgell, aunque la reconquista definitiva no se llevó hasta el año 1106.

Esta zona era llamada por los musulmanes la frontera superior y quedaba un espacio vacío entre los dominios cristianos de los Pirineos y el califato cordobés primero (711–1032) y el reino de taifa musulmán de Zaragoza, del que se desmembró el de Balaguer (1032–1091). Posteriormente, el conde Almengol VI de Urgel le concedió ciertas franquicias (1118).

Resuena el nombre de la ciudad en las luchas que mantuvo Pedro el Grande contra la nobleza

Detalle de la muralla cristiana, detrás de Santa María, y cubo de la muralla islámica del Plá de Almatá, con sillares a soga y tizón.

catalana sublevada, ya que los condes de Pallars y Urgell se hicieron fuertes en la fortaleza, teniendo que venir el rey en persona con sus tropas para vencerles. Otros sucesos medievales tuvieorn lugar entre los muros de Balaguer, pues en época del compromiso de Caspe el rey Fernando de Aragón tuvo que ocuparla para reducir al conde de Urgell que se había hecho fuerte entre sus muros. Tuvo importante judería y morería que permaneció hasta 1610 y su último levantamiento fue en 1640 cuando toda Catalunya se sublevó contra el Conde–Duque de Olivares en época de Felipe IV.

Para darnos cuenta de las fortificaciones de Balaguer las dividimos en tres grandes sectores: por una parte, el castillo, a su lado sur la población amurallada y al lado norte el Plá del Real o Almatá que es la tercera gran fortificación.

El castillo está entre un montículo dominando el puente sobre el Segre, del que dista cincuenta kilómetros en línea recta. De él parten las murallas para envolver la población, como para proseguir por el gran recinto del Almatá. La planta del castillo es rectangular, adaptándose al terreno, con cubos en las esquinas y a mitad de lienzo. Mide 135 metros de longitud por 70 metros. La mejor parte conservada es el lado norte. Aquí se encuentran tres cubos con 5,50 m. de frente y 3,70 m. de lado. La disposición y espacio entre torre y torre está medida y es de veintidos metros. Estas torres pertenecen al período califal (siglo X–XI) con sillares colocados a soga y tizón, y los lienzos denotan también una primera etapa constructiva de esta época, hasta seis metros de altura. La piedra que se empleó es arenisca, unidos los sillares por una fina capa de mortero. Las torres son macizas, como en casi todas las obras del califato y sólo utilizables en su azotea. Después observamos otros estilos constructivos correspondientes a épocas posteriores, con sillares más pequeños de época cristiana gótica que forma parte de la obra ejecutada por los condes de Urgel cuando la fortaleza se denominaba «Castell Formós», es decir, castillo hermoso. Todo el lado oeste obedece a estas normas.

Por el lado oeste una torre califal enlaza con la muralla medieval de la ciudad. Por el interior los

Muralla cristiana a base de sillarejo en bandas, que se adapta al relieve del terreno.

Detalle de un muro de sillería, trabajado con piedra pequeña y cal para la unión.

escombros alcanzan alturas de cuatro metros y por el lado sur, donde estaba la entrada a la fortaleza. En su interés están los depósitos de agua modernos.

La segunda parte a considerar es la propia muralla de Balaguer cuyas casas nunca llegaron a rellenar el gran espacio que abarcan. Del castillo parte la muralla con un gran lienzo conservado de 100 metros, para perderse después y continuar más de doscientos metros por el lado sur, cercano a San María, que está en un punto alto y en la divisoria de la población con el terreno intramuros yermo. Alguna torre protege la cerca.

Pero lo más espectacular ha sido el tercer recinto denominado Plá del Real o del Almatá, situado al norte del castillo. Es un grandioso recinto fortificado en otro tiempo, limitado al este por un barranco que da al río Segre y a los otros puntos cardinales, también por hondos barrancos, con la excepción del corto tramo donde enlaza con el castillo. Este recinto medía cerca de dos kilómetros de longitud, conservándose un tramo de quinientos metros de longitud al oeste, con veintitrés cubos de muralla, así como otros restos de ésta por diversos ángulos del cerro en la que están situadas.

La muralla tiene un espesor variable entre 1,20 a 1,80 metros y la distancia media entre cada cubo es de veinte metros. Los cubos tienen cinco metros de frente, sobresaliendo 1,30 metros del paramento exterior de la muralla. Están construidas con sillares colocados a tizón en su base y encima y al interior, pues son macizas, de tapial fortísimo. Algunos cubos tienen todavía una altura de ocho metros y eso que eran más altos. A estas torres de tapial deformadas se les conocía popularmente con el nombre de *gegants* o gigantes. Por la extensión del recinto y los restos de torres al noreste y sur, el número de torres debía sobrepasar los cien.

Realmente nos encontramos con un gran albacar o recinto fortificado para una tropa que sólo temporalmente era ocupado, y es que Balaguer era la llave de Lleida y centro para las aceifas de los musulmanes hacia el norte, por lo que este recinto sería lugar idóneo para las campañas militares de las tropas cordobesas y después de las zaragozanas para atacar los diversos condados cata-

Puerta de la muralla, con arco del siglo XVI. Arriba, puente norte del castillo, con sillares bien escuadrados en el zócalo, obra califal.

lanes. Era, pues, una gran prolongación del castillo y constituyó en la alta Edad Media, en sus proximidades a la fortaleza y en torno a la ermita del Santo Cristo, un arrabal de Balaguer que a finales del siglo XIV ya estaba yermo.

Volviendo a la fortaleza, poblada desde la edad del bronce, al realizar unas obras para evitar la ruina de sus muros y que cayeran sobre las casas, se encontró en una zanja hecha a dos metros de profundidad, un muro califal y diversos restos de construcciones, con yeserías árabes y mudéjares, azulejos, alicatados, fragmentos escultóricos que en grandes líneas tienen dos etapas: la musulmana y la gótica, apareciendo un capitel con el escudo de los condes de Urgel y numerosísima cerámica. Sabemos por la historia que fue el castillo residencia de los condes de Urgel, y que en una primera época fue llamadao Zuda o Suda, como se denominaban todas las fortalezas musulmanas de las grandes capitales, como Tarazona, Tudela, Zaragoza, Lleida o Tortosa, por ejemplo, y que recordaban a una de las puertas del alcázar de Córdoba así llamada y por extensió a todo el alcázar. Suda o Zuda significa presa, azud.

Las noticias musulmnas sobre las murallas y castillo de Balaguer son escasas. En el año 897, Lope Ibn Muhamurad, señor de la frontera superior, comenzó la fortificación de Balaguer después de haber tenido un encuentro en donde hirió al conde de Barcelona, Wilfredo. En esta época existían cuatro castillos protegiendo la ciudad: la Zuda, Gerundella, Alcoraz y La Rápita, cuya torre aún existe a escasos kilómetros al este de Balaguer y cuyo nombre indica fortaleza y monasterio, donde se refugiaban los monjes–mili-

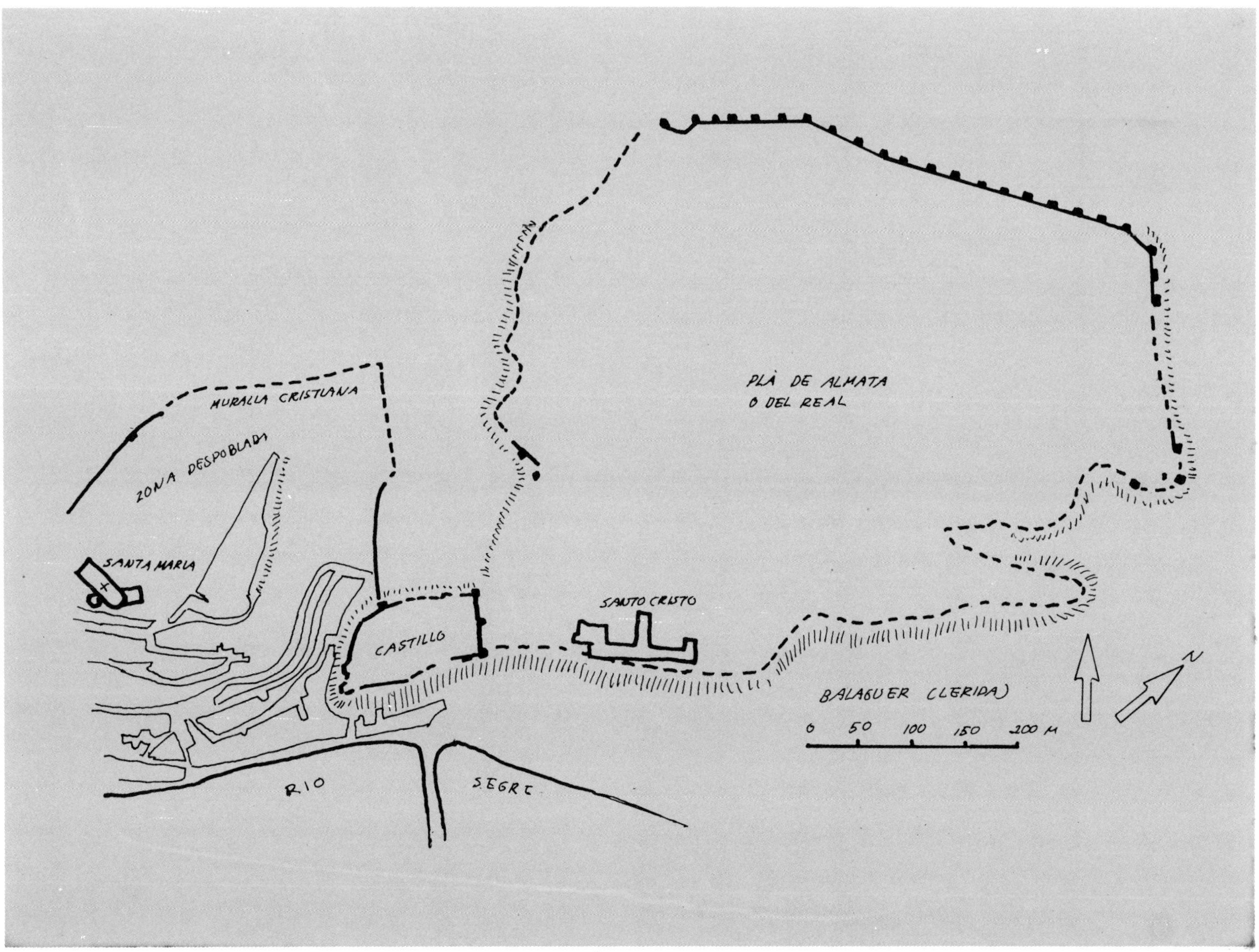

Plano de los recintos amurallados de Balaguer. en negro, los lienzos de la muralla mejor conservados.

Una de las puertas de entrada. Obsérvese la altura del lienzo de sillarejo.

tares del Islam para defender la población. Hoy es una buena torre con basamento romano formado por grandes sillares sobre la que se asienta la parte medieval, obra también islámica.
De lo dicho anteriormente se deduce la ocupación ininterrumpida de siglos del castillo, primero alcazaba o zuda árabe, y después embellecido y convertido en palacio residencial por los Condes de Urgel. A partir de este momento pasa a ser conocido como *castell fermós* para, a partir del siglo XV en que fue saqueado en 1414 y arruinado por D. Fernando de Antequera (ya que Balaguer no quiso reconocer el resultado del compromiso de Caspe) no se vuelve a hacer mención de él, abandonándose.
Balaguer, como defensa de Lleida, contó con la misma suerte que esta gran ciudad fortificándose de nuevo en la edad contemporánea, con el fuerte de San Juan que estaba al otro lado del río, y el del Cristo, en el Plá del Real, para resistir los asedios del Conde–Duque de Olivares, en el siglo XVII y en el XIX de los franceses.
Interesante es, también, ese gran recinto musulmán, único en Catalunya, que constituye el Plá del Almatá y que todavía tantas sorpresas arqueológicas nos puede proporcionar.

ZARAGOZA

Zaragoza tiene una tradición milenaria como fottificación y plaza militar. Apenas asentaron los romanos las torres de su nueva ciudad, en la margen derecha del río Ebro, comenzaron las luchas contra los pueblos indígenas que tenían su ciudad cercana, en el lugar conocido como Zaragoza la Vega. Repasando la historia de este lugar, el primitivo nombre ibérico de la ciudad parece que fue el de *Salduba*, aunque los autores y estudiosos no se ponen de acuerdo sobre su emplazamiento exacto. Unos defienden su ubicación en San Juan de los Panetes, dentro del casco viejo de Zaragoza, y otros en el lugar conocido como Castillo de Miranda, en las cercanías de Juslibol.

Lo más cierto es que el emperador Augusto fundó entre los años 19 y 15 a. de C. la colonia de *Caesar Augusta para qu se* establecieran en ella los veteranos de las Legiones X, Gemina, VI, Victrix y IV, Macedonia, que entonces dependían de la provincia Tarraconense, así como todo el valle del Ebro. El lugar gozó durante siglos de gran prosperidad, pues era y es todavía un punto clave en las rutas hacia el Pirineo, Navarra, Castilla y Catalunya. Está emplazada, además, en el mismo centro de Aragón.

Ondeando aquí las banderas de las legiones romanas, se levantaron murallas que albergaron a una población de treinta mil habitantes. Zona rica por la gricultura de regadío, por comercializar productos básicos como el trigo y la cebada, el aceite y la sal, fue codiciada por los pueblos bárbaros que asolaban el imperio romano, de modo que se reforzaron sus murallas en prevención de los posibles y siempre temidos ataques. A la prosperidad de Zaragoza debemos sumar el hecho legendario de la aparición aquí de la Virgen María, encarnada en ser humano, al Apóstol Santiago, a quien animó a continuar la evangelización de Hispania. Muy poco tiempo después se construyó en el lugar un templo destinado a albergar el pilar o la columna sobre la que se había acomodado la Virgen, con lo que comenzó así a extendrse la fama del lugar como templo sagrado para la cristiandad.

Murallas y cubos romanos con sillares bien tallados junto a la torre de la Zuda, al oeste de la bimilenaria muralla de César Augusto, en Zaragoza.

Hacia el año 380 tuvo lugar aquí un concilio y durante las persecuciones contra los cristianos fueron innumerables los mártires, recogiéndose sus cenizas en la iglesia de las Santas Masas, que conserva todavía sarcófagos romanos de este tiempo. Tras varios intentos de los francos y visigodos la ciudad fue tomada en el 472 por el Conde Gauterico, incorporándola al reino visigodo con capital en Tolosa. En el 589 vivió buenos momentos, debidos a tres obispos que colaboraron con San Isidoro de Sevilla en la redacción del *Liber Judiciorum*.

En el año 714 cae bajo dominio susulmán, sometiéndose a Musa Ibn Nusayr, que transforma la catedral de San Vicente (La Seo) en mezquita, aunque permite el culto en Santa María (El Pilar) a los numerosos cristianos de la ciudad. En ese mismo siglo el gobernador de Zaragoza pactó con Carlomagno liberarse del dominio cordobés, pero llegado el momento la ciudad no le abre sus puertas y se tiene que retirar a Francia, sufriendo el ataque de los vascones en Roncesvalles, en el año 788, año en que el ejército de este gran rey sufrió muchas bajas, muriendo allí el célebre caballero Roland.

Sublevado de nuevo y pactando unas veces con los vascones, otra con el gobierno de Córdoba, tiene que venir el propio califa Abderraman III a sofocar la rebelión. Entre los años 1030 y 1118 será un reino taifa independiente que englobará Aragón, parte de Soria, y en ocasiones Lleida y Tarragona. Sus gobernantes fueron la familia ilustre de los Banu-Hud que destacaron por su cultura y amor a las ciencias. En 1110 los almorávides destronaron al último rey de esta dinastía, que se refugió en Rueda (Zaragoza) y ocho años más tarde sería reconquistada por Alfonso I el Batallador, tras seis meses de asedio.

Junto a la desaparecida Puerta de Toledo quedan restos de la muralla romana.

Plano de la ciudad amurallada de Zaragoza. En las páginas siguientes, la muralla romana y la iglesia de San Juan de los Panetes.

El pacto fue que los musulmanes debían abandonar la ciudad, aunque se les permitía vivir en el campo. El rey tomó posesión de los castillos de la Alfarería de la Zuda (residencia del gobernador) y consagró la mezquita. La judería continuó intramuros. Zaragoza iba aumentando de población extendiéndose fuera de las murallas romanas y ocupando el espacio comprendido entre ésta y la cerca de tierra musulmana que implicaba la extensión anterior, formando los barrios de San Pablo, San Miguel y la Magdalena.
Francos, gascones, bearneses, aragoneses, catalanes, judíos y mozárabes constituían la nueva población de la ciudad, que se convirtió en la capital del reino de Aragón, pues sucesos históricos ocurrieron en la Edad Media que afectaron a sus murallas. Con Felipe V tuvo lugar la batalla de Zaragoza, en que las tropas borbónicas tuvieron que tomar la ciudad, partidaria del Archiduque Carlos de la dinastía austríaca. Símbolo de la resistencia contra los franceses, tuvo que soportar dos sitios, en 1808 y 1809, siendo famosa la batalla con Agustina de Aragón y Palafox, que sostuvo la población y dirigió la resistencia.
La ciudad ha conservado el trazado perfecto del lugar por donde iba la muralla romana, así como la disposición general de sus calles. Se trata de un rectángulo amurallado con dos calles anchas que se colocan en el centro perpendicularmente y que corresponden al Cardo Máximo (calle Jaime I) y al Decumanis (Espoz y Mina y Mayor), así como el conjunto de calles intermedias. A mitad de lienzo estaba una puerta. Esta muralla fue levantada en el siglo I a. de C., y se rehizo en el siglo II d. de C. Paralela al río llegaba al este a la actual iglesia del Santo Sepulcro para iniciar su recorrido por la calle del Coso (antiguo Cursum o vía romana) y torcer en el Paseo Imperial enlazando con la

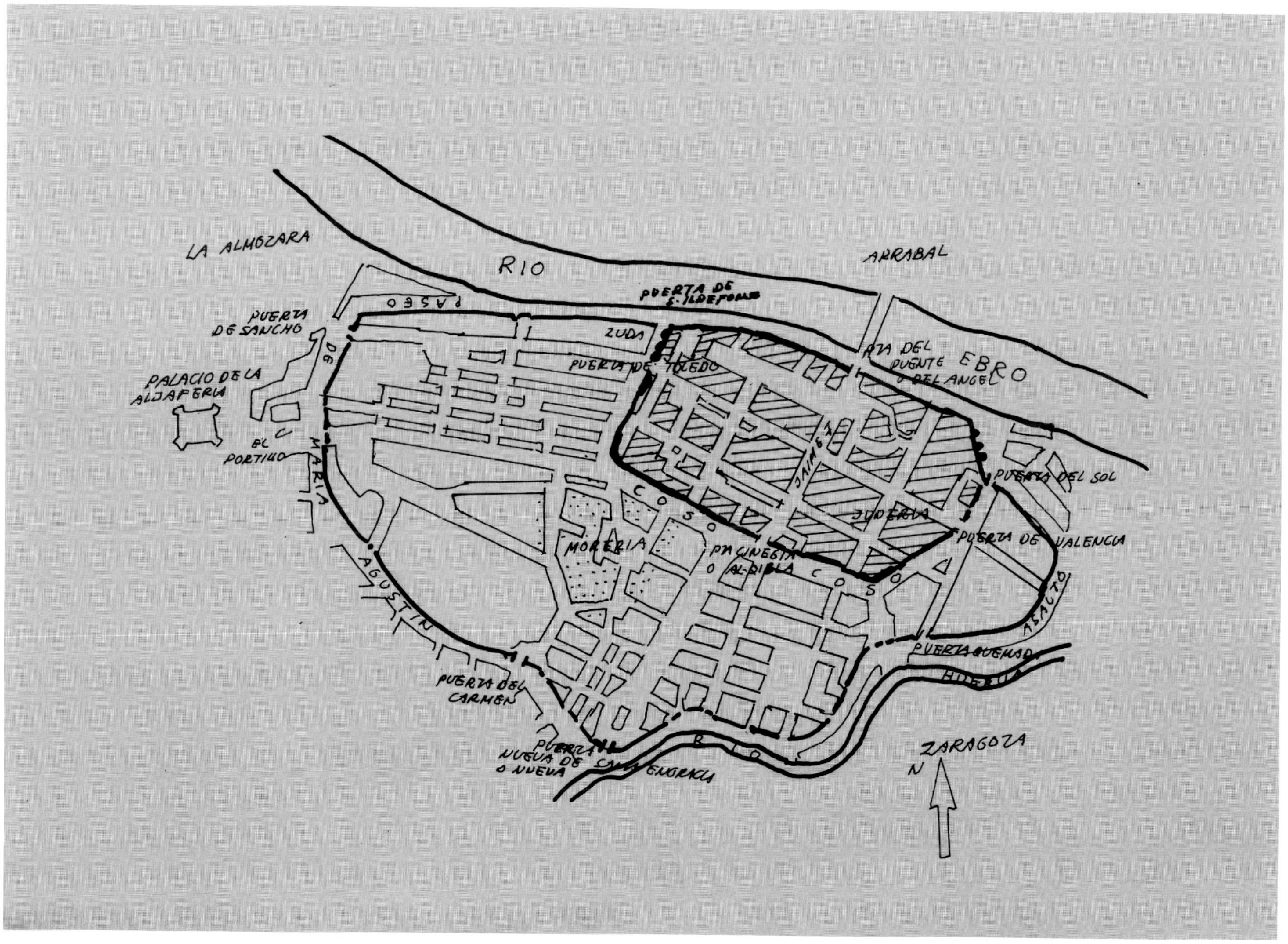

ribera del Ebro. Su longitud era de 2.900 metros. En el Santo Sepulcro se conservan tres cubos circulares y su correspondiente muro, formados por paramentos paralelos de grandes bloques de piedra asentados con el aparejo denominado opus cuadratum. Otro fragmento de muralla se encuentra junto a la antigua Universidad y trozos en el Coso, en las proximidades de la calle don Jaime, en la Audiencia, en la calle de Cerdan y, especialmente, en la Plaza de San Juan de los Panetes, donde encontramos tres cubos en perfecto estado y su muralla intermedia. Tanto unos como otros llevan en su base dos líneas de grandes sillares a manera de zócalo, más resaltados, sobre los que se levanta en vertical el muro. Los cubos son circulares con muy buena sillería de piedra rectangular y cuadrada colocada en bandas horizontales. Su altura es de doce metros y el espesor de los lienzos, cinco. Estaba precedida de un foso. El interior de la muralla y cubos era un relleno con mortero de cal y piedra. La muralla de Zaragoza, por la disposición de las escasas torres existentes y hechas las mediciones, se supone que tenía cien torres.

En su obra intervinieron obreros de Italia, dado que en los restos de inscripciones de la Puerta de Valencia está en dialecto de la Campania.

Con la llegada de los musulmanes se va a ir poco a poco alternando el sistema de calles menores y cambiarán también los nombres de las puertas de la muralla, perdiéndose incluso la memoria de su primitiva denominación.

Así, tenemos en el viejo recinto romano una puerta denominada de Alcántara, que daba paso al puente; la Puerta de Valencia, junto a la Plaza de la Magdalena, obra romana derribada en 1867; también la Puerta de la Alquibla, o del Sur, denominada también Cinegia (derivación del nombre de la tribu terberisca de los Sanhaya) al comienzo del Paseo de Independencia con el Coso; y, por último, la Puerta de Toledo, situada en la actualidad en el Paseo Imperial, junto a la calle Predicadores.

Los musulmanes, en el ángulo noreste, edificaron el castillo de la Zuda para residencia de los gobernadores de la ciudad en el año 918, durante el califato de Abderraman II, estrenando el nuevo castillo Abdel–Aben Aire. Tuvo una ampliación durante la etapa taifa del reino zaragozano y conocemos el nombre de varios de sus salones, de mármoles, gran chimenea, paramentos. Nos ha llegado tan sólo un torreón de tipo mudéjar del siglo XIV, lugar donde la tradición señala que se firmó la rendición de la ciudad en 1118.

Detalle del muro romano.

Estatua de César Augusto.

Con el crecimiento en el número de habitantes, la población se salió de las murallas romanas, habitando al oeste en el después conocido como barrio de San Pablo, así como al sur, en torno al Paseo de Independencia, y al sureste, conocido como barrio de San Miguel, donde levantaron los musulmanes una tapia, origen de la posterior muralla medieval que englobaba estos barrios, en la que se dejaron grandes espacios para una huerta urbana.

Hacia el oeste y a poca distancia de la tapia de tierra, se levanta entre feraces huertas el castillo palacio de la Aljafería, empezado por Aben Alfage en el año 864, pero totalmente reformado entre 1030 y 1081 bajo la dirección del rey Abu Yaafar Al-Muctadir Bil-Lah y de ahí tomó su nombre: Al-Yacafaría. Es un recinto de planta casi cuadrada con 96 cubos circulares más uno rectangular, llamada Torre del Trovador. La Aljafería va a ser el centro político de Aragón durante cientos de años y hoy ha vuelto a serlo, ya que se han instalado allí las Cortes de Aragón.

La muralla árabe y medieval partía del ángulo suroeste de la Zuda y continuaba paralela al río por el Paseo de Echegaray donde al final de la calle Santa Lucía se abría la Puerta de Sancho. Seguía por todo el Paseo de María Agustín abriéndose el portillo, inmediato a la actual Plaza de Toros y, más allá, la Puerta del Carmen, denominada antes de Baltax; por la calle Pamplona continuaba hacia la Avenida Marina y Paseo de la Mina, yendo paralela al río Huerva. En la calle del Asalto, esquina a Heroismo, estaba la Puerta Quemada y junto al Coso y enlazando con la vieja muralla romana, la Puerta del Sol.

De todo este conjunto de murallas y puertas sólo queda la Puerta del Carmen, que es un arco con tres puertas adinteladas del siglo XVIII y que nada tiene de defensivo, histórico durante los sitios de Zaragoza en la guerra de Independencia, y el recuerdo del Portillo donde, según la tradición, se apareció la Virgen para animar a los navarros que con las tropas de Alfonso I el Batallador entraron en la ciudad, siendo la primera brecha abierta en la muralla árabe.

Desafortunadamente, el derribo de las murallas comenzó sistemáticamente a finales del siglo XIX, ya que hasta entonces la cerca estaba intacta. Así en el plano de Coello de 1853 figura todo su contorno amurallado con sus puertas y postigos. La Puerta de Sancho es obra del siglo XIII y fue demolida en 1863 sin que su reciente servicio a los zaragozanos en la guerra de la Independencia, 1809, lograra detener la piqueta municipal.

CALATAYUD (Zaragoza)

Calatayud está situada en el centro de la Hoya de su nombre. A orillas del río Jalón, que le sirve de comunicación entre Castilla y Zaragoza, confluyen en sus cercanías el río Jiloca y el Perejiles, a la derecha el Jalón, y el río Riboto a la izquierda, lo que hace que sea un destacado centro de comunicaciones y lugar de intercambio y de comercio de toda su amplia de influencia.
La impresionante aridez de sus montes limítrofes queda compensada por una feraz huerta. Asentamientos celtibéricos en el siglo IV a. de C. establecidos en sus proximidades nos hablan de su pasado. Tras esta primera etapa en la que se forma realmente la ciudad, los romanos edificaron una ciudad sobre las ruinas de la celtibérica que conservó el nombre antiguo de Bilbilis, y cuyo solar se encuentra a cinco kilómetros al oeste de la actual ciudad, en el cerro de la Bombola. Aquí nació en el siglo I d.de C. el poeta Marcial, y se dieron Bilbilis todas las características de una gran ciudad romana: tuvo foso, templos, anfiteatro, acueductos, y murallas. Se trató de un lugar destacado en el imperio que fue perdiendo importancia con la llegada de los visigodos hasta llegar a perderse por completo la memoria del lugar donde se hallaba emplazado.
De todas formas, habían contribuido a la escasez de población las luchas entre visigodos e hispano–romanos, la economía y el sistema general de vida, más dado al campamento militar y a la guerra constante que al sedentarismo, que tiende a habitar y proteger las ciudades. Con la llegada de los musulmanes pasa a llamarse Qalat Ayub, que quiere decir «Castillo de Ayub», de donde procede su actual denominación.
Este Ayub se dice que fue emir o gobernador de Al–Andalus, es decir, de la España musulmana y su nombre completo era al parecer Ayub Ibn Habib Al–Lajmi, fundador de la ciudad en el año 716. El lugar constituyó el primer asentamiento definitivo hecho de nuevas por los musulmanes en territorio de la península.
Las primeras citas de este lugar las tenemos en el año 862, cuando el gran constructor de castillos y

Muralla de Calatayud, obra árabe del siglo VIII. A la derecha, puerta árabe tapiada, con un excelente dovelaje de tipo califal.

atalayas, el emir cordobés Muhammad I, ordenó reconstruir las murallas a sus gobernadores, que pertenecían a la familia yemení de los Toyibies. Calatayud fue siempre una ciudad fiel al califato frente a sus vecinas, Zaragoza, Tudela, y Agreda, que constituían el patrimonio de los Benu Qasi y eran rebeldes, como los Banu Dil-Nun de Cuenca, Tantaver y Huete, también sublevados durante generaciones contra el gobierno cordobés.

Caído el califato en el 1032, se formó el reino taifa de Zaragoza, en el cuál estuvo incluida. Permaneció en el Islam hasta el año 1120, es decir, 404 años, ya que el rey aragonés Alfonso I puso sitio a la ciudad mientras que sus habitantes esperaban auxilio almorávide, auxilio que fue desbaratado por las tropas cristianas que lograron una gran victoria en la batalla de Cutanda, a cuarenta kilómetros al sureste de Calatayud, teniendo esta ciudad que rendirse y emigrando la mayoría de sus moradores principales, aunque no la clase agricultora y artesana, que permaneció en ella.

El rey Alfonso le concede fueros y se convierte en cabeza de una comunidad extensa, que perdurará hasta la formación de las actuales provincias a mediados del siglo XIX. Como lugar cercano a Castilla, se vio sometida a los desastres de la guerra de los Pedros, siendo tomada por Pedro I de Castilla, para tener que ser reconquistada por Pedro IV de Aragón en 1362, sufriendo grandes destrozos económicos y arquitectónicos.

Su morería fue importantísima, llevando gran parte de los trabajos de huerta y albañilería y fueron expulsados en el año 1610 en tiempos del rey Felipe III, permaneciendo un barrio a los pies del castillo de Ayub, con esta denominación. Igualmente tuvo una activa judería.

Pero lo que nos llama la atención son sus fortificaciones que están formadas por cinco castillos que ocupan promontorios unidos por una muralla y que ya son citados en el año 862, por lo que han pasado de ser milenarios. Los musulmanes construyeron su primera ciudad amparados por estos castillos y aprovechando dos vaguadas o barrancos: el de las Pozas y el de la Rua.

El primer castillo y toda la muralla obedece a un sistema muy especial: se modela primero y la roca natural, que en ese caso es de yeso, creando fosos y paredes verticales y, encima, se edifican ya las murallas o torres a base de tapial, revocando este con yeso. Así tenían a mano los materiales en la propia obra. El rojizo y gris del tapial confiere a Calatayud ese color tan característico.

El castillo Mayor, también llamado Plaza de Armas y hoy de Ayub, se encuentra en la cota más alta de la ciudad, siendo el mejor conservado. Está formado por dos recintos escalonados, de unos cien por cincuenta metros, destacan dos torres octogonales sobre la cuadrada construidas en tapial cuyo interior es cilíndrico, con bóvedas y escalera empotrada en el muro. Para acceder a este castillo había dos puentes levadizos extendidos sobre los fosos naturales al este y oeste. Del castillo parten tres líneas de muralla: los de su derecha, o que sigue en dirección este. Engloba un recinto hoy vacío y que presenta seis cubos de

En la pagina anterior, la muralla en el castillo de Ayub, con sillarejo de caliza a bandas. Arriba, detalle de los materiales empleados.

Torres del recinto norte,
con su talud y foso,
edificadas en el siglo VIII.

tapial. Una de las murallas tiene a su mitad de lienzo una torre octogonal semejante a las del castillo Mayor y que, por lo tanto, serán obra del siglo IX.

Siguiendo esta muralla y torciendo hacia el sur, llegamos al castillo del Reloj y real, llamado así por una campana colocada sobre él que suena en las fiestas patronales y que popularmente se denomina «reloj Tonto». El recinto tiene una planta pentagonal alargada, está cortado en la roca y es de difícil acceso. la muralla debía continuar hacia la plaza de La Leña, donde en la Rúa se abría la puerta de Valencia.

El castillo de doña Martina, al igual que el anterior, está edificado sobre roca cortada y es hoy inaccesible. Está construido con sillares de piedra calina y posiblemente sería la alcazaba islámica de la primitiva población y residencia de los gobernadores, mientras que el Mayor sería destinado a la tropa. Se le llama también castillo de don Álvaro y de la Judería, por encontrarse ésta en sus proximidades.

La muralla asciende por el denominado Barrio Verde, dividiéndose cien metros más allá del castillo de doña Martina en dos sectores. Por el de la izquierda, la muralla completa va formando zigzags sin torre alguna y enlaza con lo alto del cerro de la Torremocha; otro castillo, de planta topográfica, que es sólo un recinto con cinco torres y una central octogonal más elevada. Recibe el nombre, también, de «cocción de moros» y castillo de la Consolación.

De aquí, la muralla se dirige hacia el sureste, camino del llano, atravesando el barranco de las Pozas y enlazaba con el castillo de la Peña, semejante a los anteriores y ocupado por el Santuario de la Virgen de la Peña, patrona de Calatayud. El tramo también importante de murallas lo tene-

Plano con los recintos amurallados de Calatayud y la situación de sus castillos.

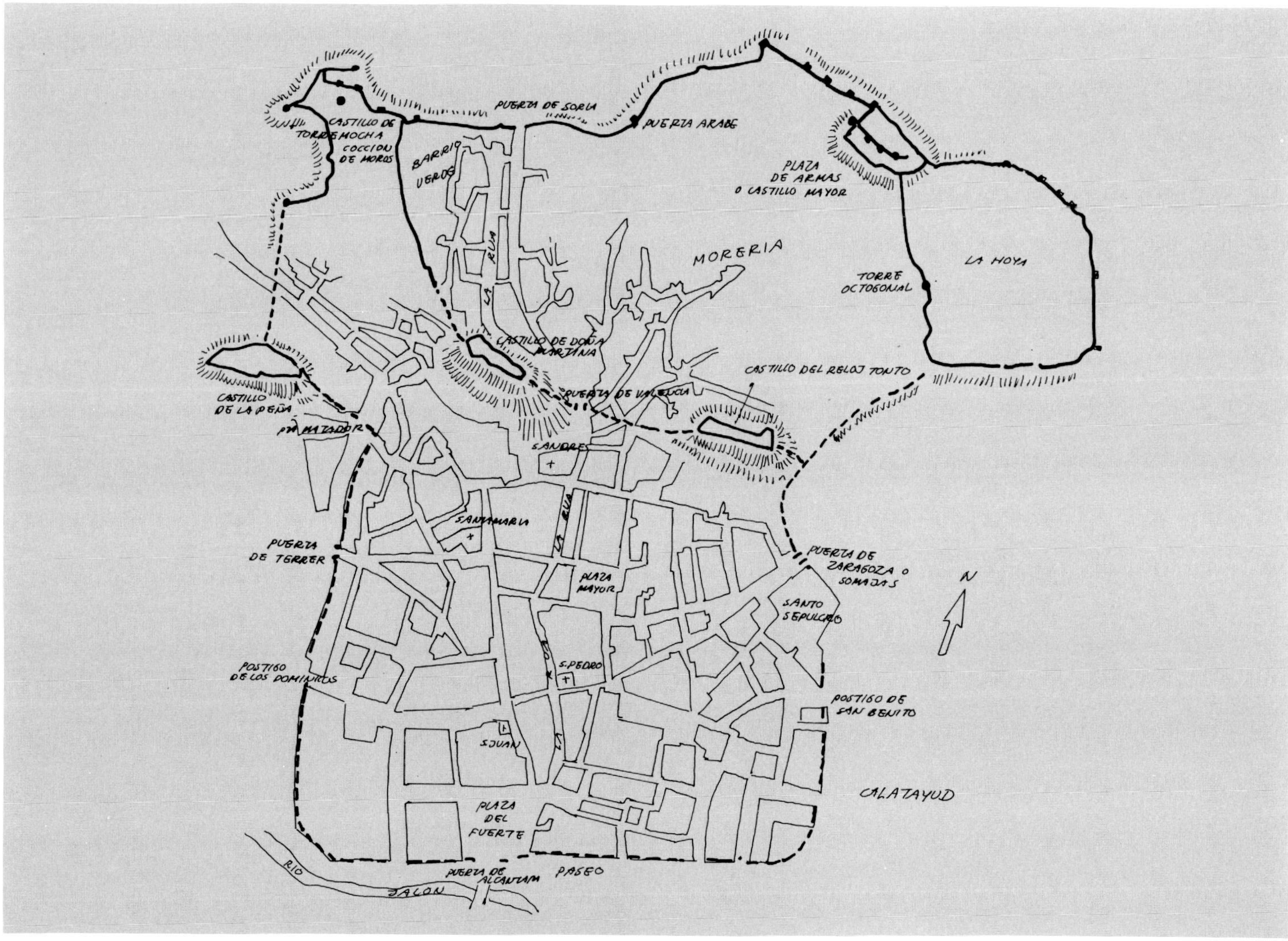

mos desde el castillo de la Torremocha al de Mayor, donde la cerca está completa encontrándose en la Rúa, que es la parte más baja, la Puerta de Soria hoy tapada y embutida entre casas, y una puerta sin nombre. Con un gran arco de herradura, con despiece de dovelas califal, se trata de una de las puertas de muralla musulmanas más antiguas de España. Debido a la profunda erosión del terreno, en la actualidad se encuentra a bastante distancia del suelo. Hay que señalar también que todo el recinto amurallado norte lleva un foso exterior excavado en el mismo terreno calizo. La muralla llega a una gran torre rectangular donde inicia una serie de cubos de planta rectangular que comunican con el castillo.

Torre-coracha del lienzo norte de las murallas.

Si resumimos estas grandes fortificaciones podemos decir que forma un recinto irregular en torno a la Rúa defendido por cuatro castillos: Mayor, Reloj, doña Martina y Torremocha, y a ambos lados, dos recintos más pequeños amurallados al este y oeste, respectivamente, estando protegido este último por el castillo de la Peña. Esto constituye la Ciudad Alta.

La Ciudad Baja también estuvo fortificada con una gran muralla, hoy desaparecida, de la que sólo se mantienen la Puerta de Terrer y la de Zaragoza. Partía del castillo de la Peña, con una puerta hoy desaparecida llamada del Matador, en la calle Puente Seco, para continuar hacia el sur y abrirse en la Puerta de Terrer, obra renacentista con dos cubos circulares y con tres pisos de altura, con los escudos de Calatayud, todo en ladrillo, construída a modo de arco triunfal. La muralla llegaba al río Jalón, abriendo antes el postigo de Dominicos y después la Puerta de Alcántara, en la Plaza del Fuerte, el postigo de San Benito y la Puerta de Zaragoza o Somajas, obra más sencilla que la Puerta de Terrer. Allí, la muralla ascendía al cerro para enlazar con el castillo del Reloj.

La longitud de la muralla conservada de Calatayud es de cuatro metros, y aunque no tiene la gracia ni la fiereza de las otras, debemos considerarla como una de las primeras islámicas edificadas en la península y con una distribución muy peculiar, que se aparta de la idea que se nos ocurre de que una muralla medieval era sólo para cerrar la población, ya que vemos que tanto Daroca como Calatayud contienen una extensión enorme, y han sido edificadas para disponer de espacio libre en su interior y mantener allí el ganado y las huertas en caso de ataque.

Los últimos episodios bélicos tuvieron lugar con la guerra de Independencia, cuando se fortificaron y aspillaron muchos lienzos de muralla para defensa, así como más tarde, con las guerras carlistas.

No podemos terminar este artículo sin recordar las notables torres mudéjares de Santa María, San Andrés y San Pedro de los Francos, así como el claustro mudéjar de la Colegiata del Santo Sepulcro y el conjunto de palacios renacentistas aragoneses esparcidos por toda la ciudad, obras todas en ladrillo que confieren a Calatayud ese fuerte sabor mudéjar.

DAROCA (Zaragoza)

De entre todas las ciudades amuralladas aragonesas, Daroca es la que presenta la cerca más extensa y una de las murallas más espectaculares. Asentada entre dos montículos que dejan un vallejo en medio y la calle Mayor, la ciudad va trepando hacia el cerro de San Jorge situado al sur y el cerro de San Cristóbal situado en dirección opuesta.

Resulta interesante comprobar cómo los musulmanes del emirato, al construir nuevas poblaciones durante los siglos XVIII y XIX o incluso al amurallar las poblaciones anteriores, lo hacen con la norma de que el recinto ocupe dos cerros, dejando un vallejo central o vaguada, por donde corran las aguas. Tal es el caso de Madrid, que amuralló Muhamud I (852–886), con un cerro (el del Palacio) para el alcázar y mezquita, y al otro lado la población, o de Alcalá la Vieja (Madrid), en dos cerros con iguales características, San Esteban de Gormaz (Soria), Olmos (Toledo), o Soria, que se asemeja mucho a Daroca, aunque sea obra cristiana, quizás sobre base árabe.

Ocupaba Daroca una gran extensión que nunca llegó a poblarse con casas, debido a lo empinado e incómodo del terreno y también, posiblemente, porque aquí se podía guardar el ganado en caso de asedio, en estos espacios vacíos. Con el crecimiento posterior de la ciudad, ésta se extendió más allá de sus puertas Alta y Baja, formando pequeños arrabales en dirección a Zaragoza y a Molina y Teruel, respectivamente.

Alqalat Darwaka era el nombre musulmán dado a esta fortaleza y recinto. De posible origen romano, nada especial conocemos hasta la época en que era una de las principales plazas dependientes de Calatayud. Tenemos que mencionar que Calatayud fue la primera fundación islámica en el suelo español, y que Daroca estaba en el viejo camino que comunicaba el Jalón con Teruel a través del valle del río Jiloca.

En la lejana fecha del 862 durante el emirato de Muhamed I de Córdoba, se autoriza a Abderramán el Tuchibí a guarnecer y restaurar los castillos de Calatayud y Daroca, para hacer de alguna

El gran recinto amurallado de Daroca. A la derecha, la llamada Puerta Alta, con restos de un arco gótico.

SDF

La Puerta Baja, almenada y con grandes matacanes.

manera frente al creciente poderío de los Banu Qasi, de Tudela, que convertidos al Islam gobernaban la Ribera de Navarra, la Rioja, Zaragoza, Borja, Tarazona y Ágreda, formando un reino dentro de otro reino.
En el año 937, el gobernador de Daroca Yunus, huyó de la población refugiándose de Calatayud ante la campaña de Abderramán III, que iba a someter a los rebeldes zaragozanos. Hay otras noticias de su existencia como ciudad fuerte. Pasaría por todos los sucesos del califato para quedar englobada en la taifa de Zaragoza hasta la conquista por las armas cristianas en tiempo del rey Alfonso I el Batallador. Esta acaecía en 1122. Por Daroca también pasó el Cid camino de Valencia.
Poco a poco, Daroca fue cobrando importancia, formando una Comunidad que estaba constituida por ciento setenta y siete aldeas. Una vez desaparecido el peligro musulmán, ahora las dificultades venían de los reinos vecinos, primero del señorío de Molina que se mantuvo independiente varias décadas, como así también del pequeño reino de Albarracín, que sería después anexionado a la corona de Aragón y sometido a Castilla, de la que dista sólo veinticinco kilómetros.
La población de Daroca pasó por períodos difíciles, ya que entre 1287 y 1348 el rey tuvo que entregarla a la nobleza. Daroca tuvo una importante judería, situada desde la calle mayor hacia el cerro de San Jorge, así como una morería. En realidad suponemos que en una primera época la ciudad estaba al pie del castillo Mayor y a lo largo de la calle Mayor, para aumentar por ambos lados, norte y sur. El Castillo Mayor fue

Vista de un lienzo de la muralla árabe, con una poderosa torre esquinera.

obra musulmana, pero ha sido rehecho múltiples veces, hasta en los tiempos de las guerras carlistas del siglo XIX, inclusive.
Quizás el origen de tal recinto, como ahora lo vemos, obedezca a una gran fortificación levantada en el siglo XIV sobre lo anterior musulmán, durante la guerra de los Pedros (de Castilla y de Aragón) en que las tropas del rey castellano no lograron tomar la ciudad en 1363. El rey Pedro IV agradeció la lealtad de la población otorgándola los títulos de *Porta Férrea Aragoniae* y concediéndole la categoría de ciudad.
En 1585, el arquero Cock nos habla de Daroca: «dícese que hay tantas torres en derecho del cerco, como días hay en el año, pero muchas de ellas caídas de viejas». Hoy tiene 89 torres y dudo que tuviera más de 125. En esta ciudad se celebraron cortes muchas veces, con Pedro II en 1196; con Jaime II... fueron memorables las del año 1338, en las que se firmó la paz con Castilla. Por su situación fronteriza y su papel de llave hacia Teruel y Albarracín, tuvo notables episodios en la guerra contra Carlos I, Sucesión e Independencia, aparte de las guerras carlistas.
El recinto de Daroca mide tres kilómetros y medio de longitud que se adapta en lo posible al terreno. Según unos autores, tiene 116 torreones (Cristóbal Guitar Aparicio), 114 (Francis Abad Ríos), y hasta 89 (Dirección General de Bellas Artes). Empecemos la descripción por la Puerta Alta, situada al este, que es una construcción de ladrillo abovedado con cañón y edificación superior.
Exteriormente, presenta un arco de medio punto adovelado y encima el cuerpo de ladrillo. A su lado, una torre octogonal de mampostería que recuerda a las torres del castillo de Ayub en Calatayud. Continúa la muralla iniciando el

Lienzos restaurados de la muralla árabe, con escalonamiento y dibujo con friso de ladrillos.

Torre gótica junto a la Puerta Baja, unida a la antigua muralla de tapial, de característico color rojizo.

ascenso hacia el cerro donde está el Castillo Mayor, en un tramo con un ángulo recto.
El Castillo Mayor (pues la ciudad tuvo tres, el de San Cristóbal, y el de la Judería) situado en un promontorio rocoso, domina por el lado oeste la población, mirando el dado este al campo. El recinto superior del castillo tiene obra musulmana de tapial, con una torre de argamasa y mampostería, junto a un arco apuntado. Un segundo recinto, más extenso, mide 250 por 80 metros, con obras tardías del XIX en que fue adaptándose para fuerter fusilero. Todas las obras que se efectuaron en Daroca afectaron al castillo. Del castillo hacia la Torre del Jaque hay seis torreones de planta cuadrada. La torre es cuadrada, de argamasa rojiza. Aquí la muralla tuerce formando ángulo recto y siguiendo una línea contínua con trece cubos de planta rectangular hasta el denominado Castillo de San Cristóbal.
La muralla prosigue en dirección sur con una serie de torres de planta semejante a las anteriores, excepto la denominada Torre Cuadrada, o la del Caballero del Águila Blanca, cilíndrica y de mampostería. El resto son torres de tapial. Llegamos a la Puerta Baja o Fondonera, que en el solar de una antigua puerta medieval fue edificada en 1452 y es la mejor de todo Aragón. Se abre con un arco escarzano entre dos torres, con matacanes y almenas escalonadas de influencia cordobesa, en las que se abre una saetera. Toda la obra es de buena sillería y tiene su relación con otras puertas de la corona catalano–aragonesa, como las de Poblet, por ejemplo.
De aquí, la muralla comienza su ascenso hacia el Cerro de San Jorge, con una torre pentagonal, siendo el resto cuadradas o rectangulares y de tapial con decoración mudéjar de ladrillo en los lienzos. Aquí estaba el castillo de la Judería, del que nada queda. La muralla continúa hacia la Torre del Caballero de la Espuela, que es una buenísima obra de sillería gótica mucho más elevada que las torres de la Puerta Baja y con su cornisa de matacanes. Obra del siglo XV es de una belleza y fortaleza notable y por sí sola parece un castillo.
Lienzos variados de la muralla nos llevan hacia la Puerta Alta, donde hemos iniciado la visita. Dos puertas, la de Valencia y la del Arrabal de Calata-

Detalle del muro de tapial, que estuvo revestido de piedra caliza. A la derecha, el plano del impresionante recinto amurallado de Daroca.

yud se abren también en la muralla aunque son de menor importancia que la Puerta Alta o Baja.

Hemos esbozado una breve visión de las murallas de Daroca, viendo las diferentes plantas de las torres: cuadradas, rectangulares, octogonales, pentagonales, cilíndricas y con diferentes construcciones: de tapial, de sillarejo, de buenos sillares de ladrillo, obras que van desde el siglo IX al XVI. En general, las torres en su estado actual no sobresalen por encima de la muralla, siendo meros contrafuertes del muro, salvo excepciones, como las torres que coronan los diferentes cerros, como la Torre de Jaque, San Cristóbal, Torre Cuadrada o la Espuela, y que son obras góticas en sillería que difieren del resto, de tapial o pequeña mampostería. Se necesitaría un estudio arqueológico para poder determinar muchas fechas de la construcción de la muralla que todavía no se ha estudiado debidamente.

La ciudad de Daroca y sus murallas fueron declaradas Monumento Histórico Artístico en 1968.

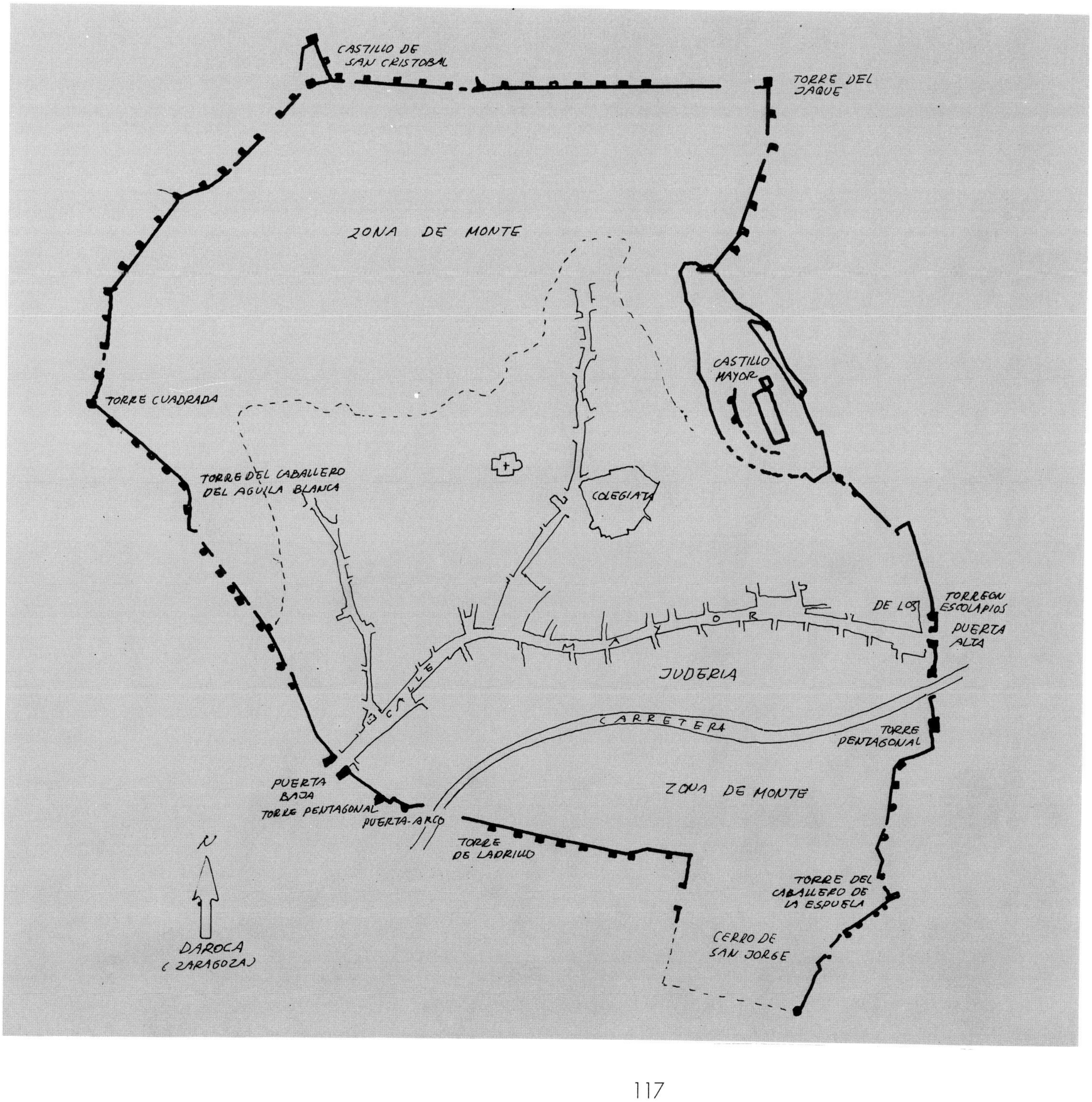

ALBARRACIN (Teruel)

Asentada sobre un promontorio rocoso que forma una planta alargada y rodeada por tres lados por el río Guadalaviar, encontramos la impresionante y elevada ciudad medieval de Albarracín. La altitud varía en la propia ciudad, ya que mientras el punto más alto, el castillo, llega a los 1190 metros, el río está en el nivel de los 1.100 metros. La ciudad se extiende a una altitud de media de unos 1180 metros. Está bajo una gran montaña que sobrepasa en altitud al resto, situada al norte, que la protege de los vientos fríos. El nombre primitivo de la antigua ciudad de Albarracín, por el que era conocida en época musulmana era el de Santa María de Oriente. A esta advocación correspondría una primitiva iglesia visigoda que debió permanecer como iglesia mozárabe situada donde hoy está la iglesia de Santa María, que no es la Catedral.

Rodeando toda esta península desde la plaza Mayor, al espolón junto a la Torre de doña Blanca, estaba la ciudad musulmana. Todo el recinto está bastante bien conservado y conserva numerosos restos del castillo. Aumentado este recinto, sólo podía extenderse hacia Teruel y la torre del Andador, dado que la topografía del terreno lo impedía en cualquier otro sentido. Con este aumento de espacio reció el doble en extensión la ciudad, situándose el barrio cristiano entre la Plaza Mayor y la torre del Andador. Ignoramos todavía muchas fechas de la construcción de la muralla, sobre todo desde su primera época árabe hasta el siglo XIV, que es su última etapa.

No tenemos que olvidar que el cambio de nombre se debió a que fue habitada durante muchos siglos por la familia bereber de los Banu Rasin, y que de aquí procedió el nombre actual cuando se perdió el de Santa María de Oriente. Es decir, en la primera larga etapa musulmana (711–1168) tuvo nombre cristiano, y en la siguiente etapa musulmana, nombre árabe. Albarracin, pues, está enclavada en las estribaciones de una comarca fértil, vega y llana, denominada *La Sahla*, que quiere decir la llanura, frente a las elevaciones de su capital.

Vista interior de las murallas de Albarracin desde la Puerta de Molina hacia la Torre del Andador. A la derecha, detalle del lienzo de sillarejo.

Grandes cubos rectangulares reforzados con piedra de sillar en las esquinas y, a la derecha, la Puerta de Molina.

Esta familia bereber extendió sus dominios por todo el sureste de la provincia de Teruel, y su jurisdicción llegó a comprender los lugares de Ródenas, Cella, Torrecasal, Singra, Monreal, Calamocha, Alfambra, Jarque, Gúdar, Monteagudo, Camarena, Teruel, Villel y Castielfabib, en el rincón de Ademuz. En el año 961 este dominio estaba consolidado, y a su vez dependía de la capital de la Marca Media, Medinaceli.

Antes de la caída del califato de Córdoba, ocurrido en el año 1032, se constituyó Santa María de Oriente en un reino taifa denominado La Sahla, y bajo Hydayl (1013–1045) se formó el pequeño reino, encaramado entre la llanura del Guadalaviar y las cumbres del Sistema Ibérico. A Hydayl sucedió su hijo Abdel Malluc, pero no pudo mantener el reino, ya que lo invadieron los almorávides, que trataban de unificar la España islámica. Esto ocurría en 1104. Después, con las segundas taifas, dependió del reino árabe de Valencia hasta que un caballero llamado Pedro Ruiz de Azagra, de acuerdo con el rey Lobo de Valencia, Alfonso II de Aragón y Sancho IV de Navarra, se proclamó «vasallo de Santa María y señor de Albarracín», de modo que la ciudad volvió a ser un reino independiente, aunque sin rey propiamente dicho. Esto duró hasta el año 1379 en que Pedro III de Aragón lo incorporó a Aragón. Se habían dado varias tentativas de unión con Castilla, así como también algunos intentos de anexionarlo por parte de los reyes de Aragón.

Albarracín formó cabeza e una Comunidad de Villa y Tierra, y se gobernó con un juez, sistema que perduró hasta la época de Felipe V (1707). Bastantes episodios bélicos tuvieron lugar aquí durante los siglos XIII y XIV. En el año 1411, los partidarios del conde de Urgel se apoderaron del castillo y tuvo que ser asediado por Juan Fernández de Heredia para devolverlo a la corona, operación que duró mucho tiempo debido al emplazamiento inaccesible de la ciudad y en especial el castillo, construido sobre la misma roca.

Tras la expulsión de los judíos en 1482 y de los moriscos en 1606, Albarracín va a conocer un periodo de larga decadencia, acentuada por el desmantelamiento de sus murallas ordenado por Felipe V, ya que la población había sido partidaria del Archiduque Carlos de Austria.

Pasemos a ver sus defensas. Las podemos dividir en tres grupos: primero, el antiguo recinto que abrazaba la ciudad musulmana y que partiendo de la Plaza Mayor va por detrás de la calle de la Diputación Provincial para aparecer frente a la Catedral y continuar hasta Santa María, y tras pasarla, formar una puerta defendida por una torre que forma el espolón de la muralla. Hay que decir que la muralla se adapta al terreno y no tiene torres, ya que eran innecesarias, debido a la altura de la misma roca sobre la que está situada y el profundo barranco que forma a sus pies el río Guadalaviar.

Junto a Santa María hay una nevera medieval o foso de nieve, e inmediata a esta iglesia se halla la torre de doña Blanca, que es un grueso torreón rectangular edificado en mampostería, excepto las

Detalle del muro, elevado directamente sobre la roca, y de la corona de la muralla, con almenas escalonadas y con saeteras alternas.

esquinas que lo son en buena sillería, como corresponde a una obra gótica. Hemos dado la vuelta por el espolón y llegamos a otro postigo, situado entre el hospital y el cuartel de la Guardia Civil. Más allá se ensancha el terreno, que forma la península sobre la que está asentada Albarracín, aunque desde aquí no nos demos cuenta, ya que está ocupada en gran parte por el castillo. Esta obra medieval, de difícil acceso hoy en día, forma un polígono con ocho pequeñas torres en los ángulos.

Está edificado sobre una peña tajada, y dominaba la Ciudad Vieja. Se encuentra desmochado por orden del rey Felipe V desde 1707. Aquí residieron los gobernantes y alcaides musulmanes, los reyes independientes y los señores de Azagra.

La muralla continúa para llegar a la catedral episcopal y presentar una torre rectangular que forma el Portal del Agua. La torre ha sido restaurada y mide unos quince metros de altura, y es obra en sillarejo con esquinas de sillares. Aquí, y mediante una vuelta hacia la Plaza Mayor, se cerraba el recinto más viejo de Albarracín.

El segundo grupo de defensa lo constituye otro recinto cristiano, situado a partir del anterior y concretamente del Portal del Agua, donde continúa hacia el oeste, terminando en una torre rectangular, donde de nuevo hace un ángulo recto y, tras un primer lienzo, forma la Puerta de Molina, que se abre entre dos cubos. Desde esta puerta hacia lo alto del cerro, la muralla va aislada, sin casas por ningún lado, con cinco torres góticas de planta rectangular y que presentan sólo tres caras, quedando unidas al adarve y bastantes altas, todas en sillarejo, y que nos recuerdan a otras torres de la corona de Aragón, como Montblanch u Hostalric. Desde el portal de Molina a la Torre del Andador hay unos doscientos metros.

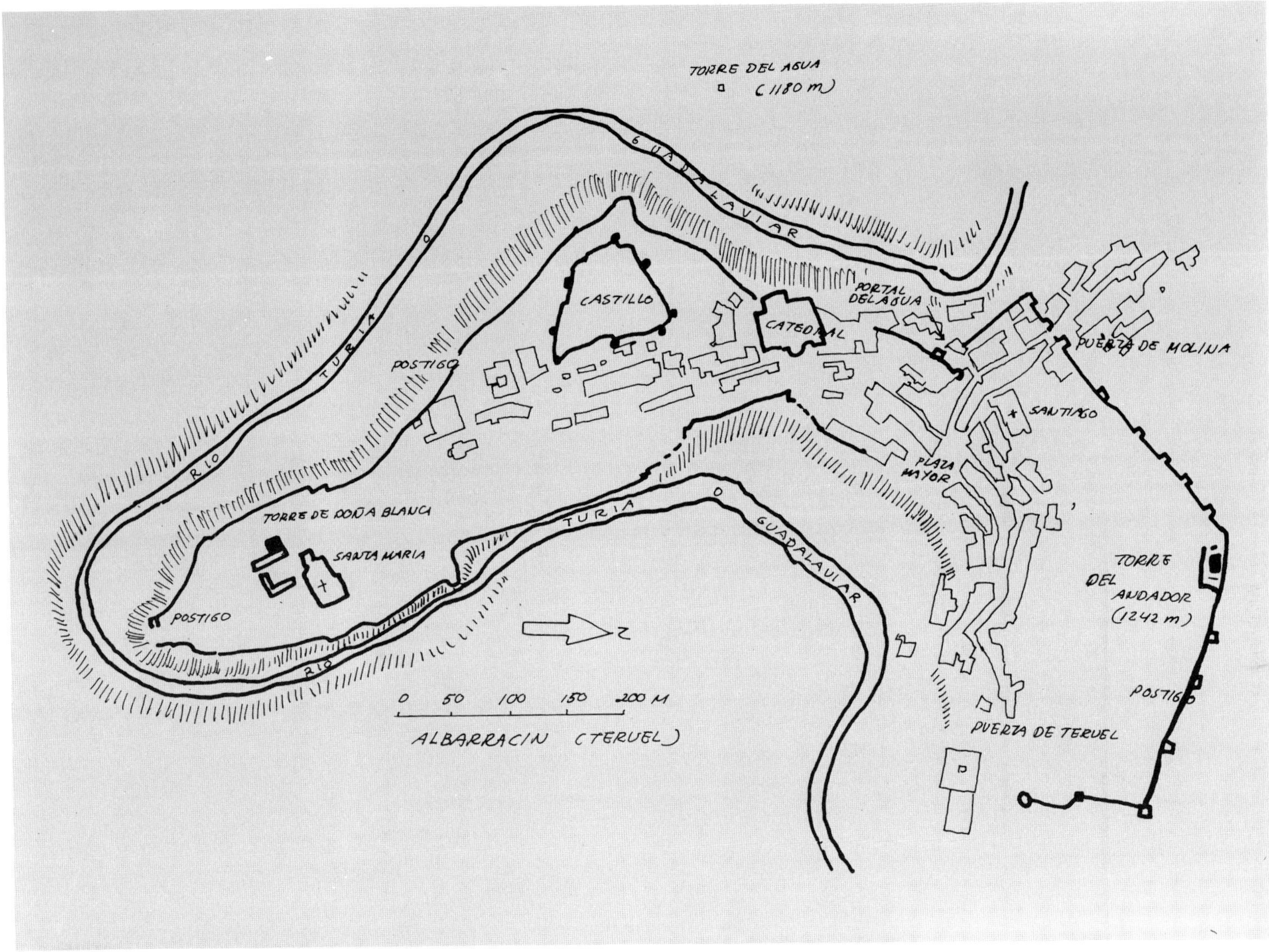

La Torre del Andador está en la cota más alta de Albarracín (1242 metros) y era una torre musulmana aislada, de tipo atalaya, que servía para prevenir a la población en caso de peligro. Tuvo planta rectangular y es una obra del siglo X que posteriormente se reforzó con una barbacana y un recinto con aljibe y plaza de armas. Ofrece hiladas de sillares colocados *a tizón* que denotan su carácter islámico, y tiene unas medidas de diez por siete metros de lado. La entrada se hacía mediante una escla. Se la cita muchas veces con el nombre de Andador, desviación de *Al–Nador,* es decir, «el vigía» ya que esa era precisamente su función. Como era tan importante para la defensa de la ciudad tenía alcaide propio. Igualmente, al oeste de la ciudad, en un cerro, se alzaba otra torre parecida a la del Andador, denominada Torre del Agua o de Enambasaguas, que entonces completaba las defensas de Santa María de Oriente. Desde la torre del Andador, que afortunadamente como casi toda la muralla, ha sido restaurada, podemos disfrutar de una hermosa vista de toda la población, sus recintos amurallados y también de sus alrededores.

La muralla sigue hacia el este con cuatro cubos de planta cuadrada que presentan sus cuatro lados completos, a diferencia de lo que ocurría con los anteriores, y que tine una longitud total de doscientos metros. Desde el cuarto cubo la cerca sigue en dirección hacia el sur con una pequeña torre maciza y termina en una circular, cerca ya de la llamada Cuesta de Teruel, donde se abría la puerta de este nombre. Por desgracia, ha desaparecido el último tramo que la unía a la primera muralla en un postigo que todavía se conserva junto a la Plaza Mayor.

Plano del recinto amurallado de Albarracin, y el llamado Portal del Agua. En páginas anteriores, la torre del mismo nombre y la del Andador.

Es de apreciar que en este segundo recinto la muralla presenta un adarve y almenas, y nos causa admiración la decisión de unirla con la elevada Torre del Andador, de modo que se duplicaba así la extensión de la ciudad amurallada. Si resumimos, Albarracín tiene diecinueve torres, contando las de las puertas de Molina y del Agua, y una longitud de 1900 metros en su vieja muralla musulmana, y de 800 en la parte nueva, cristiana y con las torres del siglo XIV, con lo que el total del recinto conservado sobrepasa los dos kilómetros y medio. La realidad es que tanto las callejas, plazas e iglesias, están en perfecta armonía con la muralla y el entorno, con su neto sabor oriental, mezcla de árabe y judío, y con la nota cristiana que proporcionan una catedral, un palacio episcopal, y una iglesia, la de Santa María. La ciudad tuvo importantísimas morería y judería, y merece la pena una detallada visita. Sus murallas fueron declaradas en 1931 Monumento Histórico–Artístico y la toda la ciudad Conjunto Histórico–Artístico en el año 1961.

LEÓN

Iniciano, un cronista romano, es el primero que nos habla de León y también de unos caballos, los asturiones, empleados en la guerra desde León contra los astures en el año 180 a. de C. La provincia estuvo en gran parte ocupada por tribus astures, que en número de veintidos habitaban Asturias, León, Lugo y parte de la actual Cantabria. Ordenado el territorio, al menos aparentemente, en el año 25 a. de C., los astures se hicieron de nuevo fuertes en Lancia, aunque fueron derrotados por los romanos, que llevaban ya tiempo explotando las minas de oro del Sil. Se decidió entonces trazar un campamento entre los ríos Torio y Bernesga para instalar allí las legiones que habían combatido contra los astures, y así nació así *Legio vii Gemina Pía Felix,* origen del actual nombre de León.

La muralla que hoy vemos tiene sus bases y su trazado romanos, aunque fue reconstruida en la Edad Media. Pronto, en la misma época romana, sirvió para contener algunas invasiones de francos y suevos, para ser ocupada finalmente por los visigodos, que expulsan a los suevos en el 585, Tras la invasión árabe, León cae en poder musulmán en el año 714 aunque es recobrada por Alfonso I (739–745) para caer de nuevo en manos del Islam en el 845. Pasará un siglo sin ser poblada, y cuando empiezan a levantarse de nuevo sus casas y a reconstruirse la muralla, se produce la invasión de Almanzor del año 988, así como varias siguientes en los años 995, 1003 y 1009. Cuatro años más tarde se convierte en la capital del reino astur–leonés. Desde la conquista de Toledo y su reino en el 1085, la frontera pasará al río Tajo, de modo que pierde el carácter estratégico, aunque es un importante centro religioso y político ya que por ella pasa el Camino de Santiago, que trae todas las novedades de más allá de los Pirineos, –entre ellas el arte cisterciense y el gótico– que dejarán su huella en su hermosa catedral. Unidas en 1231 Castilla y León bajo Fernando III, la ciudad comenzará una honrosa decadencia controlando la economía el Conce-

Cubos de la muralla de León, con sillares romanos y obra medieval con piedra de río.

PLAZA
PUERTA CASTILLO

jo de la Mesta. La expulsión de los judíos a finales del siglo XV contribuirá a esta decadencia.
La ciudad, declarada del partido comunero, sufrirá las consecuencias de la derrota en 1522. Nuevos sucesos agravarán su economía: pestes; emigración a América; decadencia de la Mesta y traslado de los nobles a Valladolid y Madrid...
El siglo XIX comienza con la guerra de Independencia, y por lo tanto con ocupación, destrucciones y saqueos, para iniciar un resurgimiento a partir de 1844 gracias a las obras del ferrocarril León–Avilés y León–Vigo.
El recinto amurallado de León forma un rectángulo de 580 por 350 metros aproximadamente. A esto hay que añadir un recinto medieval por el suroeste. Tuvo cuatro puertas abiertas en la mitad de cada lienzo. La antigua puerta romana del norte se denomina hoy Puerta del Castillo. En los lienzos más largos tenía veinticuatro cubos y quince en los cortos. Los cubos son de planta semicircular y tienen ocho metros de diámetro aproximadamente, y equidistan unos de otros a unos dieciseis metros metros de distancias. Son macizos, y formados en su mayoría por fuerte obra de cal y canto con los grandes sillares romanos de piedra, preferentemente colocados en las bases o incluidos en la obra medieval.
Se ha discutido sobre si la obra actual que vemos es o no la romana, pero en realidad creemos que los romanos utilizaron sólo la sillería, siendo la mayoría de la obra que vemos medieval. Esta tesis se corrobora si nos remitimos a la historia, en la que vemos que las murallas fueron restauradas por el rey Ordoño (850–866); posteriormente por Alfonso V, y mucho más tarde por Alfonso IX en el siglo XIII. Inlcuso en época de Felipe II se repararon.
Las primitivas cuatro puertas fueron cambiando de nombre: la del Castillo, opuesta la del Arco del Rey y en el final del antiguo cardo romano; la del Obispo al este, y Codes al oeste. Posteriormente se fueron abriendo otras puertas: así, en el lienzo sur se abrió el Postigo del Oso, y en el lienzo oeste la Puerta de Renueva y la de San Ildefonso.
Con la ampliación del recinto, como luego veremos, tendría lugar la apertura de nueve puertas.
Volviendo a la muralla romana e iniciando su descripción por la Puerta del Castillo, diremos que éste constituía la principal defensa de León y estaba formada por cuatro sólidos cubos de la muralla y unas dependencias anejas, rodeados de una alta cerca, tanto al exterior como el interior. El arco fue reformado en 1759 y Alfonso V realizó la principal obra del castillo. Aquí, los cubos fueron recrecidos. Tienen una altura de quince metros y están cubiertos por un tejado.
A la derecha de esta puerta, antes de entrar, nos encontramos con la calle de las Carreras, que sigue al pie de la muralla, donde vemos el arranque de los cubos que fueron derribados para ensanchar la acera. En este tramo se abre la Puerta de Santa Marina. Llegamos al ángulo noroeste y seguirmos por el Paseo de los Cubos, el tramo mejor conservado y de más carácter de la muralla romana. Aquí aparecen algunos cubos con su muro final de ladrillo y alguno, incluso, con las almenas. Quedan en total dieciseis cubos en este lado. Junto a la catedral y formando parte de las dependencias del claustro hay dos cubos, uno de ellos convertido en planta cuadrada. Más allá se abrió un portón y una nueva puerta con una hornacina de la Virgen con el Niño. Hay que reseñar que la catedral está edificada sobre unas termas romanas, que después fueron palacio de los reyes leoneses. A principios del siglo XII (1205) se dona el palacio para la construcción de la nueva catedral, y se destruyen varios cubos de la muralla.
Junto a la catedral estaba la Puerta del Obispo, destruida en 1911, con bella arquitectura gótica que armonizaba con el estilo de su entorno. La muralla va un poco oculta por la calle Serradores para llegar a la famosa Torre de los Ponce, que estaba defendida por una lagunilla donde se dice que se hundieron en el año 996 los caballos de las huestes de Almanzor.
Esta torre es romana y de base cuadrada, de siete metros de lado y tiene veintiún metros de altura. Construida con bloques de piedra, se ve la obra medieval en el último tramo de piedra caliza. El nombre viene dado en honor de Ponce de Minerva, caballero de Alfonso VII el Emperador, que fundó el monasterio de Sandoval. También se le llama Torre del Obispo, por servir en otro tiempo de cárcel de clérigos. Hoy conserva en sus cinco pisos el archivo histórico de la ciudad. La muralla continúa por detrás de la Plaza Mayor para perderse y seguir junto a la casa–palacio de los Luna, donde inicia su trazo oeste por la calle Ruíz de Salazar y Ramón y Cajal.

En la página anterior, arco de la Puerta del Castillo. A la derecha, arco neoclásico abierto en la muralla romana.

Destaca la Torre del Gallo, construida a finales del siglo XI, que inicia una serie de cinco cubos que van formando el exterior de la colegiata de San Isidoro. Más adelante aparece otro cubo y la muralla de nuevo tuerce formando el lienzo norte. Tres cubos destacan en la calle Era del Moro. Hay un revellín defensivo del castillo medieval y a continuación enlaza con la Puerta del Castillo.

Ahora comenzamos a describir las cercas medievales que tuvo León y que son producto de dos etapas sucesivas, según ha demostrado el escritor don Juan Mateo Marcos: «La primera partía de la Torre de los Ponce y siguiendo la calle del Caño Badillo llega a la Plaza de Riaño, donde comienza a verse claramente las barreras. Es anterior a éstas y corresponde a una muralla más sólida y de mayor antigüedad que encerró en sus tiempos sólo el arrabal de San Martín. La segunda cerca, obra de Alfonso XI, enlazaba con la anterior en la Plaza de Riaño y por la calle de su nombre (Las Cercas), llegaba a la Plaza de San Francisco, y por Independencia enlazaba con la muralla romana más allá de la Puerta Codes, formando el postigo de la Sillería. De esta forma León quedaba protegido por una cerca por su lado suroeste, englobando el barrio de San Martín y el barrio de Francos, quedando como postigos interiores el Arco del Rey y el Postigo del Oso, abiertos en la vieja muralla romana. Conocemos los detalles de las obras de la cerca, realizadas por el Arcediano Juan Sánchez en quince años, y está formada por un muro y contramuro construidos con cantos de río unidos por argamasa de cal. La altura del muro es de ocho metros y tiene remate almenado con almenas puntiagudas. El camino de ronda tiene tres metros y medio de ancho y saeteras. De esta cerca queda el trozo de la calle de las Cercas desde la Puerta de la Moneda hasta el Arco de Santa Ana, así como un largo tramos en la calle de la Independencia. Fueron restauradas en el

Plano con la ciudad de León tal y como fue en los periodos romano y medieval. En negro, el trazado de la muralla.

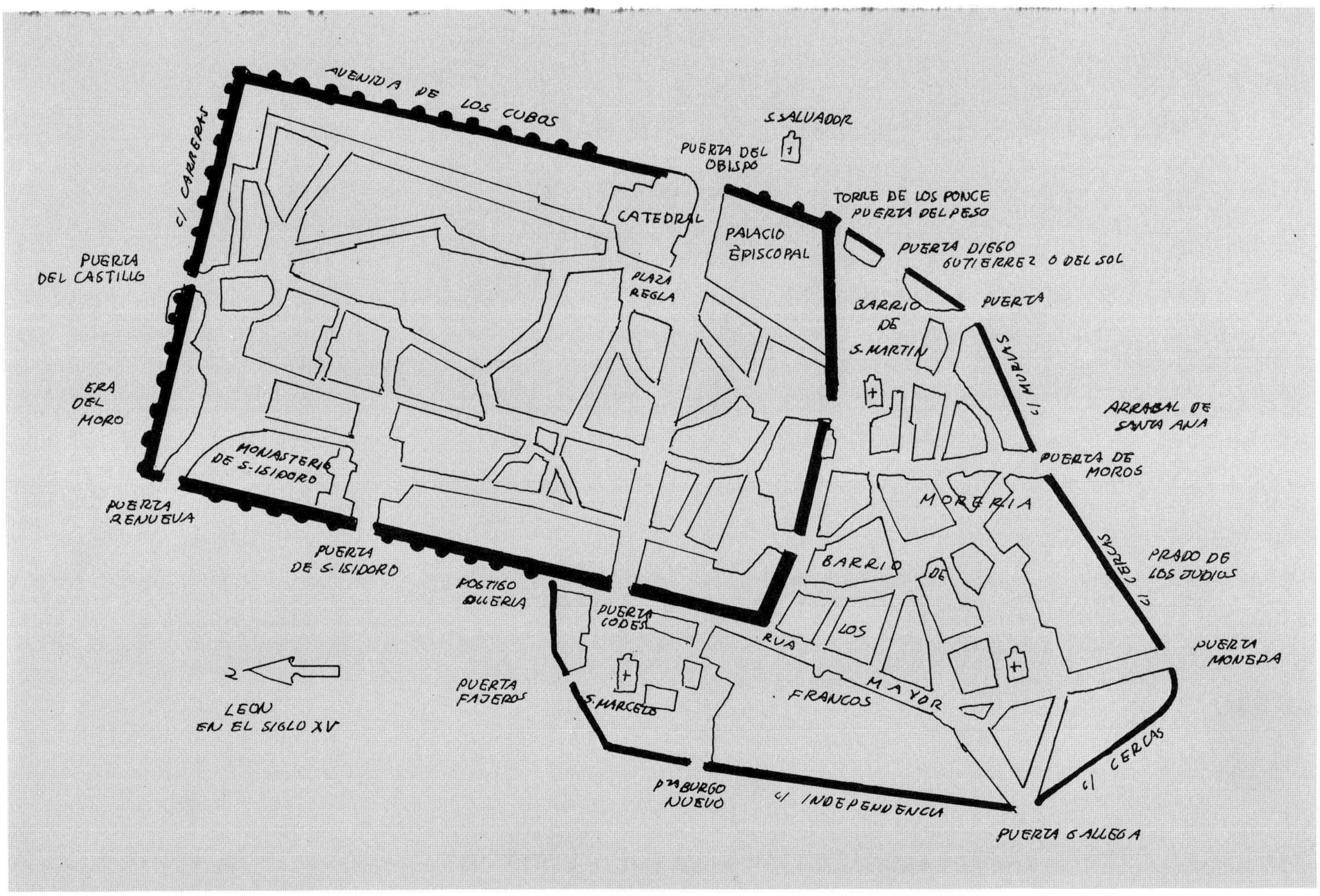

Muralla romana en la Avenida de los Cubos. El portillo fue abierto durante el siglo XVIII para uso reservado de los canónigos.

siglo XVI por mandato de Felipe II y declaradas, Monumento Nacional en 1931. Tuvieron siete postigos, que luego fueron aumentando a nueve y que son, el de la Ollería por el oeste, enlazando con la muralla romana; Postigo de Fajeros, Burgo Nuevo o Arco de Ánimas, con salida al septrentión en la calle Independencia; Puerta Gallega o de S. Francisco, salida del convento del mismo nombre; Puerta Moneda (por situarse en ella los cambistas y estar en el camino francés de peregrinación a Compostela); Puerta de Moros o Arco de Santa Ana, que cerraba la morería, en la Plaza de Riaño; Puerta del Sol o de Diego Gutiérrez; Puerta Famosa, y Puerta del Peso, junto a la torre de los Ponce, que es hoy día una de las salidas a la Plaza Mayor. Es lamentable ver cómo en épocas no muy lejanas se fueron derribando. Así, la de Fajeros y la Torre de Almanzor perecieron en 1922; Puerta Gallega en 1864, Puerta Moneda en 1905 y la Puerta de Santa Ana en 1868. León, por lo tanto, puede enorgullecerse de tener dos murallas unidas, una romana, reconstruida en la Edad Media, y otra muralla o cerca totalmente gótica que encerraba a los nuevos barrios creados al amparo del solar de la Legio VII Gemina.»

ASTORGA (León)

Alzado sobre en una pequeña colina, los romanos construyeron un campamento en el año 25 a. de C. durante las famosas guerras cántabras que evolucionó con los años hasta convertirse en una próspera ciudad. Situada en la vía romana que une León con Ponferrada y Benavente, jugó un papel importante en su entorno y se convirtió en cabeza del concejo jurídico astur, denominándose *Asturica Augusta*. Todavía tienen que transcurrir tres siglos más, sin embargo, para que la ciudad se amuralle, hecho que ocurrirá a finales del siglo III. Sus pobladores van a sufrir un primer ataque en la época visigoda con la invasión de las huestes de Teodorico. Oleadas de campesinos llegaron a habitar esta gran ciudad, estableciéndose en granjas por sus alrededores. Roma impuso el urbanismo actual, las murallas, las termas y hasta las cloacas, algunas de las cuales se mantienen, en parte, en uso todavía.

Gracias a las investigaciones del profesor Mañanes se ha descubierto la denominada Puerta Romana, situada detrás de la cabecera de la catedral, que está formada por dos cubos algo peraltados de ocho metros de diámetro, separados entre sí por una distancia de cuatro metros. Su guardan vestigios de todo este pasado en el Museo de Peregrinaciones, en el de la catedral y, lo que es más interesante, en el propio lugar del hallazgo. Con motivo de las celebraciones de su bimilenario, Astorga ha restaurado sus murallas medievales, pero de indudable origen romano.

Forman un rectángulo orientado a los cuatro puntos cardinales, midiendo sus lados por el este mil trescientos metros; doscientos por el sur, setecientos por el oeste y trescientos cincuenta por el norte. La catedral está enclavada en el punto más alto, y forma un ángulo por el este. Aquí se abrirá la Puerta de Hierro. Hacia el sur corre la muralla hasta la Puerta del Sol, en un gran lienzo de más de seiscientos metros. La muralla está formada por torres y cubos de planta ultrasemicircular, pero recuerda los cubos de la muralla de Lugo y León, de donde se tomó la inspiración para levantar sobre muchas torres de la cerca romana las actua-

Las murallas de Astorga, con sus cubos rebajados, el palacio episcopal y la catedral. A la derecha, detalle de obra medieval, con sillarejo y sillares romanos.

les medievales. Están formadas por sillarejo alargado y se utiliza también la pizarra en largas lajas unidas con mampostería de cal y canto. Todas las torres son macizas y no sobresalen en altura de la línea del adarve. Se puede ir por el camino de ronda de cubo a cubo, lo que constituye un paseo muy agradable en el transcurso del cual podemos ir viendo las peculiaridades de la muralla. Presenta una altura media de quince y un grosor de lienzo de cuatro metros, y como hemos indicado antes, son obra medieval. Desde la catedral, el lienzo continúa con doce cubos hasta la Puerta del Rey. Se ha de señalar que por la distancia actual entre cubo y cubo faltarían ocho cubos para completar el frente. Desde la Puerta del Rey la muralla hace un pequeño ángulo y discurre sin cubos hasta la Puerta del Sol, con una longitud de cuatrocientos metros.

El lado sur es muy pequeño, pues forma tan sólo un frente de cien metros con dos cubos para comenzar el gran lienzo que defendía la judería y la sinagoga, lugar que hoy ha sido convertido en parque interior. De nuevo aparecen aquí los cubos, en número de seis, hasta el Postigo. De éste hasta el ángulo noroeste hay un kilómetro de muralla completa, pero sólo en lienzo, a excepción de dos cubos, uno de ellos inmediato a la Puerta de San Miguel.

En el frente norte se conservan ciento cincuenta metros de muralla desde más allá de la Puerta del Obispo a la Puerta de Hierro.

La longitud total de la muralla de Astorga es de dos mil quinientos metros, y se encuentra avalado su origen romano por las múltiples lápidas epigráficas que aparecen reutilizadas en su construcción, especialmente en los lienzos inmediatos a la Puerta del Rey; a espaldas de San Francisco y más allá de la Puerta de San Miguel en dirección norte, como también en el área comprendida entre la catedral y el lienzo norte. Un aljibe medieval extramuros ha sido descubierto y limpiado. Hoy forma un armonioso conjunto con la muralla al fondo.

Las necrópolis romanas estaban extramuros de las Puertas de Hierro y del Rey y la judería medieval, como antes hemos indicado, en el ángulo sur. Tras su pasado histórico–romano, Astorga, convertida al cristianismo va a ser sede episcopal.

Lienzo con casas adosadas. Los cubos están situados a intervalos iguales para cubrir todos los ángulos del muro.

El paseo en el adarve
de la muralla, cerca del
lugar donde se realizan
excavaciones arqueológicas.

En la página anterior,
trabajos de reconstrucción
de los cubos de la muralla.
Al lado, el lienzo del noreste.

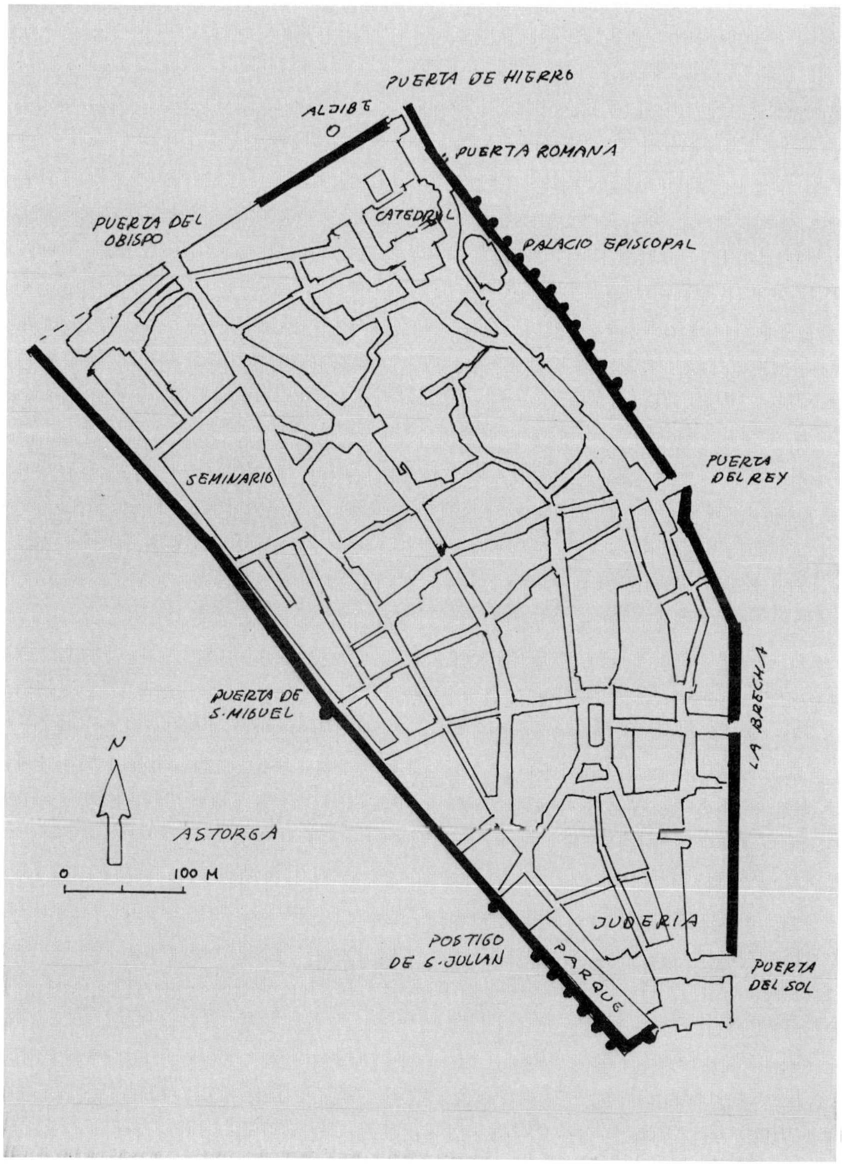

El desarrollo de Astorga tras la reconquista, o mejor dicho, tras la repoblación cristiana que tiene lugar durante el siglo IX, irá unida a la de León y formará un enclave codiciado de la incipiente nobleza, ya que constituía un nudo importante de comunicación entre el camino de Santiago y la Vía de la Plata Vieja, vía romana que partiendo de Sevilla y atravesando Extremadura llegaba al reino de León para enlazar con la ruta de peregrinación francesa, precisamente aquí, en Astorga.

Como ciudad amurallada de largo pasado histórico romano, va a ser un imortante foco de irradiación de cultura. También sus prelados harán tal papel, aunque sufrirá las acometidas musulmanas de Almanzor en el siglo X y de su hijo a principio del siguiente siglo.

Ha acogido entre sus muros a gallegos, asturianos, cántabros, y mozárabes venidos del sur y fue fraguando su identidad cultural a partir de toda esta diversidad siglo tras siglo.

La evolución histórica de Astorga es similar a la de la antigua capital del reino, León, teniendo sólo que reseñarse los episodios bélicos de la Guerra de las Comunidades ocurrida en 1521 en la que el concejo de la ciudad se inclinó por el bando de los comuneros, para ser finalmente derrotados por las tropas del Emperador Carlos I. Hay que destacar también entre sus avatares históricos, la defensa frente al asalto de los franceses en la Guerra de Independencia.

También hay que reseñar que la ciudad de Astorga tuvo castillo hasta el año 1872, año en que éste fue derribado. Estaba situado en el ángulo suroeste, el opuesto a la catedral, que defendía el ángulo sureste. Fue transformado en palacio, convirtiéndose en residencia de los marqueses de Astorga, título concedido por el rey Enrique IV a la familia Alvar Pérez-Osorio. En este castillo, según es tradición, tuvo lugar la definitiva separación de los reyes Urraca de Castilla y Alfonso I el Batallador de Aragón.

Tras una larga serie de hechos históricos, el Príncipe Negro, que había tomado la ciudad y el castillo en 1386, fue expulsado por Pérez-Osorio. Por un grabado de Parcerisa del año 1850 conocemos su portada, entre dos fuertes cubos, dejando entre ellos una puerta de arco rebajado y encima un alfiz gótico, dos garitones y el escudo de los Osorio, junto con la divisa; «Do nuevo lugar posieron moverla jamás podieron». Tras la lucha con los franceses, el castillo seguía todavía en pie, y adquirido en el año 1850 por el Ayuntamiento, en 1872 se procedió a su derribo para emplear sus materiales y solar en la construcción de una plaza de toros.

Gracias a un plano fechado en el año 1810 realizado por el general Santocildes, defensor de la ciudad durante la Guerra de la Independencia, vemos que en el lienzo norte todavía quedaban entonces nueve cubos y diecinueve en el muro oeste. Ambos lados permanecen hoy sin ningún cubo. Para terminar, hay que señalar como monumentos insignes la catedral y el palacio episcopal construido por Antoni Gaudí, que ha sido transformado recientemente en Museo de las Peregrinaciones del Camino de Santiago.

CIUDAD RODRIGO (Salamanca)

Ciudad Rodrigo se eleva sobre un cerro en la orilla derecha del río Águeda, afluente del río Duero. Este lugar, poblado ya en época prehistórica y denominado *Miróbriga* en tiempos del imperio romano, conserva de su pasado prerromano restos de la muralla y un verraco celtibérico, emplazado delante del parador nacional de turismo instalado en el alcázar medieval. Un hecho importante va a determinar su fuerte amurallamiento desde el siglo XI, y es su proximidad al vecino reino de Portugal, del que dista tan sólo treinta kilómetros. Además, su situación en lo alto de un cerro, con el río como defensa, le convertirán en un balcón único sobre las circunscripciones cercanas, denominadas *campos,* y que están formadas por el de Camaces, Yeltes, Argañán, Agadones, Robledo y Sucampana.

De época romana perduran las tres columnas erigidas como símbolo de la paz en tiempos de Octavio Augusto, y que recoge labradas en piedra el escudo de la ciudad. Más tarde, buscando una significación a este hecho, se interpretó de la manera siguiente: «Cibda–Rodrigo en reunal/de sus onrosas fortunas/se zifra en tres coluna/d'antigua, noble e leal».

Roma cae bajo los pueblos del norte. Se produce un ocaso cultural del que tardará siglos en recuperarse. Poco conocemos de la estancia de los visigodos en Miróbriga. La poblaron algunos reyes que contribuyeron a la decadencia de España y Bamba, que era lusitano, es decir, de estas tierras, incorporó a su reino la zona. Incluso con la invasión árabe hay un silencio que dura más de dos siglos y llega hasta las campañas de Almanzor, que en el año 996 pasó por Miróbriga camino de la conquista de Galicia.

Gobernando Castilla y León Alfonso VI, dispuso este rey que se repoblase el sur del Duero, incluyendo, naturalmente, a esta población, que el conde don Rodrigo González Girón va a gobernar, cambiando así su antiguo nombre por el de Ciudad Rodrigo. Ocurría esto a principios del siglo XII. Acudieron entonces abulenses y leoneses, principalmente, fortificándose la ciudad en época

Puerta del Sol en la muralla de Ciudad Rodrigo, y vista del foso y del baluarte de la segunda muralla.

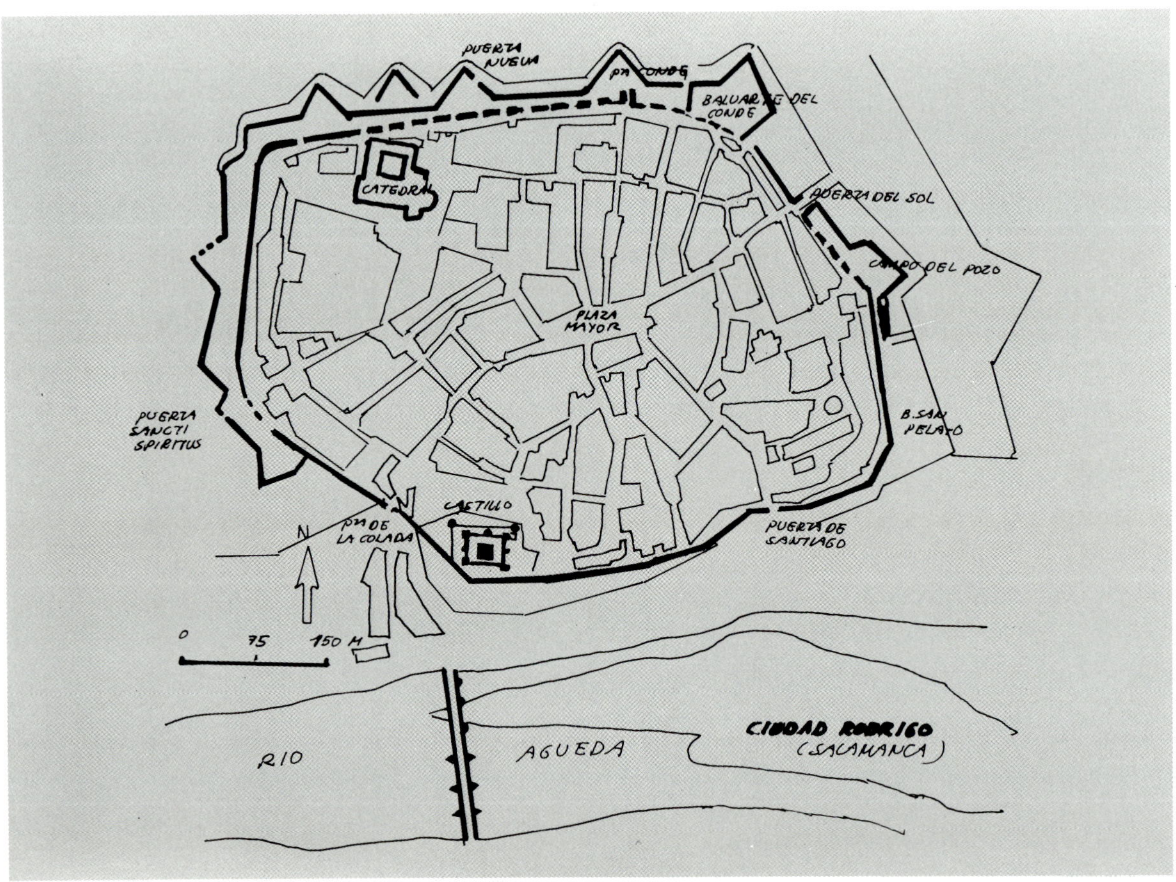

En páginas anteriores, una vista de ambas murallas. Al lado, un plano con el perfil de los recintos en negro.

La muralla medieval, con un garitón dieciochesco en una de sus esquinas.

de Fernando II quien además le concedió fuero y creó también la diócesis.
En época de Sancho IV (1287) se asegura que Ciudad Rodrigo pertenecerá siempre a la corona, y se señala que nunca podría darse a la nobleza en calidad de señorío, por lo que ciertas libertades estaban aseguradas. Pasarán muchos años de paz, en que los nobles construirán palacios intramuros hasta llegar a época de los Reyes Católicos, en la que las luchas con Portugal revitalizarán sus murallas. Ciudad Rodrigo sufre un ataque portugués y su posterior reconquista. Con la Guerra de Sucesión de principios del siglo XVIII, Ciudad Rodrigo perderá setecientas casas y resulta ocupada en 1706 por el Conde de Galloway en nombre del Archiduque Carlos, aspirante al trono español. Durante los años 1810 y 1812, tras un intenso bombardeo, fue ocupada por los franceses, siendo posteriormente conquistada por las tropas angloespañolas.
Ciudad Rodrigo tiene dos líneas de murallas: la más antigua, la medieval interior, y la abaluartada, exterior, dejando un corto espacio entre una y otra. La vieja muralla medieval tiene una longitud aproximada de mil ochocientos metros y fue mandada construir por Fernando II, siendo su alarife el gallego Juan de Cabrera. Se adapta al terreno y forma un óvalo. No tuvo torres, sino tan sólo una cerca edificada sólo con cal y canto, a modo de leonés, como podemos ver en León capital o en Galisteo (Cáceres). Su altura inicial es de trece metros aunque era mayor si contásemos el almenaje, hoy desaparecido, y su anchura, de dos metros y medio. Se puede ir cómodamente por su adarve, siendo muy notables las vistas al exterior e interior de la población. De las viejas puertas se conservan la del Conde (lienzo norte), del Sol (lienzo este), Santiago y Colada (lienzo sur) y Sancti Spiritus (lienzo oeste).
La muralla abaluartada cubre entre el lienzo oeste, norte y este, dejando sin baluarte el lienzo sur que es el que da al río, ya que las naturales defensas del cerro lo hacen innecesario. También en este lienzo se encuentra el castillo, hoy Parador de Turismo, que vigila el puente sobre el río Águeda a sus pies.
Empezando por la Puerta de la Colada, situada al oeste del castillo, diremos que es la mejor fortifi-

La Puerta del Sol por el interior. Obsérvense los buenos sillares, de probable procedencia romana.

cada de todo el recinto de Ciudad Rodrigo. Como todas las puertas primitivas tiene entrada directa sin protección de torres laterales. Situada al final de un vallejo natural, para el atacante exterior todo eran cuestas y dificultades, estando siempre dominado desde las alturas por el defensor.

De la puerta que, naturalmente, no sobrepasaba el grosor de la muralla, se edificó un cuerpo saliente exterior de planta poligonal con un pasillo donde se sitúa, primero, una puerta de madera con tranca interior. De aquí se pasa a un primer patio donde se puede subir al adarve, derecha e izquierda, mediante una escalera de piedra. Este patio está defendido por la puerta propiamente dicha, que tiene una garita encima del arco y tuvo puente levadizo del que quedan los vanos laterales para las cadenas. La puerta en sí es una sucesión de arcos: el primero de ladrillo, el segundo de piedra; tercero, ladrillo, cuarto de piedra y quinto de ladrillo. Este último ensancha el paso de la puerta y tiene entradas laterales a los cuerpos de guardia.

No acaban aquí las defensas de la Puerta de la Colada, sino que después forma una plaza de armas cuadrada, finalizada por otra puerta de madera y está defendida por vanos para fusiles. Su estado de buena conservación y todo su sistema de defensas que va desde el siglo XIII al XIX, la hacen una puerta interesantísima.

Desde esta puerta, salida del castillo, se pasa al puente, que conecta con el arrabal sur de la ciudad. Más allá de la Puerta de la Colada se abre la de Sancti Spiritus.

Los baluartes exteriores comienzan antes de esta puerta, teniendo el primero y segundo baluartes un postigo abierto que conecta con el campo. La muralla medieval continúa hasta el ángulo noroeste, donde gira. Aquí se encuentra una lápida conmemorativa del sitio llevado a cabo por las tropas francesas a principios del siglo XIX. La muralla, por detrás de la catedral, llega hasta la Puerta de Amayuelas.

Sigue desde aquì hasta la Puerta del Conde. La muralla, inicialmente, tenía una altura de ocho metros y treinta y seis centímetros y dos metros diez centímetros de espesor, pero para adaptarla a los usos de la artillería que se utilizaba en el siglo XVIII se rebajó su altura a poco más de siete metros y medio. El baluarte que rodea por tres lados a la ciudad, como antes hemos indicado, consta actualmente de siete baluartes y una luneta, y tiene foso y contraescarpa.

La Puerta del Conde, así como la de Amayuelas, conecta la ciudad amurallada con el arrabal de San Andrés, donde están los conventos de Santo Domingo, el de los carmelitas, la iglesia románica de San Andrés y el parque.

Más allá y en el lienzo norte, se encuentra la Puerta del Sol, que está enmarcada por dos cuerpos salientes laterales, construidos con buena sillería hasta un tercio de su altura y el resto obra ya de sillarejo. Encima del arco de medio punto se encuentra uno gótico de doble arco.

El baluarte inmediato a la Puerta del Sol se conoce por el nombre de Campo del Pozo y el siguiente por el de San Pelayo. La muralla gira hasta la Puerta de Santiago.

El Castillo de Ciudad Rodrigo, situado en el ángulo sur de la muralla, está formado por un recinto cuadrado con torrecillas en los ángulos que protegen muy bien a la gran torre del Homenaje, y que fue reconstruido sobre una base anterior en el año 1372 por encargo de Enrique II de Trastamara. Éste ordenó su edificación al maestro zamorano Lope Arias Genizaro, que levantó muros y salas en estilo el mudéjar de la época, y empleó para ello ladrillo en bandas entre la cal y canto normal de las murallas. Esta torre tiene un segundo cuerpo más pequeño que se cubre con un tejadillo. Las almenas son troncocónicas y con cierto sabor árabe. Destacan las ventanas dobles con arcos góticos.

Inmediato al castillo, un portillo ponía en comunicación el castillo con el puente. Lugar de guerra y también de paz, el castillo dió cobigo entre sus muros a las cortes de varios reyes castellanos, y fue una pieza militar importante desde el siglo XII al XIX frente al vecino reino de Portugal.

Ciudad Rodrigo presenta, además de un doble recinto de murallas, (de las que por el plano de Coello de 1845 sólo ha desaparecido el baluarte de San Pelayo) un magnífico conjunto monumental formado por la catedral, castillo y palacios como los de los Chaves; la Casa de la Cadena; de los Águila; la Casa de Miranda; la de Moctezuma–Castro; Alba de Yeltes; de los Marqueses de Cerralbo, etc.

Toda la ciudad, y en especial su pequeño centro urbano, ha sido declarados hace ya muchos años Conjunto Histórico Artístico.

ZAMORA

Zamora, capital de la provincia de su mismo nombre, está situada en la margen derecha del río Duero y ofrece al viajero la tranquilidad de su notable barrio histórico, situado al final del cerro sobre el que se alza la ciudad y protegido por el río. Al conjunto monumental de iglesias románicas, al formado por la catedral y los numerosos palacios que la villa guarda, hay que unir el cinturón de sus murallas medievales, que han sido cantadas en romances desde hace siglos.

Muchos fueron los pueblos que desde muy antiguo habitaron este peñón: vacceos y astures, cartagineses y romanos vivieron aquí, y se asegura que Viriato, aquel caudillo lusitano que causó tan serios quebrantos a las tropas romanas, nació en la provincia. Ostentando el mando de los indígenas, Viriato se levantó en armas contra los cónsules romanos de la época republicana, hecho que se recuerda en el actual escudo de la ciudad: ocho bandas rojas, señal de la victoria, más una novena añadida en época de los Reyes Católicos, en su victoria contra Portugal.

Romanos y visigodos se establecen sucesivamente en la ciudad, en la que se celebran diferentes concilios entre los siglos VI y VII. A ellos asisten obispos y prelados, y la Historia cita a uno de ellos, Semure, en el celebrado el año 569. Su nombre (de *Semure* provendría *Zamora*) podría haber conformado el de la ciudad, aunque hay otras teorías.

A través de la famosa *Vía de la Plata,* que proveniendo de Sevilla, enlazaba con las calzadas romanas que iban a Galicia, Zamora queda unida por el Duero con Portugal y con Valladolid. El hecho de poseer un gran puente sobre el ancho río daría origen al primitivo asentamiento de la población vaccea y luego de la romana. Ya en la época visigoda estas tierras son testigo de la lucha fratricida entre Leovigildo y su hijo Hermenegildo, que se enfrentaron en el actual pueblo de Peleas, al sur de Zamora. De nuevo unificada la península, en lo político y en lo religioso, pasará al Islam en el año 711. Es entonces cuando aparece el nombre de *Az-zambuch,* posible origen de la palabra Zamora, que quiere decir azebu-

La muralla zamorana está cimentada directamente sobre la roca. A la derecha, una esquina, reformada para albergar armas de fuego.

che, es decir, «oliva silvestre». Reconquistada por los cristianos por Alfonso I y perdida poco después, Alfonso II la fortifica en el año 876 y su sucesor la toma de nuevo llevando las fronteras de la cristiandad hasta el Duero. Los musulmanes contraatacarán, pero serán derrotados en el año 901 en una victoria que se conocerá como «día de Zamora». Sin embargo, tras varias tentativas y saqueos de los ejércitos cordobeses, éstos ocuparán Zamora de nuevo. Nos han llegado noticias en este sentido de la época de Abderramán III y de Almanzor (siglo X). La victoria de Calatañazor, en Soria, en el año 1002, fijó la frontera en el Duero oriental y el Sistema central, de modo que por fin se pudo repoblar la ciudad, lo que se hizo bajo el mando del rey Fernando I.
Este rey, al morir, dividió su reino entre sus tres hijos, concediendo a su hijo mayor, Sancho, el reino de Castilla y las parias de los reyes taifas de Zaragoza; a Alfonso le cedió León y las parias de Toledo; a García, Galicia, Portugal y las parias de Sevilla y Badajoz, y a sus hijas Elvira y Urraca el señorío sobre los monasterios del reino. Pero iniciada la guerra entre los hermanos, Urraca se refugia en Zamora, provocando que la ciudad sea cercada por su hermano Sancho en 1072. Este cerco duró más de siete meses, y dio lugar a la famosa frase *no se ganó Zamora en una hora.* Finalmente, el traidor Bellido Folfos asesina al rey Sancho, quedando como heredero su hermano Alfonso, quien confina en la ciudad a su hermana Urraca. A partir de aquel momento se conocerá a Zamora como *la bien cercada,* en alusión a las grandes y altas murallas que la defendían. Una serie de romances van a surgir relatando un hecho en el que también estaba implicado el Cid Campeador quien, después de jurar ante Alfonso no haber tomado parte en la muerte de su hermano, (un hecho unido a otras causas) es desterrado y expulsado de Castilla.
La ciudad prosperará, llenándose de iglesias y monasterios, y sus huestes tomarán parte activa en la reconquista. Así pasarán tres siglos, hasta las guerras con Portugal en el siglo XV, ya que Zamora fue partidaria de la reina Isabel en contra de la Beltraneja, casada con el rey portugués, que había invadido Castilla. Tras la batalla de Toro en 1476, el trono de Fernando e Isabel se consolidará tras su victoria sobre los portugueses. En el siglo XVI Zamora sufrirá el asedio de las tropas reales frente a los comuneros, así como un siglo y medio después los avatares de la guerra de Sucesión, aunque la ciudad fue fiel a Felipe V, rey que habría de traer la dinastía de los Borbones a España.
También fue ocupada por las tropas napoleónicas, para ser abandonada por estas en 1813.
En relación con sus fortificaciones, Zamora llegó a poseer tres recintos que fueron agrandando su perímetro por el lado este, dond se asienta lapoblación. El primero lo constituía el recinto más antiguo, de origen vacceo y romano, que comprendía desde la calle San Martín y San Ildefonso hasta el castillo. Quedaban aquí incluídos la catedral y el palacio episcopal, así como un buen número de casas nobles. Esta muralla medieval sufrió muchas transformaciones, dándose el curioso caso de que en el año 893 fue reparada por arquitectos toledanos, maestros de geometría, como se decía, mozárabes que levantaron muros y torres, aunque en realidad nada queda de esa época, si no de los siglos XII y siguientes.
Partiendo de la calle San Martín la muralla sigue el cerro adaptándose al terreno, con entrantes y salientes y muros con cremallera que evitan las torres, aunque aparecen en ciertos ángulos algunas de ellas. Están cimentadas directamente sobre la roca, que le sirve de base, y aquí estuvo una puerta como la llamada Cuesta del Mercadillo, que ponía en comunicación la ciudad amurallada con el arrabal y que fue parcialmente demolida. Tenía un arco de medio punto entre dos torres de planta semicircular.
La Puerta de doña Urraca, de la Reina, o de Zambranos, tiene idénticas características que la anterior, y se abre dando paso al actual Parque del Castillo. Hay que destacar la buena sillería de piedra de la zona, dispuesta en bandas horizontales. Junto al castillo, de planta romboidal, destaca el Portillo de la Traición, con sólidos sillares de granito muy desgastado y abierto entre dos arcos de medio punto. Conserva todavía las quicialeras y los dos batientes de la puerta renovada. Salva el desnivel entre el exterior e interior mediante una serie de escalones.
La muralla va formando entrantes y salientes en torno al Parque del Castillo, girando al oeste y al sur, donde junto al palacio episcopal, se abre la Puerta de Olivares, porque da a ese barrio. La puerta es similar a las anteriores, obras del siglo XII

En páginas anteriores, el portillo del castillo, con un arco gótico. A la derecha, un plano con los tres recintos amurallados de la ciudad.

y, a su lado, se conservan los muros de la llamada Casa del Cid, con restos de ventanas dobles de fino trazado. Aquí se construye el palacio de los reyes de León, ya citado, en el año 945. Fue también residencia de Arias Gonzalo y en él se crió doña Urraca, hermana del rey Alfonso VI y vivió aquí de joven el Cid bajo el cuidado del ayo Arias Gonzalo.

La muralla continúa en dirección este, completa, hasta la esquina de la calle Prano, donde se uniría con el itsmo que forma la calle San Martín. La segunda muralla se amplió pronto, en el siglo XII, y partiendo del puente de piedra, subía a la calle San Cipriano, donde se conservan muchos metros de lienzo, y pasaba por entre las casas de la calle Herreros hasta llegar a la Plaza Mayor donde se abría una puerta. Por la calle Costanilla y en dirección norte llegaba a la calle Mesones, donde aparece de nuevo, y se abre la Puerta de doña Urraca, torciendo al suroeste tras la Ronda de Santa María la Nueva y uniéndose al primer recinto antes descrito.

En una tercera ampliación de la muralla zamorana, ésta seguirá desde el puente por la ribera del Duero. Ascendiendo por la ronda del Degolladero, donde había un famoso torreón de San Pablo y una puerta de este nombre, pasa por la Avenida de Porto y llega a la Plaza de Alemania, donde estaba la Puerta de San Torcuato. Por la Ronda de la Feria aparece de nuevo y forma las puertas de Santa Ana y Feria, uniéndose al segundo recinto. En algunos puntos la planta cuadrada de las torres es de ocho metros de lado. Todavía en 1876 se conservaba íntegro el recinto de Zamora, y en el año 1931 el castillo fue declarado Monumento Histórico Artístico.

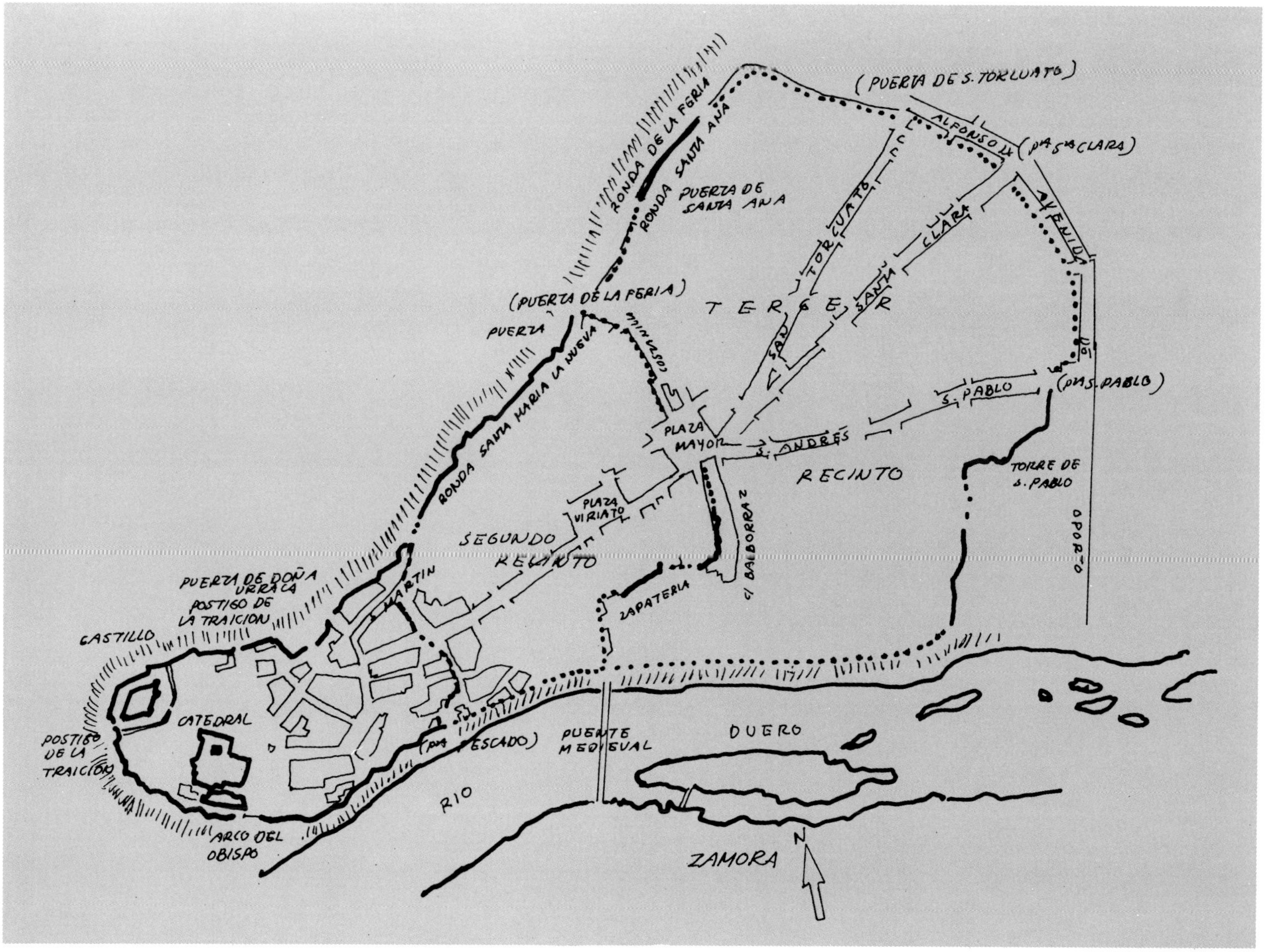

URUEÑA (Valladolid)

Urueña, y su iglesia románica extramuros de La Anunciada fueron declarados Conjunto Histórico Artístico en el año 1975. Recostada al final de una meseta formada por los montes Torozos, entre los ríos Sequillo y el Bajoz, ocupa una posición dominante por el norte y el este frente a la gran llanura que se esparce bajo sus muros. El hecho de que existiera aquí desde época inmemorial un *labajo* o laguna en lo alto del cerro, fue la causa de que los asentamientos humanos en este lugar se remonten a la época de los vacceos que, ocuparon la zona entre las actuales ciudades de Segovia, Coca, Toro, Palencia y Salamanca.
Numerosos autores tratan de dar con una etimología fidedigna para esa población, de nombre vacceo, que al parecer pudiera estar relacionado con el agua o con los helechos. Urueña no tomó parte directa en los acontecimientos guerreros contra los romanos, aunque las diferentes campañas de Didio, Pompeyo, Metelo, Tauro y Augusto para someter a los astures pasaron muy cerca. Al sometimiento definitivo de éstos y de los vacceos, que se produjo en torno al año 26 a.de C. siguió la romanización de la zona, que duró cuatro siglos. Tras este período se inauguró el asentamiento visigodo, muy intenso en el valle del río Bajoz, y tras un período de despoblamiento que llega hasta finales del siglo IX, se inicia la repoblación de todo el valle del Duero, ya bajo el mando del rey Alfonso III el Casto.
Con Fernán González (931–970), Castilla se independiza del reino de León y aumenta sus dominios hasta Carrión y Saldaña. Bajo el reinado de Alfonso I (1035–1065) una vez unidas de nuevo Castilla y León, se levantaría el castillo de Urueña, que formaba con otras villas un infantazgo que el rey donó a su hermana Urraca (la tradición señala una dependencia del castillo como «el peinador de doña Urraca»). Años más tarde, separados los reinos de Castilla y de León, Urueña queda como lugar fronterizo de Castilla y va a ser invadido por Fernando II de León, ya que el rey castellano, el famoso Alfonso VIII, no tenía entonces más que cinco años. Volvería a la coro-

Panorámica de la muralla, con el castillo. A la derecha, el Arco o Puerta de la Villa.

na tras un pacto en el año 1878, el mismo en que se completan las murallas, que muy posiblemente fueron iniciadas por el rey Sancho III. Nuevamente Urueña se ve inmersa en la guerra civil entre los partidarios de la reina Berenguela y los seguidores de los Lara, que defendían al rey niño Enrique I. Los leoneses ocupan la población y terminan las hostilidades con la unión definitiva de los reinos bajo Fernando III el Santo, a principios del siglo XIII.

Urueña fue cabeza de merindad del Infantado de Valladolid, junto con otras poblaciones cercanas como Villardefrades y Villamar. El rey Pedro I convirtió en su amante a doña María Padilla, reteniéndola en el castillo de la villa para mayor seguridad, ya que el reino ardía en luchas civiles. La población pasará a manos de don Fernando de Antequera al casarse éste con la rica heredera de Castilla doña Leonor de Alburquerque. Sirvió el castillo de prisión al conde de Urgel, que no aceptó la resolución del compromiso de Caspe en el año 1412, así como de don Fadrique, conde de Luna e hijo bastardo de Martín, el joven de Sicilia. La fortaleza se convierte durante algunos años en prisión de nobles, cuya relación completa es innecesaria.

Urueña recayó en manos de Pedro Girón, hermano de Juan Pacheco (señor de Belmonte y más tarde valido del rey Enrique IV), y después pasó a manos de Alfonso Tellez Girón, a quien le fue confirmado el título de conde en 1510 por la reina Juana de Castilla. Desde este momento gobernarán Urueña los Tellez de Girón, que ostentarán el título de señores del estado de Osuna (Sevilla). Sus sucesores adquieren el título de marqueses de Peñafiel y permanecen en Urueña hasta el año 1820, cuando se suprimieron los señoríos.

Un fuego fortuito redujo a cenizas muchas casas de la ciudad que estaban llenas de cereal en el año 1876, por lo que el maderamen y la cal fueron pastos de las llamas y en la reconstrucción de los edificios se empleó material procedente de la muralla. Es así como Urueña perdió muchas construcciones de sabor popular; hoy quedan tan solo la Casa de la Mayorazga, convertida en el Museo de Instrumentos Musicales Joaquín Díaz; la casa de Raimundo Negro, y alguna otra casa de piedra, todas pertenecientes al siglo XVI.

La muralla forma un recinto poligonal que se adapta al terreno, y está situada al final de la meseta por los lados sur, oeste y parte del este. Si nos atenemos a las crónicas de la historia veremos que fue edificada en la segunda mitad del siglo XII, si bien creo que es una obra muy posterior, del siglo XV, edificada, eso sí, sobre otra anterior. El sistema empleado en su construcción es a base de piedra con mortero de cal para el interior y sillarejo con ciertos visos de sillares al exterior. Todo el material es calizo. Mide aproximadamente un kilómetro y sólo tiene dos puertas, comunicadas por la calle Mayor; la Puerta del Azogue y la Puerta de la Villa.

La altura varía según los lienzos, aunque tiene ocho metros de media, y estuvo toda almenada y con paseo de ronda, que hoy se puede seguir desde las cercanías de la Puerta de la Villa hasta el cubo con barbacana situada en el ángulo noroeste. La almena es de tipo rectangular, terminada en punta. Hay que decir que el castillo está unido por un muro a esta muralla y que, aunque es posterior, forma un conjunto muy homogéneo y de gran belleza.

La muralla no tiene cubos (salvo tres excepciones) y forma numerosos entrantes y salientes que se adaptan al terreno. Si comenzamos la visita por la Puerta del Azogue veremos que se trata de una puerta con entrada directa entre dos cubos: el de la derecha, según entramos, es macizo, de planta ultrasemicircular, y el de la izquierda tiene una extraña forma redondeada y es muy saliente respecto al muro. Se hizo para proteger la entrada de modo que formara un pasillo de quince metros de longitud y de tres y medio de ancho, con un arco apuntado al final, donde estaba una puerta de doble batiente. Esta puerta está situada al noreste y su nombre obedece a que azogue significa en árabe «mercado» (*al-suque* = el zoco), y es peculiaridad que se repite en muchas plazas extramuros del antiguo reino de León, como Benavente, por ejemplo.

La muralla continúa hacia el oeste formando cremallera, hasta llegar al ángulo noroeste, donde nos sorprende una hermosa torre circular protegida por una barbacana, que tiene una altura considerable. Aquí la muralla prosigue hacia el sur, doblando hasta llegar a la Puerta de la Villa, que es un sencillo arco apuntado abierto en un cubo de la muralla, al que se podía acceder por una escalera. Desde aquí se contempla una buena panorámica de la iglesia románica de La Anuncia-

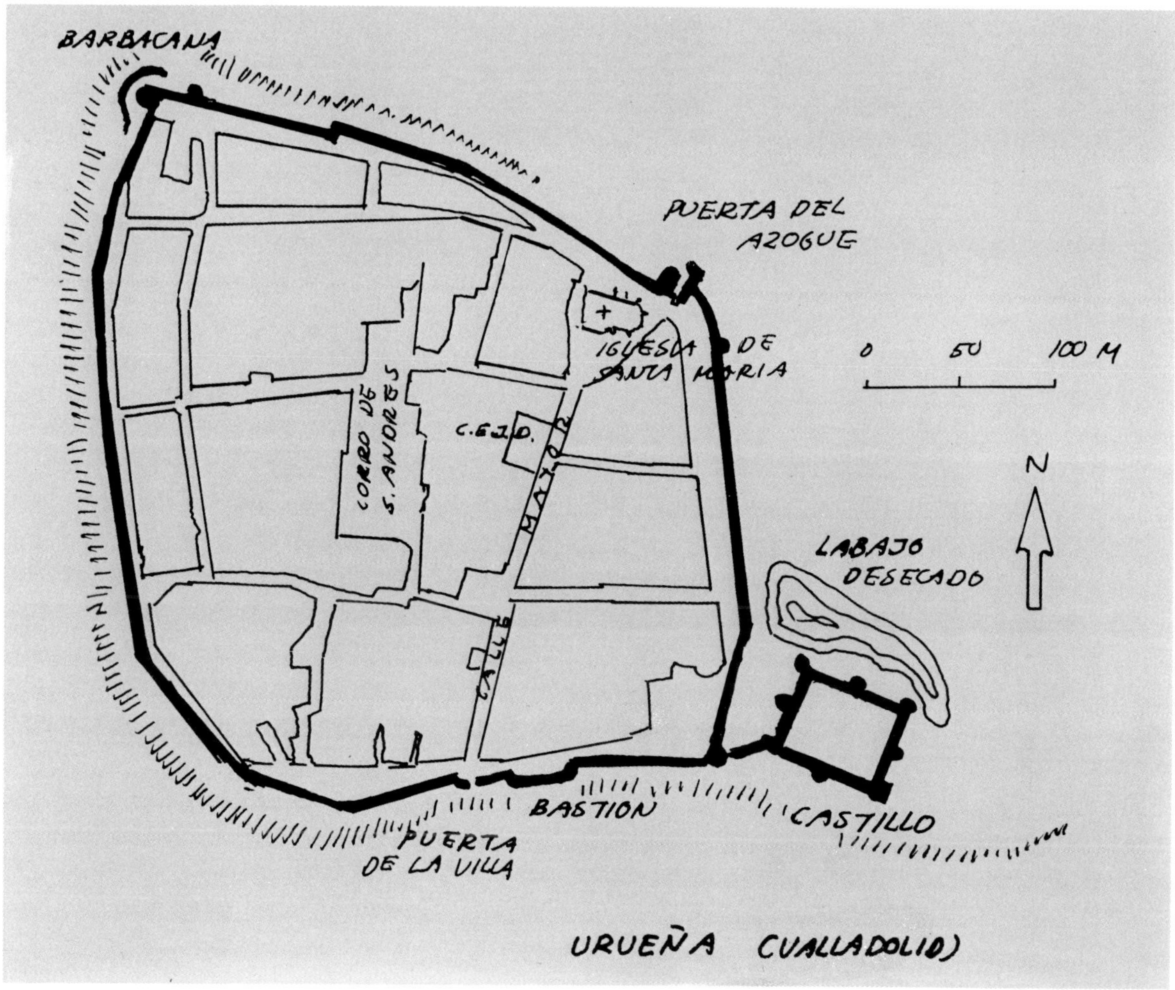

da, situada en el llano, y de las ruínas del convento de don Bueso. Más allá la muralla hace un saliente a modo de pequeño bastión, donde finaliza el lienzo de arranque del muro con el que se unía al castillo.

Éste, de poderosa apariencia, tiene una forma muy simple, rectangular, y mide cincuenta por cuarenta metros. Tiene cubos macizos en las esquinas, algunos ultrasemicirculares, excepto el del ángulo sureste, que es cuadrado y a modo de torre del homenaje. La anchura del muro es de dos metros y la puerta se abre al oeste en el ángulo más protegido, ya que en este punto está la muralla que lo une a la torre sureste, a la propia muralla, y lo que era muy interesante, al labajo, que con una longitud de setenta metros por más de veinte de ancho, protegía al castillo. Este labajo todavía existía en el año 1971 hasta que, convertido en una charca inmunda, fue cegado con escombros. El aspecto exterior del castillo es notable y denota su gran fortaleza: no se abre ventana alguna en sus muros, y las torres tienen una altura de dieciséis metros y un poco más la del Homenaje, que va montada sobre su pequeño zócalo. Su recinto fue convertido en el siglo XIX en un cementerio, de modo que prácticamente ha desaparecido todo rastro de edificaciones interiores.

Para terminar, nos encontramos aquí con una auténtica y agradable sorpresa: un ejemplar único de estilo románico lombardo catalán en la iglesia de La Anunciada, a unos dos kilómetros de la población, que pudo ser mandada edificar por doña María, hija mayor del conde Ansúrez, casada con Armengol, el conde de Urgel, hecho que explicaría por qué trabajaran en ella maestros catalanes. Está datada en torno a principios del siglo XII, y está restaurada. Por todos estos monumentos, iglesia parroquial, castillo, ermita de La Anunciada y, sobre todo, las murallas, la antigua y noble villa de Urueña ha sido declarada Sitio urbano–rural de Interés Cultural.

En las dobles páginas anteriores, detalles de la construcción, a base de pequeña mampostería, y el interior de los muros, hechos con sillarejo. Arriba, el plano del recinto amurallado.

MADRIGAL DE LAS ALTAS TORRES (Ávila)

Muy pocas ciudades de Castilla tienen un nombre y apellidos tan rotundo y descriptivo como Madrigal de la Altas Torres. Apenas pocos kilómetros la separan de las provincias de Valladolid y Salamanca. De orígenes inciertos, hay poca documentación medieval, o casi ninguna hasta el siglo XIII, cuando que aparece formando Comunidad de Villa y Tierra, bastante extensa, que comprendía pueblos, hoy pertenecientes a otras provincias limítrofes. Realmente situada en llano, supo aprovechar un pequeño montículo para establecer las iglesias de Santa María del Castillo y San Nicolás, y aprovechar unos lavajos o lagunillas para llenar su foso de agua. Iniciadas las defensas, hemos tenido la suerte de que se iniciaron y se acabaron en una misma época, es decir, a finales del siglo XIII, por lo que esta muralla es interesantísima.

Galas, festejos y fuegos tuvieron lugar en sus plazas, siempre defendidas por sólida muralla, y no se ha de olvidar que aquí tuvo su palacio Juan II y que aquí nació Isabel la Católica en 1151.

A varios kilómetros de distancia ya se distinguen la muralla y las dos torres mudéjares de sus iglesias. Lo que más llama nuestra atención es el trazado ovalado de sus murallas y el color anaranjado rojizo de la obra mudéjar.

Aprovechando los materiales de la zona, tierra, ladrillo, canto de río y madera, los mudéjares, es decir, musulmanes que se quedaron a vivir en tierras cristianas, imitaron el arte cristiano pero con materiales y ciertos resabios propios, como la utilización de alfices que encuadran ventanas, decoraciones en yeso, arcos de herradura, etc., y esta técnica, que era barata en cuanto a materiales, se la enseñaron a los cristianos, que pronto la aprendieron y ejecutaron. La muralla de Madrigal es un buen ejemplo de esto.

Como hemos indicado antes, está situada en un pequeño cerro y tiene una muralla ovalada que se acerca al círculo, con cuatro puertas abiertas a los caminos que llevan a cuatro poblaciones: Puerta de Medina (del Campo), al norte; Puerta de Arévalo, al este; Puerta de Peñaranda, al sur; y de

Panorámica de la muralla de Madrigal de las Altas Torres y un detalle de una torre, con su arco gótico, sobre el que había un piso.

Cantalapiedra, al oeste. La entrada por el este nos dejará la Puerta de Arévalo, hoy sin arco, pero junto a una gran torre a la que todavía se puede subir. Precedía a la puerta una barrera y un puentecillo que salía al foso.

Para no ser reiterativos, diremos que en toda la obra de la muralla de Madrigal se utilizó el tapial, tierra apisonada, junto con piedra del río, para formar el núcleo central de torres y murallas; luego, en las esquinas, se reviste de ladrillo, alternando horizontalmente en dobles hiladas de ladrillo con una caja de tapial. Incluso las almenas son de este mismo tipo, troncocónicas y con el típico remate a cuatro vertientes, es decir, la conocida almena árabe. El color rojizo anaranjado de la tierra y los ladrillos proporcionan un aspecto peculiar a estas murallas mudéjares, aunque hay algunos autores que opinan que el primer nombre de Madrigal fue de las Albas Torres, señal de que estaban recubiertas de cal blanca, no sabemos si formando dibujos, como se aprecia en diferentes partes en el castillo de Coca, una obra también mudéjar.

Volviendo a la Puerta de Arévalo, parecía una gran fortaleza por el grosor de la muralla y su altura. Los cubos son macizos hasta la altura del adarve, donde se dispone una sala con ventanas y una escalera de subida a la azotea almenada. Como hemos indicado antes, esta muralla tenía en sus puertas, al menos una barbacana o primer muro defensivo que ha sido restaurado en las inmediaciones de la Puerta de Cantalapiedra y que es casi tan alto como la propia muralla, dejando un espacio vacío entre las dos edificaciones. El foso precederle hacía todavía más completa la defensa.

Entre la Puerta de Arévalo y la de Medina quedan escasos cubos. La Puerta de Medina consta de una torre poligonal y su arco inmediato. Está en mal estado y un tanto descuidada. Más allá hay otro cubo de planta pentagonal hasta llegar a la Puerta de Cantalapiedra, la más completa de las que quedan en el recinto de Madrigal y que consta de dos cubos: uno cuadrado y otro pentagonal y muy saliente respecto a la línea de muralla. Le precede una barbacana que aunque no está completa tiene una serie de arcos de ingreso con patinillo central que le dan un tono muy oriental. La gran torre pentagonal es maciza hasta el adarve, y aquí aparecen una serie de ventanas de grandes dimensiones. Mide aproximadamente catorce metros y medio, y está formada por nueve cajas de tapial seguidas del cuerpo de ventnas: dos en los frentes exteriores y cinco en los dos frentes laterales. Después, tres cajas de tapial y el almenado. Por el lado que da al interior de la población, a la altura del adarve, presenta dos grandes arcos apuntados que forman parte de la sala donde se abren las ventanas, a los que se debería acceder por una sucesión de escalones, hoy desaparecida. Desde esta sala al suelo toda la torre es maciza. Para mayor defensa, tenía su barrera, foso y puentecillo sobre éste. A la derecha de la torre según entramos, existe otra cuadrada formando la otra defensa de la puerta. La anchura de la muralla es de un metro y medio y la altura de casi siete metros. El grosor de la barbacana es un metro y veinte centímetros. Aparte de las puertas de madera que debió tener, existe un matacán defensivo en el segundo arco y varios otros detalles arquitectónicos de carácter militar.

En el plano de Madrigal que realizó Coello en 1864 se aprecian cuarenta y nueve torres, de las que quedan actualmente sólo veinticuatro. Creemos que ordinariamente pudo tener alrededor de sesenta cubos, sin incluir las torres que forman las puertas.

La muralla mide aproximadamente dos mil trescientos metros de longitud, según datos del Boletín de la Asociación Española de Amigos de los Castillos, cuyo texto, por interesante, recojo a continuación: «El recinto de Madrigal se componía de un círculo perfecto de 340 metros de radio, lo que fija, aproximadamente, en 2.300 metros su extensión, cifra que acusa su importancia constructiva. Poseía más de 80 torres y 4 puertas... Es cierto que en tiempos aún no muy lejanos, el mismo Ayuntamiento de la villa, para aliviar el paro forzoso, no halló otra solución que derribar torres y muros para aprovechar materiales». Afortunadamente las ideas han cambiado y se ha consolidado parte de lo que restaba de este imponente conjunto. Desde la Puerta de Cantalapiedra continúa la muralla con diecisiete cubos, todos de planta cuadrada excepto uno pentagonal y con restos de barrera que va completando la cerca. Es triste ver cómo se tiraron torres completas, hasta los cimientos, dejando su hueco en la muralla.

La iglesia de Santa María del Castillo, obra mudéjar, nos recuerda la existencia de una fortaleza

El palacio y monasterio donde nació la reina Isabel la Católica, visto desde lo alto de la puerta de Cantalapiedra.

Dos torres en el lienzo oeste (arriba), y la Puerta de Arévalo, una de las mejor conservadas del recinto.

muy primitiva y anterior al siglo XIV, de la que nada queda a excepción de la planta de una posible torre. Está situada en un pequeño altozano desde donde se divisa la población.

La historia de Madrigal en la Edad Media nos es desconocida, pues nada sabemos hasta la concesión de fueros en 1168 por el rey Alfonso VIII, cuando queda englobada entre las tierras de Arévalo, junto con cincuenta y dos aldeas que en 1833 fueron divididas entre cuatro provincias: Rágama pasó a Salamanca, seis aldeas a Valladolid y nueve a Segovia. Por su importancia, Madrigal era villa exenta.

Si atendemos a su etimología, Madrigal está emparentada con el nombre de Madrid, viniendo a significar canales de agua con referencia quizás, a los múltiples lavajos o lagunillas de la zona y su canalización.

Entre los hechos históricos más destacables de esta villa digamos que el rey Juan II celebró su casamiento con la infanta portuguesa doña Isabel, y que en ella nació en 1451 la que después sería Isabel la Católica. Al poco tiempo, el rey donó Arévalo y Madrigal a su esposa. Con la mayoría de edad de la futura Isabel I, el partido más numeroso de la nobleza castellana, que no quería que se casase con don Fernando de Aragón, retuvo aquí a la infanta para tratar de casarla con el rey de Portugal, siendo rescatada por las tropas enviadas por el Almirante de Castilla y el obispo de Soria. Se casó en Valladolid en 1469.

También es Madrigal célebre por ser la patria de Gabriel de Espinosa, que era pastelero, pero que por su semejanza con el rey don Sebastián de Portugal, desaparecido en la batalla de Alcázarquivir, en Marruecos, se hizo pasar por aquél conmoviendo toda la zona, pues deseaba el tono de Portugal. Descubierta la farsa, murió ahorcado en la plaza del pueblo por orden de Felipe II.

La muralla de la población fue declarada Monumento Nacional en 1931, y como hemos indicado antes, ha sido consolidada en parte.

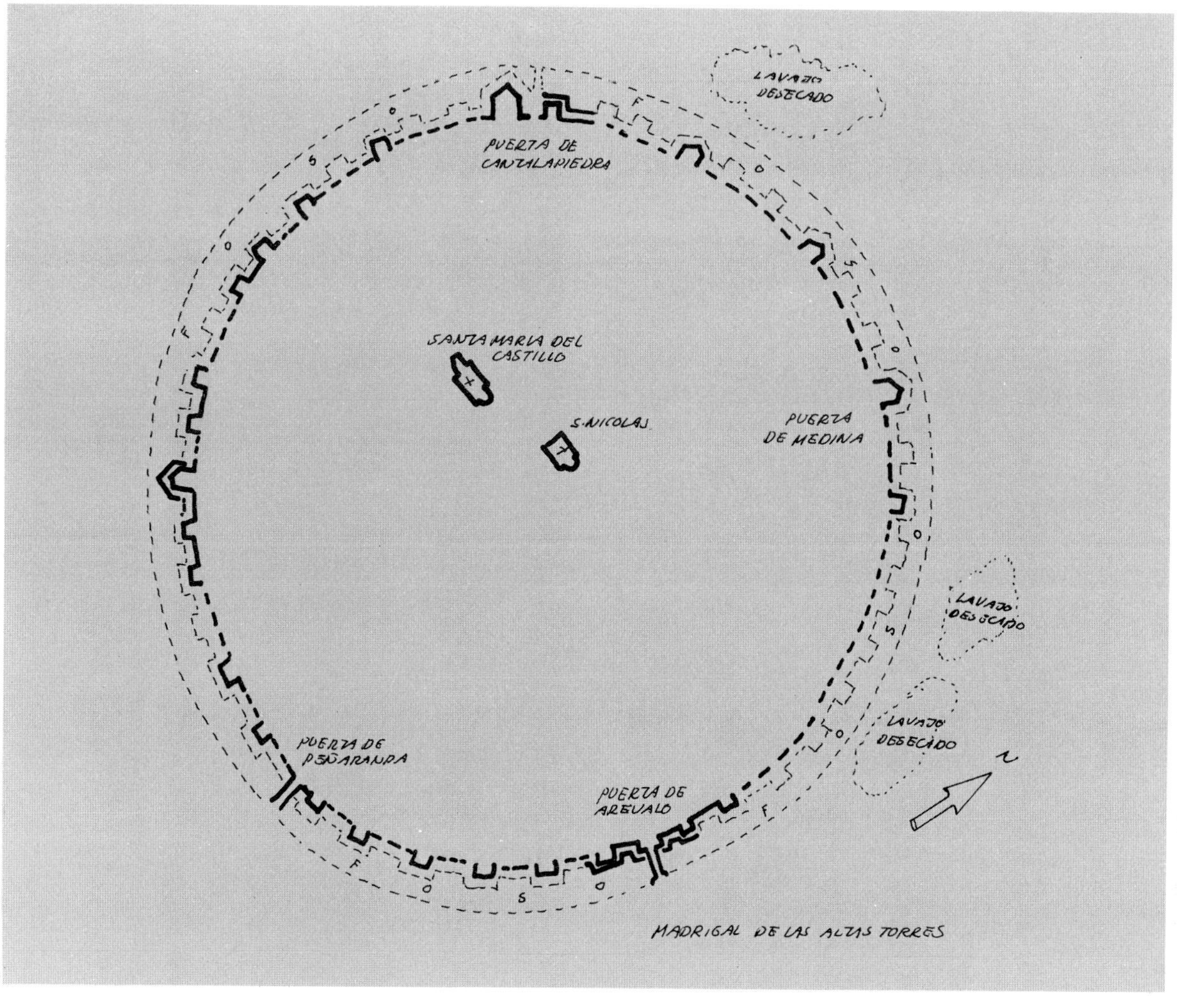

Plano de la ciudad de Madrigal, en el que se aprecia el perfecto círculo que traza la muralla.

FUENTIDUEÑA (Segovia)

Fuentidueña es una villa medieval situada al norte de la provincia de Segovia, junto a la margen izquierda del río Duratón. Unida geográficamente con otras poblaciones como Sacramenia, Castro de Fuentidueña y Sepúlveda, forma un conjunto armónico de casas e iglesia defendidas por su muralla. Es un claro ejemplo de fortificación medieval cristiana, de las primeras repoblaciones de finales del siglo XII y principios del XIII.

Numerosos autores se han fijado en su cerca y aquí ofrecemos un croquis bastante exacto de las murallas que abrazan la villa, que son tan extensas que dejan mucho espacio vacío, ahora, y, quizás, también en épocas anteriores. Toda la obra de lienzos y torres presenta un mismo modo de edificación: levantada sobre la roca o el suelo y sin ningún tipo de cimentación. Incluso se aprovechan los bloques naturales de piedra para incluirlos dentro de la propia muralla. En líneas generales se prescinde de las torres, pues las propias inflexiones del terreno, con sus entradas y salientes, forman ya notables ángulos avanzados y bien dispuestos para la defensa. Una disposición análoga a la de ciertas plazas fuertes de la cuenca del Duero, como Ureña (Valladolid) o la cercana Maderuelo (Segovia).

Estas murallas cristianas tienen tan sólo una puerta que nos indica que son anteriores al siglo XII, es decir, musulmanas, ya que se emplea piedra encintada en ladrillo, como en las murallas de Buitrago de Lozoya; el despoblado califal de Peñahora (Guadalajara); la torre cuadrada del castillo de Cogolludo, o las murallas de Talamanca del Jarama (Madrid), por citar varios lugares próximos en la geografía y la época y que se tienen por obras del califato (siglos X–XII.

Nuevas investigaciones en el interior de la población podrían intentar datar con exactitud la presencia musulmana en Fuentidueña. No poseemos más que una serie de crónicas árabes donde aparece la zona y debemos suponer la existencia de la villa siglos antes. A los asaltos de los cristianos del norte que, atravesando el valle del Duero, asolaban plazas fronterizas tales como Coria, Madrid o Atien-

La antigua puerta de la Villa en la muralla de Fuentidueña. A la derecha, un cubo hecho a base de mampostería en cajas. En páginas siguientes, la Puerta de Alfonso VIII.

za, los musulmanes respondieron con un sistema fortificado muy notable, protegiendo toda la zona a ambos lados del Sistema Central con atalayas, castillos y murallas desde Toledo a Gormaz (Soria), y desde Guadalajara capital a Tudela (Navarra).

Hacia el siglo X (937) tenemos las primeras noticias escritas sobre Fuentidueña, ya que aparece en la documentación cristiana en una donación del conde Fernán González al monasterio de San Pedro de Arlanza. Cercano a la villa estaban el monasterio de Cardaba y el de Sacramenia, base religiosa y repobladora de la comarca. Como en tantos otros casos, esta repoblación va a ser tajantemente cortada por las campañas de Almanzor el dos de noviembre y ocho de diciembre del 983, dirigidas especialmente contra Sacramenia y Fuentidueña.

Una segunda etapa vendrá con el conde Sancho Garcés, aunque no debió ser muy efectiva, ya que aparece como lugar repoblado por el rey Sancho el Mayor en 1035. Definitivamente, en el siglo XII va a quedar formada la Comunidad de Villa y Tierra de Fuentidueña. A partir de este momento aparecerá Fuentidueña con mucha frecuencia en los diplomas medievales. Tuvo ocho parroquias de las que sólo se conserva con culto la de San Miguel, aunque quedan las ruinas de la iglesia de San Martín. AL sur de la población está el castillo, con mucho espacio vacío intramuros.

Durante el reinado de Juan II, fue encerrado aquí el Adelantado don Pedro Manrique (1438) que consiguió escaparse del castillo descolgándose con ayuda de unas cuerdas y huyendo a Encinas de Esgueva. También el castillo sirvió de prisión al marqués de Villena, Diego López Pacheco, y sólo pudo salir mediante canje de unas villas con el rey Enrique IV. Tras una larga etapa histórica como Villa y Tierra, Fuentidueña pasará a poder de don Álvaro de Luna. En el siglo XVIII pasó a los condes de Montijo.

La población posee un grandioso conjunto de murallas que trepan por el cerro, cuyas laderas más pronunciadas las constituyen los lienzos norte y este. Su extensión es de dos hectáreas. Partiendo de la Puerta de la Villa, cuyo arco ha desaparecido, se inicia un gran lienzo sin torres. Ésta se abría entre un sólido cubo circular, a modo de pequeño bastión que protegía la entrada por el lado oeste. La base de la puerta es de sillares y el resto de sillarejo, con una altura de lienzo de siete metros. Por aquí se ingresa a la calle Mayor que

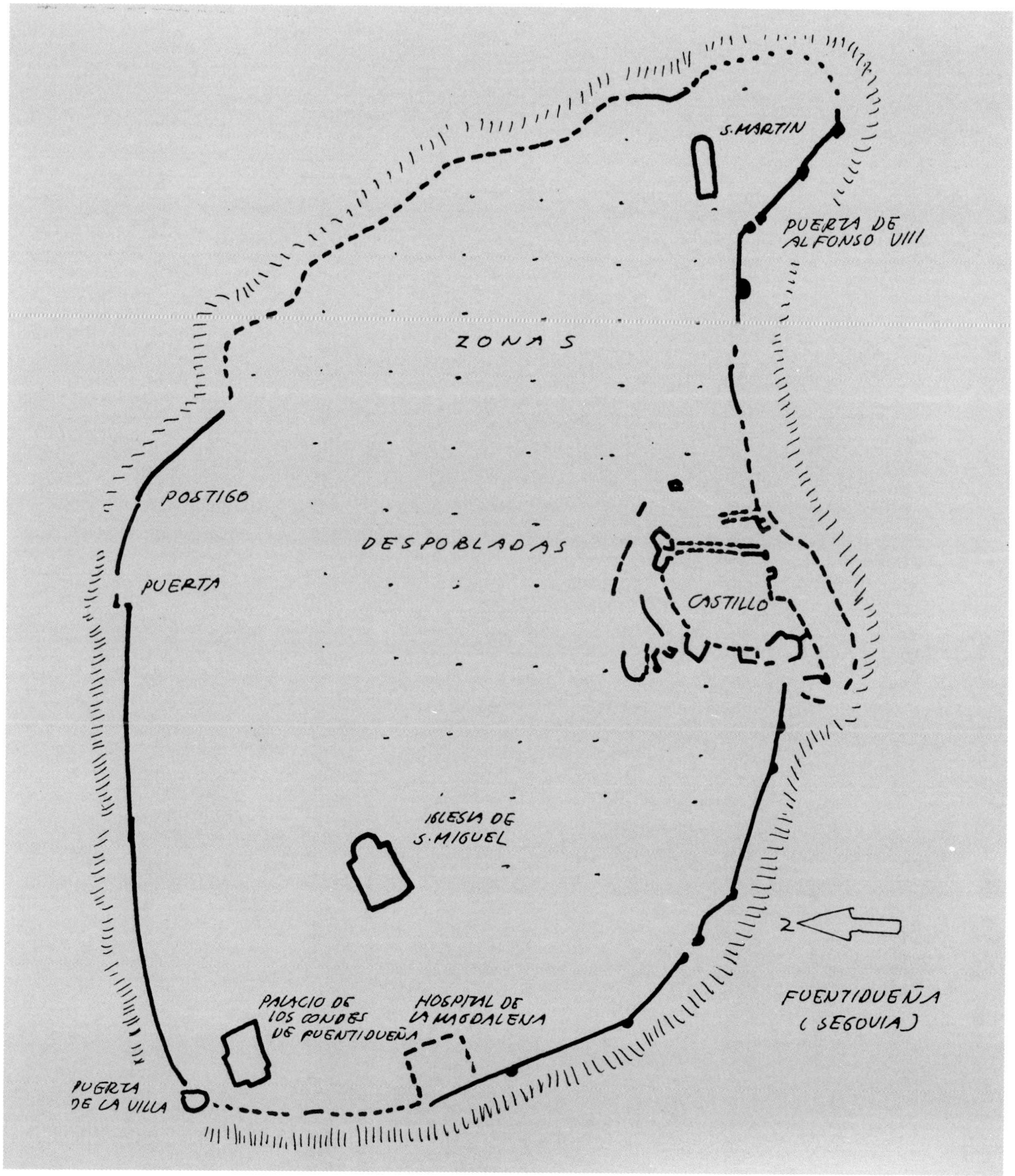

En páginas anteriores, panorámica del cerco amurallado. A la izquierda, detalles de lienzos y cubos en torno al castillo. Obsérvese el sistema constructivo con cajas superpuestas de mampostería.

va paralela a la muralla. A un lado queda el palacio de los condes de Fuentidueña y prosigue la calle hasta un postigo. Una puerta sin nombre se abre en este lienzo norte e inmediatamente un posible postigo. A partir de aquí, la muralla se pierde hasta alcanzar la cima del cerro, donde forma un espolón en torno a la iglesia de San Martín, donde hay interesantes tumbas antropomorfas excavadas en roca. El lienzo sur presenta dos cubos rectangulares y la puerta de Alfonso VIII, formada por dos torres de cinco metros de cara por tres de saliente, unidas con arco de medio punto. La base de ambas torres y los muros inmediatos por su parte baja, con una altura de cuatro metros, presentan obras muy diferentes al resto de la construcción: sillares encintados en ladrillo a modo islámico. Encima, la obra románica a base de sillares mal escuadrados excepto en las esquinas. Suponemos que se aprovechó parte de muralla musulmana, que formaría un pequeño recinto en lo alto de la población y sobre ésta se levantó la cristiana, totalmente diferente.

COVARRUBIAS (Burgos)

Cerca del famoso monasterio de San Pedro de Arlanza, donde reposaron los restos del primer conde independiente de Castilla, y situada en el centro de un meandro que forma el río Arlanza, se encuentra la histórica y hermosa villa burgalense de Covarrubias. Ocupa una suave pendiente junto a un antiguo vado del río en un lugar muy acogedor y, evidentemente, estuvo poblada en época romana, ya que muy diferentes hallazgos de objetos de cerámica y distintas construcciones puestas a la luz mediante excavaciones arqueológicas avalan su existencia ya en tiempos de los emperadores romanos.

Villa romana y pequeña en su origen, se engrandeció en época de los visigodos, y muy en concreto durante el reinado de Chindasvinto, quien fundó el monasterio de San Cosme y San Damián en el año 695. También se le atribuyen a este rey los trabajos que dieron como fruto el primer amurallamiento de la población, aunque estas murallas desaparecerán tras una invasión árabe que tuvo lugar en el año 717.

El rey Alfonso II el Magno colonizará todo este territorio situado entre las montañas del norte y el río Duero, creándo muy poco después el Infantado de Covarrubias para la hija del conde García, que gobernaba la zona. Éste rehizo las murallas destruidas por los musulmanes, y en su tiempo su dominio abarcaba no sólo Covarrubias y su alfoz, sino un conjunto de más de cincuenta pueblos. Restos de aquellos días lo constituyen una portada lateral del palacio de Fernán González, que actualmente está en un lateral del Ayuntamiento, y la famosa torre de doña Urraca, de la que luego hablaremos.

Un núcleo ya importante a principios del segundo milenio como Covarrubias necesitó fuero, que le fue dado por doña Sancha, hermana del rey Alfonso VII en el año 1148, lo que provocó la venida de muchos habitantes de pueblos cercanos para residir en el villa, lo que incluso llegó a despoblar muchas aldeas de su alfoz o zona de influencia. Bien pronto se va a sentir en el lugar el auge constructivo. En este tiempo se levanta la

El lienzo de muralla paralelo al río y, a la derecha, un portillo y la Torre de doña Urraca, con sus matacanes.

abadía de San Cosme y San Damián sobre los restos de iglesia visigoda. Inmersa en los vaivenes políticos de la Edad Media, la villa verá cómo momentaneamente es cedida a la catedral de Toledo, aunque en el año 1218 el rey Fernando III el Santo le devuelve sus antiguas propiedades. Así, aparte de logradas éstas, adquirirá nuevas donaciones de reyes y nobles, especialmente en tiempos del infante Felipe, en el siglo XIII, que será el último señor de sangre real que gobernará Covarrubias, terminando así el Infantado. Sus nuevos señores van a ser los propios abades de San Cosme y San Damián.

Covarrubias se verá envuelta en una cruenta guerra entre las familias rivales, Lara y Castro, durante la época de Fernando IV; su abadía será saqueada, así como dañado su cerco amurallado, por lo que el abad González Pérez, a comienzos del siglo XIV, volverá a cercar la villa con nueva muralla allí donde ésta había sido derruida. El rey Alfonso X el Sabio la va a dotar de un mercado semanal de granos y productos agrícolas. Llega al momento crucial de su apogeo económico, que se manifiesta en la actual obra de la colegiata (comenzó a elevarse en el año 1474). También en esta época se restaura el antiguo palacio de Fernán González y se inicia la obra de una puerta de muralla para archivo del Adelantado de Castilla.

Este edificio consta de tres pisos. En el primero y en el centro están los arcos de ingreso a la población con sus quicialeras para las puertas de madera y su rastrillo. A ambos lados hay unas puertas que comunican con los pisos superiores. Exteriormente tiene cuatro grandes contrapuertas entre las que se abren las ventanas, las del segundo piso con buena muestra de relieves renacentistas y rejas. Encima y en el tercer piso aparece un gran escudo imperial ya de la época de Felipe III. Y es que en este lugar se guardaba, por orden del rey Felipe II, toda la documentación relativa al Adelantamiento de Castilla.

Una grave epidemia, unida a la expulsión de los judíos y a un masivo fenómeno de emigración hacia las Américas contribuirán a su decadencia a finales del siglo XVI, precisamente el momento en el que se inicia el derribo de la muralla y se construyen casas en tres de sus arrabales, de modo que se deja el núcleo urbano prácticamente semidespoblado.

A partir de este momento Cavarrubias va a caer en la peculiar languidez de los siglos XVII y XVIII; en este período pasa de los dos mil habitantes a tener solamente un centenar.

Si observamos un plano de la villa veremos que tuvo una muralla de forma ovalada. Partiendo del puente que cruza el río Arlanza, a su derecha surge la muralla, paralela al río y al Paseo de la Solana. Son más de ciento cincuenta metros de longitud, con una puerta y un postigo junto a la Colegiata. La obra es de mampostería, unida con mucha cal, tiene un grosor de más de dos metros, y hoy se encuentra sin almenado. Más allá de la colegiata iniciaría su ascensión hacia la Puerta del Archivo, formando un arco que llega a la actual carretera de Lerma, dejando al exterior el arrabal de las Eras. Junto a la iglesia de Santo Tomás de nuevo aparece la muralla y de nuevo tuerce hacia el puente. Debió de tener tres puertas más, orientadas a los diferentes puntos cardinales. Así, la del Puente perduró hasta 1888, y está en el escudo de la villa. Todavía se observa el adarve y la iniciación de las almenas. Lástima que su destrucción comenzara en época tan temprana, dejándonos del conjunto solo dos lienzos y un postigo.

El nombre de Covarrubias significa *Cuevas Rojas*, quizás por el color de la tierra de sus alrededores. Hoy es una notable villa turística que ofrece, aparte de los monumentos antes descritos, un conjunto homogéneo de casas populares, como la conocida Casa de doña Sancha, levantada sobre zapatas de madera y con entramado de este material y adobe y ladrillo, manteniendo siempre dos alturas, la superior, algunas veces con balconada de madera o saliente respecto al piso inferior por una cornisa de vigas de madera tallada. Es así como, por su buena conservación, tanto como por sus restauraciones, que la villa ha sido declarada Conjunto Histórico Artístico.

Inmediato al Paseo de la Solana se alza, dentro de un cercado, la llamada Torre de doña Urraca, obra especialísima edificada hacia el año 1000 y que es ni más ni menos que una torre defensiva mozárabe y, por lo tanto, única en su género. Está formando parte de un palacio que se abre con puerta de arco apuntado, posterior a la torre. Ésta tiene planta rectangular de diez por catorce metros y es de tronco piramidal. Su ingreso se hace por un primer piso bastante elevado mediante una escalera de mano (hoy fija), y abierta

La muralla paralela al río por el interior, que deja una calle a modo de adarve con la Torre de doña Urraca.

La Torre de doña Urraca, con sillares perfectamente escuadrados sobre una base anterior. La torre, mozárabe, es troncopiramidal. Arriba, un plano de Covarrubias.

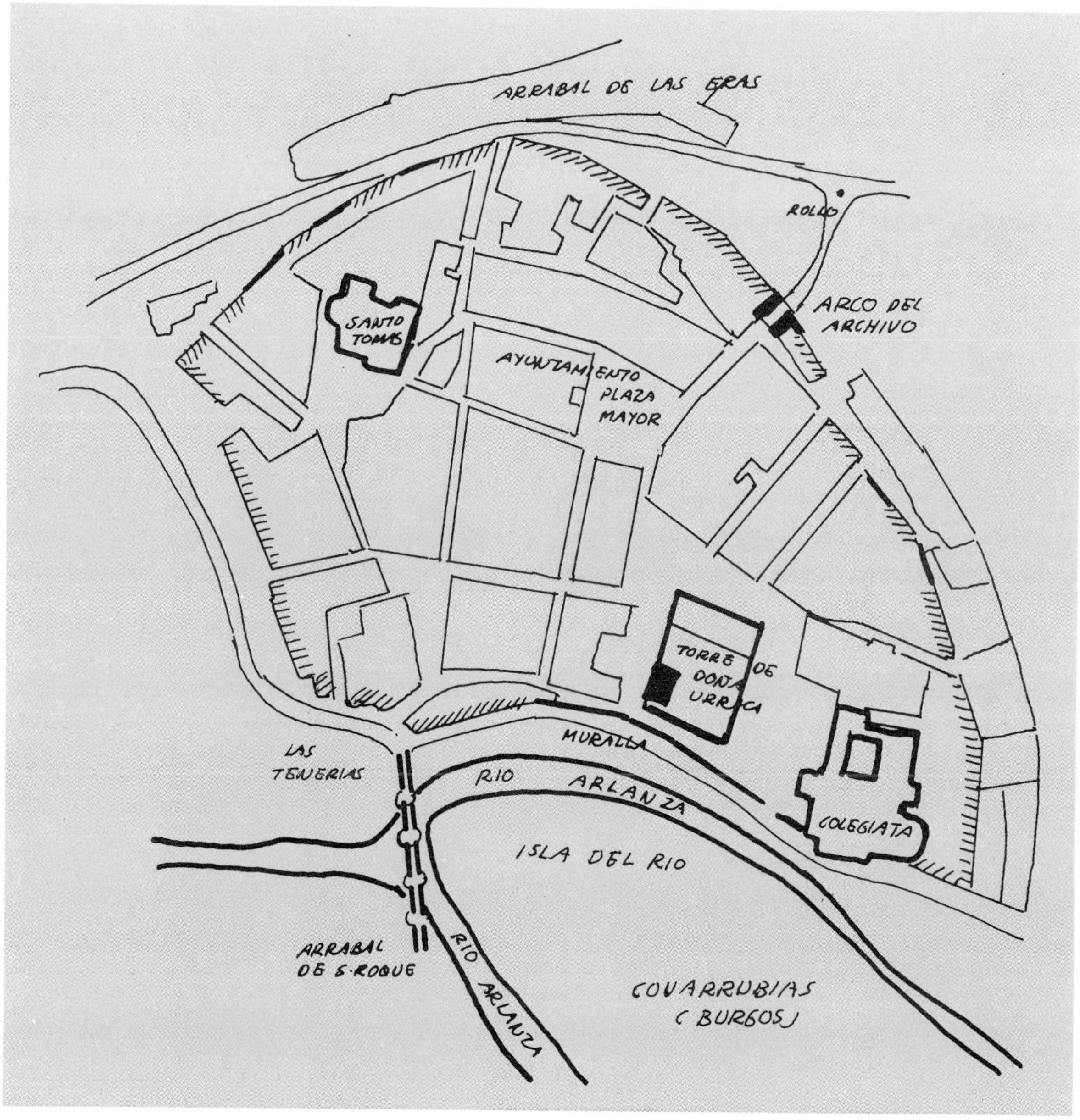

hacia la puerta con un arco de herradura. El aparejo es muy peculiar, a base de buenos y grandes sillares colocados a soga y tizón, pero que difieren de los califales ya que, si bien están colocados siguiendo este procedimiento, entre banda y banda hay otra de sillares pequeños horizontales y alargados que van enmarcando los grandes sillares de las bandas superior e inferior. Su color rojizo armoniza con el nombre de Covarrubias y nos da un aspecto de sólida fortaleza, además de torre vigía y construcción residencial y perfecto complemento de las murallas.

En un piso superior tiene una banda con doce buheras y termina en tejadillo. Interiormente se divide en dos pisos: el primero, por el cual ingresamos, con bóveda de piedra, y el segundo dividido a su vez en dos, con suelo de madera y escalera abatible. Podemos, incluso, añadir un tercero, que ocupa la azotea, donde la leyenda sitúa a doña Urraca emparedada por su padre. La altura es de veintidós metros y es una obra peculiar, la más antigua que encontramos en Covarrubias.

No tenemos que olvidar que en la colegiata están enterrados el conde Fernán González y de su esposa en un sepulcro paleocristiano del siglo III que fueron trasladados desde el monasterio de San Pedro de Arlanza en 1841, y las tumbas del infante Felipe y de su esposa, Cristina de Noruega, aparte de más de cincuenta sepulcros repartidos por el templo.

BURGOS

Burgos, a orillas del río Arlanzón, eleva su hermosa catedral bajo la mirada atenta del castillo. Un llano protegido que asciende hacia el arco de la fortaleza forma el solar del antiguo Burgos. Rodeado en otro tiempo de bosque, el propio nombre de la ciudad indica una pluralidad de pequeños núcleos habitados que fueron unidos mediante una muralla en el siglo IX. Ganó importancia en los dos siglos siguientes, convirtiéndose en cabeza de capital de Castilla, esa Castilla independiente que inició sus andaduras bajo el mando del conde Fernán González.

Ordenado el territorio, fue cabeza de un amplio distrito, repoblado con gallegos, vascones, cántabros, mozárabes y judíos. Su situación en el camino de Santiago la harán importante centro comercial y religioso. Para atender a los peregrinos enfermos se creó el Hospital del Rey por orden de Alfonso VIII, quien mandó construir Las Huelgas Reales, con el panteón de los reyes de Castilla. Es decir, que desde el siglo X al XV, Burgos se va a contar entre las principales ciudades del reino. Quedan atrás los saqueos de Almanzor en el siglo X, y amparada por su muralla y su castillo inicia el comercio de lanas, exportándolas por los puertos cántabros y vascos a Inglaterra y los Países Bajos. Vió Burgos las bodas del rey Alfonso VII y doña Berenguela, que se alojaron en el castillo, que estaba convertido en sólido alcázar y cómodo palacio. En 1170 Alfonso VIII concede esta obra a su esposa la reina Leonor de Inglaterra, y se encarga de embellecerlo, así como se estaba haciendo en Las Huelgas. Permaneció más o menos con ligeros cambios hasta el siglo XVII, en que el duque de Lerma lo engrandeció con el gusto de la época, de modo que perdió mucho de su rico pasado medieval.

La ciudad, a partir de la clásica etapa desastrosa de finales del siglo XVII y principios del XVIII, resurgirá poco a poco en el siglo XIX convirtiéndose de nuevo en un foco mercantil e industrial. Sus murallas han sido declaradas Monumento Histórico Artístico y su Catedral, Patrimonio de la Humanidad por la Unesco.

Burgos. Las puertas de San Martín, arriba, entre dos sólidos cubos, y la de San Estéban, con arco de herradura y paseador.

La muralla de Burgos forma un polígono con forma alargada, abraza el cerro del castillo y limita al sur por el río Arlanzón y al este por el río Vera, que desemboca en aquél.
Los restos más importantes y mejor conservados corresponden al lado noroeste y noreste, ya que todo el muro que daba al río Arlanzón fue derribado para crear el Paseo del Espolón y edificar casas. La puerta más conocida es el Arco de Santa María, por la que empezaremos a describir la cerca. Se llamaba así porque conducía directamente a la iglesia Mayor o catedral de Santa María. Corresponde en su interior a una buena obra gótica, aunque exteriormente sea una obra renacentista a modo de arco triunfal y con visos de fortaleza. Fue construida entre 1536–1533 en honor de Carlos I y encima del gran arco de medio punto hay hornacinas con las figuras de los primitivos jueces de Castilla: Nuño Rasuna y Laín Calvo, así como las de los Condes Diego Porcelo y Fernán González, el Cid Campeador y, en el centro, Carlos V. Encima del emperador el Angel de la Guarda y más arriba la Virgen María, lo que quiere resumir la historia de la ciudad desde su fundación, su gobierno y personajes ilustres.
La Puerta es de piedra caliza, construida en buenos sillares blancos con cubos semicirculares adornados con troneras y almenaje en el primer piso, y con un segundo con cuatro garitones del mismo estilo, con muchos detalles arquitectónicos interesantes como gárgolas, molduras y barandas, todo ello en piedra. Tras pasar el arco nos encontramos con la primitiva puerta gótica, con arcos apuntados, hueco para el rastrillo y quicialeras para las dos puertas de madera que tuvo. Tiene tres plantas con buenos salones, uno de ellos con techo mudéjar y una capilla. Una de sus salas se denomina de Poridad o del Secreto, y en ella se reunía el Concejo.
Desde el Arco de Santa María la muralla seguía su dirección oeste hasta la Puerta de Barrantes, desaparecida, y comienza a verse en el Paseo de los Cubos con cinco buenos ejemplares de cubos circulares construidos con sillarejo, macizos y que no sobresalen en altura del adarve. El paseo ha sido ajardinado y da una buena idea de cómo fueron las viejas murallas de Burgos.
Tuerce la muralla hacia el noreste para llegar a la Puerta de San Martín, que se abre entre dos cubos de planta circular, el de la izquierda a base

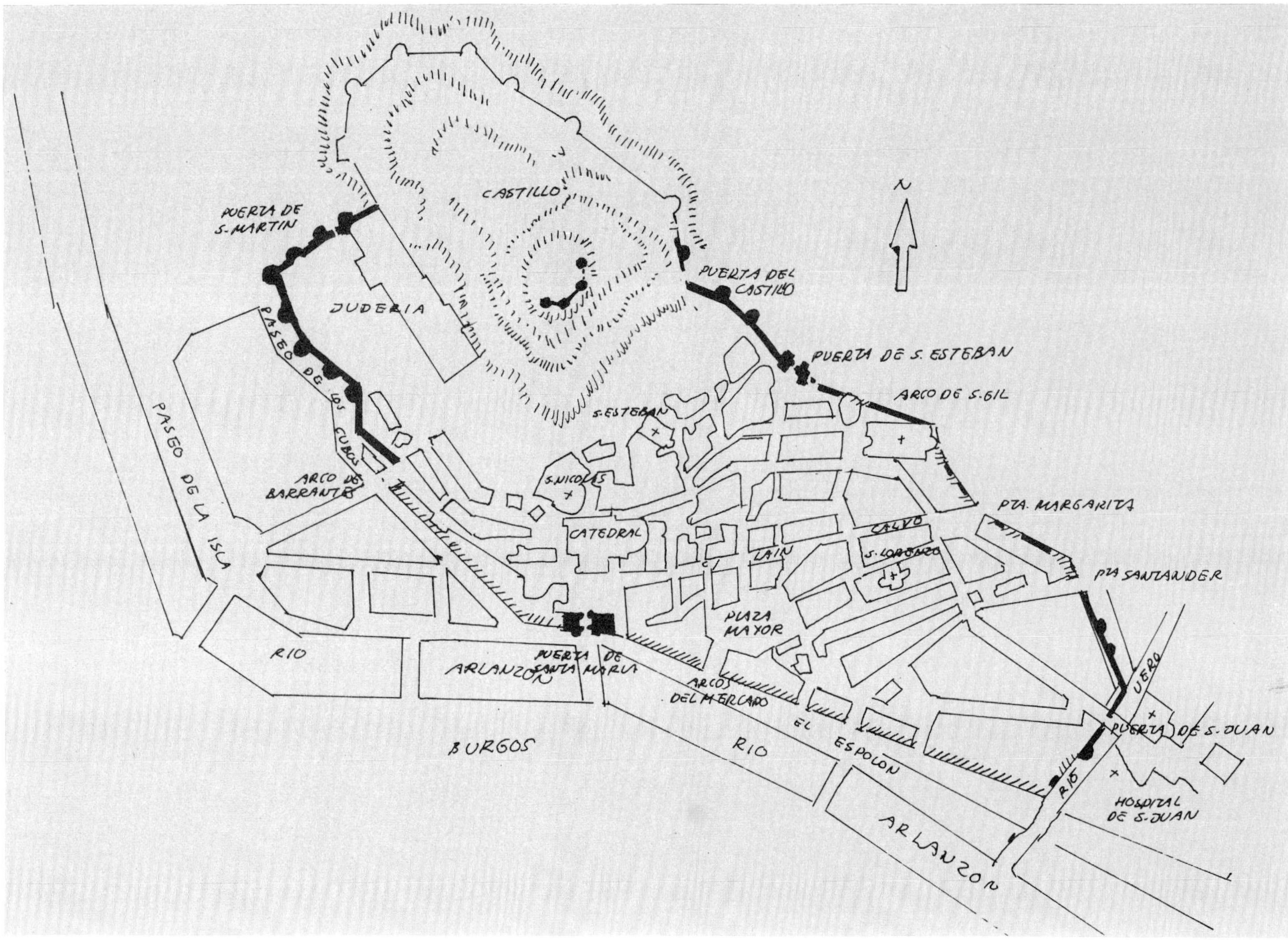

de buenos sillares. El arco exterior es de medio punto con su rosca de ladrillos y el interior con arco de herradura en ladrillo, obra mudéjar del sgilo XIV y, por lo tanto, posterior a la muralla.

Nuevamente tuerce la muralla, con restos de un cubo, para formar un arco en torno al castillo, donde tenía seis cubos muy espaciados entre sí. El castillo propiamente fue el primer núcleo habitado desde épocas prehistóricas. En recientes excavaciones se han recogido estructuras y cerámicas desde la edad del bronce (2500 a.C.) hasta época más reciente, romana y visigoda. Tras la consabida etapa de abandono es repoblada en el año 884 por el conde Diego Porcelo. Lo primero que se hizo fue reestructurar el castillo y hacer una cerca que iría en su límite sur por la calle Fernán González, ya que la ciudad estaba en frontera y había que cuidar su carácter defensivo frente a las asoladoras incursiones de los musulmanes. El castillo se adapta al terreno y de él perduran tan sólo unos cubos circulares muy restaurados, ya que aunque el castillo fue hermosa residencia, los franceses, en su retirada a Francia, volaron el polvorín que había en él, destruyéndolo todo.

La muralla comienza a descender hacia la Puerta de San Esteban, tras tres cubos altos y de buena fábrica. Esta puerta se abre en el lienzo este y está formada por dos cubos cuadrados, de sillarejo, obra mudéjar, y por el interior de la población sobresale un cuerpo rectangular abierto con un grandísimo arco de herradura en ladrillo y a ambos lados fajas de piedra entre bandas de ladrillo. Remata este cuerpo una serie de seis ventanas de arco de medio punto enmarcadas por un alfiz y con decoración de ladrillos en forma de diente de sierra. Es, por lo tanto, otra obra mudéjar y dotada de tres arcos, con rastrillos, el central y los otros dos para las

En las páginas 188 y 189, la Puerta de Santa María, el postigo del castillo y la puerta de San Martín, y en las pags. 190 y 191, el Paseo de los Cubos. Arriba, un plano de la ciudad antigua con las torres conservadas en negro.

Las murallas desde el interior. Obsérvense las saeteras alternas en las almenas y el típico aparejo gótico.

puertas de madera. Conocemos a su arquitecto, el maestro morisco Mahomed quien, en unión de su cuadrilla de alarifes, levantó la puerta a finales del siglo XIII. Su arco de herradura es muy parecido a otros de cercas granadinas, de donde se inspira.

Continúan varios tramos de muralla en torno a San Gil, con su sencilla puerta de arco de medio punto. Más abajo, los restos de la Puerta Margarita y el Arco de Santander, llamado así por ser camino hacia la ciudad.

Reaparece la muralla en la calle Lesmes, con torres idénticas a las del Paseo de los Cubos y defendidas por el río Vero, que le sirve de foso. Aquí se abre la Puerta de San Juan, con arco de medio punto y que da al interior de la ciudad, teniendo extramuros una bella plaza, con el Hospital de San Juan, San Lesmes y otros interesantes edificios.

Más allá, un nuevo cubo enfrente del Hospital de San Juan nos delata la continuidad de la muralla, para desaparecer definitivamente por el Paseo del Espolón, donde llegaba al Arco de Santa María, tras pasar por los Arcos del Mercado que dan acceso a la bonita Plaza Mayor. Otro postigo se encuentra al noreste y enlaza la muralla con el cerro del castillo, denominándose Puerta del Castillo.

Como hemos indicado antes, tras cerrarse la población con una primitiva muralla agrupada en torno al castillo, hubo una segunda etapa en época de Alfonso X (siglo XIV) en la que se herizo lo anterior con un claro estilo gótico en los cubos y lienzos y con notables obras de fortificación mudéjares en las Puertas de San Martín y San Esteban, que si se han conservado intactas ha sido por su alejamiento relativo del centro de la ciudad. Han sido restauradas ambas y nos ofrecen completos todos sus detalles arquitectónicos.

ALMAZÁN (Soria)

Aunque hay pocos datos históricos, Almazán ha sido siempre, desde época prerromana, una plaza fuerte situada en una elevación del terreno y bordeada por el río Duero. Los restos más antiguos corresponden a la época del bronce, aunque también hay restos de la cultura celtibérica, ya que han sido halladas cerámicas muy finas en la zona alta de la población, conocida por sus habitantes como «El cinto». Es muy probable que en estas elevaciones naturales estuviera la primera ciudad de Almazán, cuyo nombre exacto desconocemos. A estas etapas históricas siguen la romana y la visigoda, sin que podamos ofrecer a nuestros lectores ningún dato especial, quizás porque no se ha investigado lo debido. Entramos ya en el período del emirato de Córdoba en el que nuestra ciudad aparece citada en repetidas ocasiones. Zona conflictiva entre el Islam y el reino de Castilla, va a constituir una segunda e importante base musulmana (después de Medinaceli, capital de la Marca Media), para atacar las zonas del Duero, La Rioja y Burgos. Algunos autores piensan que surgió en época tardía (963) para reforzar esta frontera musulmana frente a las presiones cristianas. Muchos datos corroboran la existencia de Almazán como plaza fuerte en unión de Barahona y Berlanga de Duero. El mismo nombre árabe de Almazán lo indica: *la fortificada*. Hay una enorme abundancia de toponimia árabe en los pequeños pueblos de la zona: en total trece, de los que siete se refieren a torres (*burch*, en árabe) como Bujarrapian, Borchicayada, Borjabad, etc., lo que indica una zona fuertemente militarizada por los musulmanes. Tras una existencia de más de tres siglos bajo el poder árabe, pasará a formar parte de la taifa de Zaragoza, que ocupaba una buena extensión de la actual provincia de Soria, con las plazas fuertes de Gormaz, Vadorrey, Aguilera y Berlanga y sus alfoces respectivos, quedando Almazán entre ellas.

Fernando I había recibido las cuatro primeras plazas por cesión y será Alfonso VI quien ocupe Almazán, ya que en el año 1098 se cita la población como pueblo suyo. Pasó a poder de

Puerta de Herreros, en la muralla de Almazán, vista desde el exterior y también desde el interior de la villa.

los Lara, que tenían también las plazas de Canales, Lara de los Infantes, Huerta y Osma.
Villa amurallada por excelencia, con un cerco excesivamente grande para la época, tuvo diez parroquias: San Salvador; San Pedro; Santiago; San Miguel; San Vicente; Sta. María del Campanario; San Esteban; Santo Domingo; San Andrés, y Santa María de Calatañazor. Quedaba un espacio vacío interior protegido por las murallas, donde es presumible que se encerrase el ganado, base de la economía de la zona.
Con la expedición almorávide de 1113, Almazán tendrá que renacer de sus cenizas. Se habían causado enormes daños en el alfoz y el abandono prendió en muchos lugares. Tanto es así que Alfonso I de Aragón ocupa Almazán y le cambia el nombre, denominándola Plasencia en 1128. Enfadado Alfonso VII por la penetración aragonesa, se inicia una guerra entre ambos, haciéndose fuerte Alfonso I en Almazán, aunque por un acuerdo posterior la devolverá a Castilla.
Como en tantos otros lugares se formará una Comunidad de Villa y Tierra, con cuarenta y ocho aldeas divididas en las sexmas de Cobertelada y Sierra, y con veinticuatro despoblados actuales, ocho de ellos con nombre árabe.
Pasarán muchos años participando sus gentes en la repoblación de otros lugares de la Corona de Castilla, como es Huete (Cuenca) donde se establecerán en torno a una parroquia y puerta de muralla que todavía lleva su nombre. Por el tratado de Almazán se puso fin al largo período de luchas entre los reyes Pedro el Ceremonioso de Aragón y Enrique II de Castilla, por el cual este reino recuperó la plaza de Molina de Aragón, concretándose el matimonio del infante Juan de Castilla con la infanta Leonor de Aragón. El tratado fue firmado en esta villa en 1375.
La familia Mendoza adquirirá la villa edificando un palacio junto a las murallas, el de los Hurtado de Mendoza, inmediato a la iglesia románica de San Miguel.
La muralla de Almazán aprovecha la elevación de un cerro que termina a orillas del río Duero. Forma un polígono que se asemeja a un rectángulo. Si comenzamos su descripción por el Arco de la Villa veremos que aquí es, justamente en la parte más llana, donde requiere mayores defensas. El Arco de la Villa está formado por dos torreones cilíndricos unidos mediante un arco apuntado.
Tiene su hueco para la tranca y sus quicialeras para la puerta de madera. También presenta su buhera para arrojar agua hirviendo y todo el conjunto mantiene una altura considerable. Está construido con sillares blanquecinos bastante toscos que corresponden a obras de los siglos XIII y XIV. Tanto los lienzos como las torres tuvieron su almenaje, y presentan almenas cuadradas.
Del Arco de la Villa, rematado por una torre donde se colocó el reloj público, todavía en uso, y que un curioso azulejo conmemora: «relox publico», continúa la muralla en el lienzo paralelo al río y que podemos denominar norte. Inmediato al arco, un postigo con arco apuntado muy simple pero muy bello, nos pone en contacto con la salida del río Duero. Tiene sus quicialeras para el portón de madera. En muchos lugares estos portillos estrechos y pequeños constituían las verdaderas entradas a las ciudades ya que las grandes puertas se abrían sólo excepcionalmente, debido a su gran aparato.
Conviene mencionar que la muralla va entre las casas hasta aparecer detrás del palacio de Altamira, donde un fuerte talud natural las hace más impresionantes. En este punto tienen al río Duero como foso. En este frente norte, la muralla sigue el sistema de cremallera, con ángulos pero sin torres, dejando en su interior la iglesia de San Agustín hasta el ángulo noroeste, donde una maciza torre cilíndrica conocida como «el rollo de las monjas» se corona con matacanes góticos e inicia el lienzo oeste. La altura de la muralla es de unos siete u ocho metros, habiendo sido restaurado el lienzo en este ángulo.
El terreno asciende hacia el sur y la muralla presenta algunos fragmentos rotos y otros con esgrafiados junto al matadero. Un nuevo ángulo, y nos encontramos ante la Puerta de Berlanga, que se abre entre dos cubos rectangulares sin abertura alguna, sólo protegidos por la terraza. Las defensas del arco constan de buhera, puerta de madera de dos batientes, rastrillo y nueva puerta de madera. El sistema constructivo es el mismo descrito anteriormente. Aquí la muralla sigue la misma línea anterior, pero está sumamente derruida, faltándole los sillares exteriores, más o menos bien labrados, que han sido arrancados en otras épocas para la construcción de casas. Así pues, vemos que el grosor de la muralla era de cal y sillarejo embutido entre dos caras de sillares. Lo

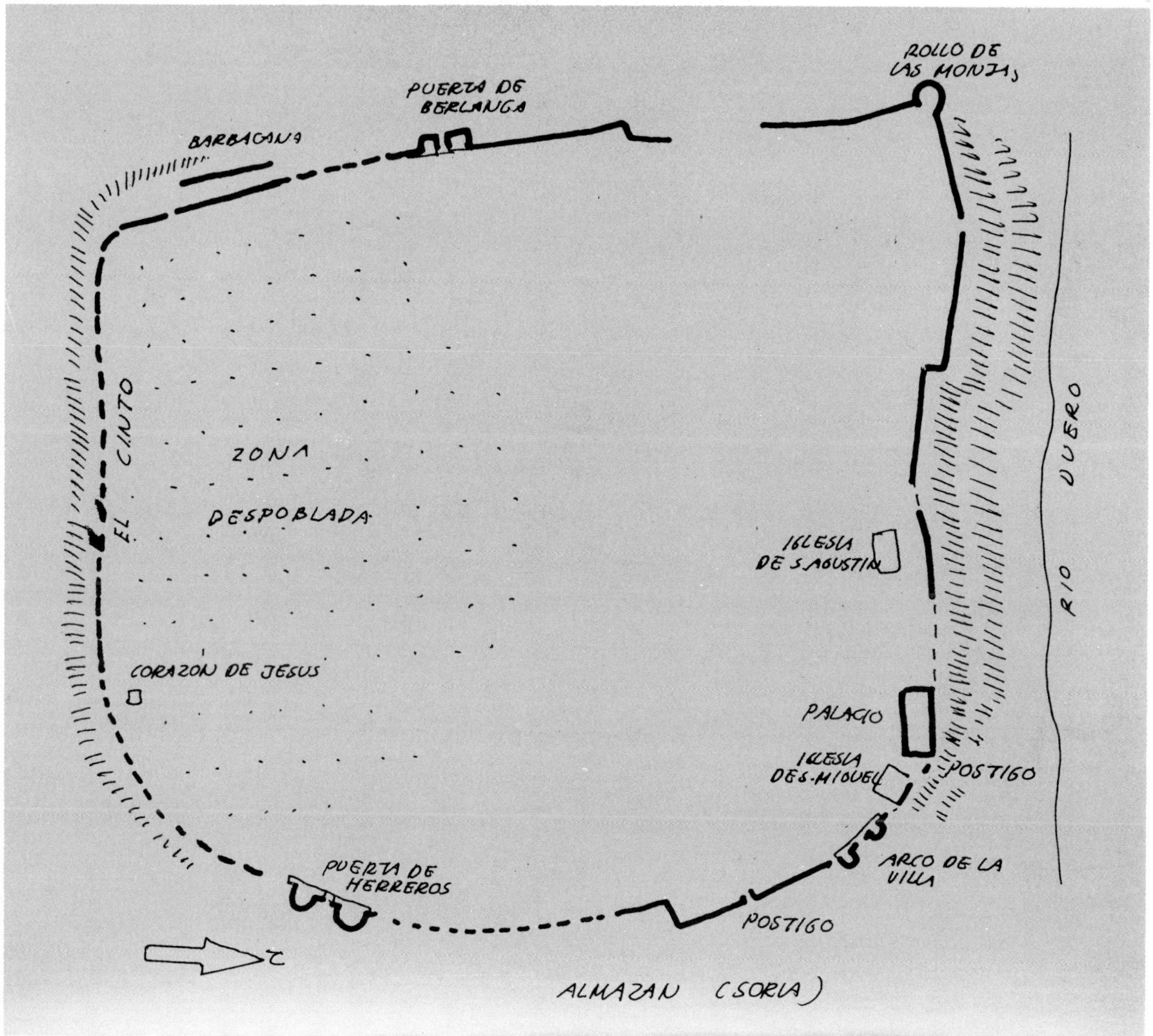

El plano nos permite observar la forma oval del recinto amurallado de Almazán.

que nos llama la atención es un gran resto (unos cuarenta metros) de barbacana que protege toda esta parte y que parece indicar que todo este lado la tuvo en un tiempo.

Desde aquí se llega ya a lo alto, desapareciendo poco a poco la muralla, hasta llegar a un calvario donde tuerce la muralla presentando de nuevo su cara sur, casi desaparecida. Este fue el lado de la muralla que dinamitó el general francés Duvah durante la Guerra de la Independencia. A esta parte se la conoce con el nombre de «El cinto». Debió tener una puerta y un postigo al menos, éste inmediato al Monumento del Corazón de Jesús. Baja de nuevo la muralla y se abre en la Puerta de Herreros, parecida a la de la Villa, con dos arcos circulares, un poco peraltados, y que no están paralelos entre sí, con su buhera y dos puertas. En la imposta de uno de los arcos aparecen las bolas decorativas tan empleadas en la época de los Reyes Católicos, señal de que en tiempo de estos reyes tuvieron lugar trabajos de reparación de estas murallas. La cerca va entre las casas, ha sido restaurada, y tras un ángulo encontramos un precioso postigo en la calle de San Román que nos pone en comunicación con el arrabal. La muralla llega completa hasta el Arco de la Villa, el punto donde hemos iniciado su descripción.

No es extraño que se fortificara Almazán, pues desde *el cinto* e inmediatamente después del monumento al Sagrado Corazón de Jesús, podemos alcanzar a descubrir con la mirada más de diez pueblos de su contorno. Iluminadas las murallas por la parte de la ciudad que da al río y consolidadas hoy sus puertas, el conjunto ofrece al viajero una muy bella estampa medieval. Las murallas de Almazán fueron declaradas en su día Monumento Histórico Artístico.

RELLO (Soria)

Rello es una pequeña población de la provincia de Soria que está completamente amurallada; es como un capricho de la Edad Media, que hubiera llegado hasta nosotrosm y alza sus muros en un cerro alargado que le sirve ya de protección natural. En línea defensiva de segundo orden están el río Bordecorex o Escalote, el paso natural entre las ciudades de Medinaceli y de Gormaz, a causa de lo cual la villa sufrirá todos los avatares y sucesos históricos de la zona en la Edad Media. Dependia administrativamente de Medinaceli, la flamante capital de la Marca Media musulmana. Los árabes fortificarán el Duero soriano, pero nada sabemos de su estancia aquí. Los cristianos, una vez reconquistadas las plazas de Almazán y de Medinaceli, repoblarán estas frías tierras serranas con gentes venidas preferentemente de La Rioja. Ocupadas sus principales plazas fuertes, entre ellas Atienza, se pudo asegurar así la permanencia de los nuevos pobladores una vez alejado el peligro musulmán hasta la frontera marcada por el río Tajo.

Situadoa entre la Riba de Escalote y Marazovel, formaba parte de las segundas defensas del río Bordecorex, y estando a poca distancia de Barahona constituyó un lugar estratégico de gran importancia para Soria durante el largo período de tres siglos de permanencia musulmana en tierras del Duero. De todo aquello nos ha llegado sólo su emplazamiento, a lo largo de un peñón. En el siglo XV se va a reedificar toda la muralla y también el castillo.

Es Rello el mejor recinto conservado de la provincia de Soria, y tenemos que distinguir en su conjunto dos épocas: la del grueso de la muralla, obra anterior al siglo XV, y el castillo, la puerta de ingreso con torre al pueblo y tres torres grandes semicirculares, que corresponden al siglo XV.

Este recinto es de planta alargada, estando situado el castillo en el extremo noroeste. El castillo presenta planta poligonal que se asemeja a un rombo, con tres cubos semicirculares en tres esquinas, y una torre de planta cuadrada en el lienzo este que comunica la fortaleza con la población.

Adarve de la muralla, y un portillo con un bello arco de medio punto en Rello.

El ángulo noreste no tiene torre alguna y está inmediatamente después de una de las dos únicas puertas que tiene la villa. Dentro de este primer recinto del castillo se eleva una gran torre rectangular, en cuyo interior está el aljibe de origen árabe.

La torre, que podemos considerar del Homenaje, tuvo varios pisos, y es una obra de sillarejo en la que tan solo se emplean buenos sillares en las esquinas. El aislamiento de Rello se compensaba con una serie de atalayas mediante las cuales se podía comunicar con otras fortalezas. Restos de una de estas atalayas se encuentran al noroeste de Rello, a unos cinco kilómetros de distancia. El castillo de Rello ofrece el interior medieval y su exterior renacentista, o al menos preparado para armas de fuego, ya que consta de un recinto con casamatas huecas, garitas y cañoneras de buzón abiertas en sus lienzos.

Del castillo parte la muralla por el lienzo norte, adaptándose al terreno y proporcionando cubos macizos (cuatro) a modo de contrafuertes para llegar a los tres cubos del siglo XV, de mayor tamaño. Hay que decir que toda la muralla va asentada sobre el cerro rocoso y que le sirven de defensa las propias rocas, que elevan su altura. El lado este es muy sencillo, con dos pequeñas inflexiones y sin torre alguna. El frente sur es el más largo de todo el recinto, y presenta sucesivas inflexiones, con un cubo del siglo XV, así como un ángulo, otro cubo situado en la misma esquina de una inflexión y la puerta torre, de planta cuadrada y entrada acodada, bella muestra de la arquitectura del siglo XV, que nos pone en comunicación con el centro de la villa. En el ángulo sureste se eleva una torre circlar de la que arrancan dos muros y que fue una coracha, es decir, un muro perpendicular a la muralla que finalizaba en torre, de modo que permitía acercarse a los sitiados a recoger agua. Todo este frente presenta una gran altura y conserva parte del almenaje, así como el adarve sobre la muralla.

En páginas anteriores, la muralla de Rello, obra del siglo XV. Arriba, detalle del material utilizado: sillarejo sin desvastar con llaga de cal.

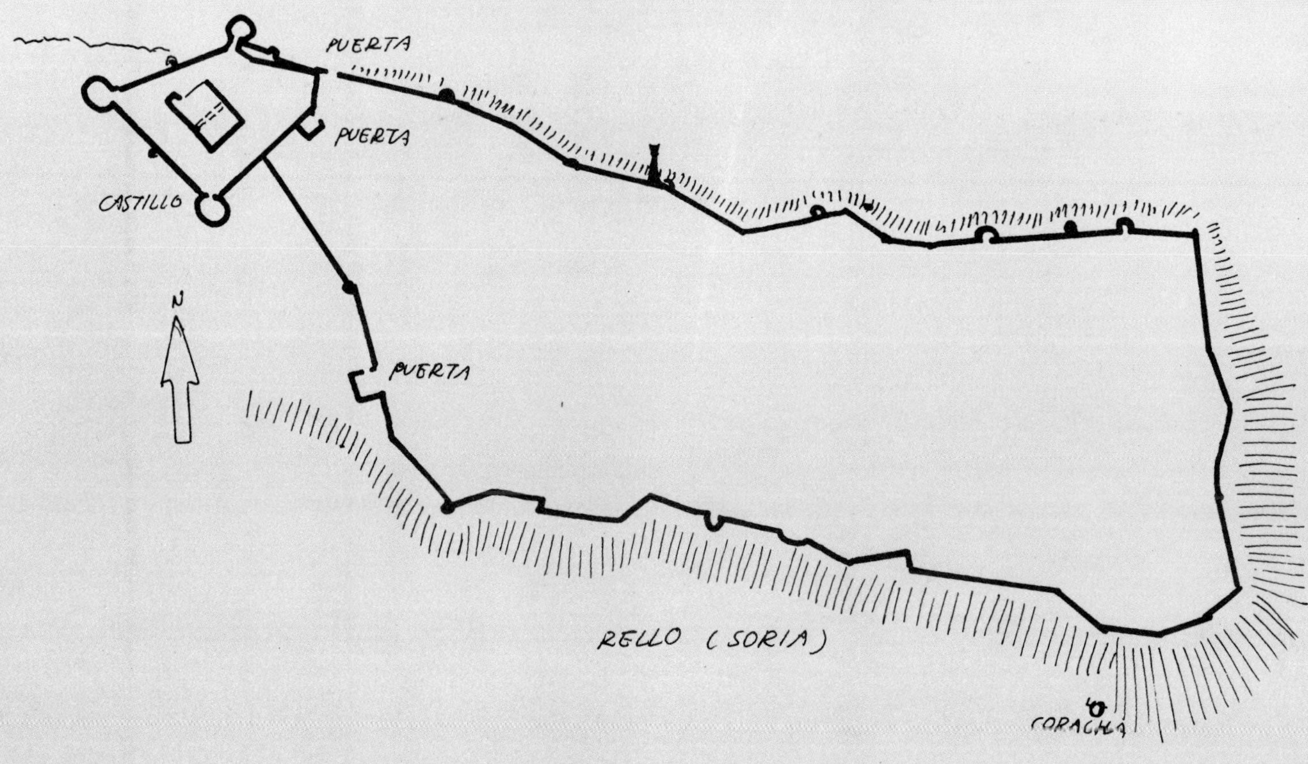

Todo ello parece corresponder a una obra del siglo XIV sobre una base anterior. Nos extraña contemplar este pequeño pueblo con tan sólida muralla, apartado de todas las vías normales de comunicación. Desde comienzos del siglo XII fue repoblado y pronto fue integrado en la comunidad de Villa y Tierra de Berlanga de Duero, siendo su punto más extremo y limitado con las comunidades de Almazán y Atienza. Sufrió, como la mayoría de las ciudades y villas vecinas, las guerrillas entre doña Urraca y el rey Alfonso I el Batallador, ya que aprovechando la discordia entre ambos esposos, los musulmanes pusieron sitio a Berlanga en el 1113 y tuvo que ser socorrida la plaza con auxilio de una hueste gallega, pasando toda la zona momentáneamente a poder del rey aragonés. Muerto éste en el año1134, Rello pasará a la Corona de Castilla.

A partir de este momento transcurrirán varios siglos sin que haya noticias precisas sobre la villa de Rello hasta que llegamos al siglo XIII, en que será dada en señorío a la familia Mendoza. En este periodo, en que la evolución tanto del armamento, como de los sistemas defensivos es muy notable, se transformaron los castillos y también las murallas, que perdieron su primitiva función estratégica y pasaron en su mayoría a ser castillos–palacios, aunque conservando todavía sus valores y características militares.

Muchas familias ilustres van a comprar –o pura y simplemente el rey se las va a donar en pago de favores recibidos– castillos y villas a partir del siglo XIII, siendo las más importantes en la provincia las de los Nájera; los Ríos; los Mendoza; los Castejón, y los Portocarrero. Rello va a pertenecer a Lorenzo Suárez de Mendoza, conde de Coruña y vizconde de Torija.

No podemos dejar de mencionar el rollo o picota jurisdiccional, consistente en este caso en un cañón puesto en pie donde van las cadenas para atar al castigado, que difiere totalmente del resto de los rollos españoles, todos de piedra.

El plano del recinto amurallado de Rello, con el castillo en el ángulo oeste.

SEGOVIA

Sin lugar a dudas, las imagenes más difundidas de toda la ciudad de Segovia son la del Alcázar desde la Fuencisla, y la el Acueducto desde el Azoguejo. Estos son claramente los dos símbolos de la ciudad, separados geográficamente, uno a cada extremo de la población, pero unidos y en relación el uno con el otro. Gobernada Segovia por el emperador Domiciano se realiza la obra de la toma de agua en la Fuenfría, canalizando las aguas y construyendo las arcadas del milenario acueducto hacia el año 88, para llevar el líquido elemento al otro extremo de Segovia, al alcázar, donde estaba un fuerte romano que desde ese promontorio vigilaba la tierra de los Arévacos. La ciudad es citada por Plinio como una de las ciudades principales de los arévacos y fue conquistada por el cónsul Tito Didio, conquista que devino en la ocupación y establecimiento centenario en Segovia por parte de los romanos, que recogieron el nombre de una población precedente denominada *Segovictoria* o *Segóbriga*, según unos u otros historiadores. Van a elegir este monte cercado por los ríos Eresma y Clamores, que forman en este punto la península sobre la que se asentará luego la medieval Segovia. Incluso la misma roca caliza sirve de cantera y base a las murallas que vamos a tratar de estudiar y describir en un breve repaso en estas páginas.

Ante todo diremos que la ciudad permanece en nuestros días totalmente amurallada, a excepción del tramo perdido entre la Puerta de San Martín y el Postigo de la Luna, que transcurrían en paralelo a la calle Real. El resto queda encerrado en una muy peculiar muralla.

Si subimos por las escalerillas inmediatas al acueducto romano entraremos por el postigo del Consuelo, obra tardía de los siglos XV y siguientes. A la izquierda sigue la muralla formando parte del palacio de los Marqueses de Moya, verdadero segundo alcázar segoviano, con sus torres defensivas, saeteras y almenas. Aquí se ven los restos de la Puerta de San Juan, situada entre este palacio y el inmediato del Marqués de Lozoya, románica y una de las más antiguas de Segovia.

La muralla de Segovia entre la Casa del Sol y la puerta de San Andrés, a la derecha.

Continúa la muralla hasta el Postigo de San Juan, detrás de la iglesia de San Juan de los Caballeros; se trata de un postigo gótico, con sillares romanos reutilizados, en cuya construcción se usaron incluso algunas lápidas. La muralla presenta cubos rectangulares con la misma altura que el muro que están cimentados directamente sobre la roca, que por su altura resulta totalmente inaccesible. A veces se ven perfectamente los sillares románicos anaranjados, de arenisca. Otras, el sillarejo con ladrillos forma el grueso de la obra.
Del postigo de San Juan surge la muralla formando el lado que podríamos denominar norte, alternando a veces los cubos rectangulares con otros circulares, y la mezcla de ambos: base cuadrada y cubo semicircular encima. Esta parte de la muralla es la más moderna y pertenece a los siglos XIV y XV; fue construida sobre la primitiva base de finales del siglo XII. Del Postigo del Consuelo a la Puerta de San Cebrián contabilizamos dieciséis cubos de muralla.
La Puerta de San Cebrián es de entrada directa, pero un quiebro de la muralla hace que esté más protegida por su lado izquierdo, según entramos en la ciudad. Está formada por una torre–puerta con sus defensas, como ranura para el restrillo, con quicialeras para las puertas de madera, sucesión de diversos arcos interiores y almenas defensivas. La muralla ha ido adaptándose al cerro, cuya orografía hace que ésta ascienda y descienda constantemente, como así ocurre hasta llegar a la Puerta de Santiago del Refugio. Continúa la muralla con nueve cubos de planta cuadrada hasta la Puerta de Santiago, que se abre con un gran arco de herradura y tiene un cuerpo bajo de sillería almohadillada, formando un conjunto de obras que incluyen desde el más antiguo estilo románico hasta el barroco.
De aquí prosigue para unirse al Alcázar, que junto con la primitiva catedral (que fue derribada en el siglo XVI tras la guerra de las Comunidades y que estaba situada en los jardines precedentes a la fortaleza) formaba un recinto independiente amurallado con tres puertas, de las que sólo se conserva una, la denominada Arco de las Canonjías, nombre debido a que se alza en la entrada del lugar en que habitaron los canónigos de la catedral.
A partir del Alcázar tenemos el Arco del Obispo, ya situado en el lado sur y hoy tapiado. Interesante es también la torre del Agua o coracha del Alcázar, que se utilizaba para recoger agua del río Eresma y que tiene un moderno balconcillo de hierro.
Estamos ya en el lado sur, donde la muralla sigue las inflexiones del terreno formando salientes y entrantes por el Paseo de Juan II. El profundo foso del arroyo Clamores y la mediana altura de los muros, constituyen reunidos una buena defensa. Se ha restaurado esta parte, aunque prescindiendo de la primitiva altura y del almenado. Así llegamos a la Casa del Sol, que fue de la familia Segovia, casa fuerte con dos cubos poligonales de sillares románicos bien escuadrados, e incluso con lápidas romanas. Desde aquí disponemos de unas buenas vistas de la catedral con la Sierra de Guadarrama al fondo. La Puerta de San Andrés, o del Socorro, es una obra elaborada a lo largo de varias generaciones consistente en una torre rectangular y otra dodecagonal, unidas por una serie de arcos de medio punto. La base de la torre rectangular es romana, para seguir en estilo románico, con ventanas mudéjares de ladrillo rojo. Hasta aquí el número total de torres desde el Alcázar es de quince.
Sigue la muralla elevándose en altura y con muy buenas torres, cuadradas, rectangulares, octogonales, con base cuadrada y cilíndricas encima. Otra medieval, insisto, reutilizando sillares de granito romano, con inscripciones que se ven a simple vista, con material calizo románico y con decoración de arquillos ciegos de ladrillo mudéjares. Es muy recomendable el paseo desde esta puerta hasta el denominado Juego de Pelota o Paseo del Salón. Así, observaremos las murallas, viendo dos retretes o letrinas medievales y la diversidad de estilos arquitectónicos existentes.
Por el interior, la judería con sus postigos desaparecidos de la Luna y del Sol, para continuar la muralla sobre la que se han levantado casas hacia la desaparecida Puerta de San Martín, de la que nos han llegado incluso fotografías, y que se unía a la Casa de los Picos. Por detrás de esta casa continúa la muralla, aunque no puede verse, formando parte del Seminario. Por fin, aquí se une al Postigo del Consuelo, de donde partimos. Son dieciseis torres más de la muralla segoviana.
En una rápida labor contabilizadora, tenemos tres puertas y dos postigos existentes, y cincuenta y cinco cubos de muralla, con una longitud aproximada de más de dos kilómetros.

Torre dodecagonal con base de sillares y cuerpos superiores en ladrillo, con frisos de arquillos cegados.

Al igual que Ávila, Segovia y su comarca fue mandada repoblar por el rey Alfonso VI de Castilla a partir del año 1085. Surgieron entonces muchos barrios extramuros, como los de San Lorenzo, San Vicente, San Millán, Santa Eulalia, etc., y costó mucho que la población se encerrara en la acrópolis segoviana. Sólo lo hicieron en un principio los nobles, que construyeron una serie importantísima de palacios y de torres, como son la Torre de los Arias; la de los Dávila; la de los Lozoya, o la de Hércules, que tiene un verraco. En la torre de los Arias y los Dávila hay un verdadero muestrario de esgrafiado segoviano a bandas que decora los muros exteriores de la torre. Otros palacios tienen también defensas.

Para sintetizar podemos decir que las murallas de Segovia son un verdadero muestrario de arte románico y gótico, con diversas plantas de torres, aparejos y sistemas de defensa. Lástima que el frente o lado norte queda tan alto y entre árboles, por lo que su visión es difícil.

En cuanto a su historia, olvidada de algún modo la ocupación romana y la discutida cristianización por San Geroteo, discípulo de San Pablo, sólo tenemos noticias del año 527 y del 693 en que figuran varios obispos segovianos en los Concilios de Toledo. Despoblada Segovia, pasaron varios siglos hasta que se inició una repoblación a principios del siglo X. Pero muy pronto, en el año 939, el califa Abderramán III traspasa el Puerto de Tablada, entra en la provincia de Segovia y saquea toda la zona hasta Coca y también las comarcas del Duero. En el 977 Almanzor de nuevo arrasará todo este territorio, lo que detiene la repoblación de estas tierras por parte de los cristianos.

Una primera etapa casi definitiva de repoblación tendrá lugar en el año 1009, con la repoblación de Cuéllar, Iscar, Coca, Olmedo, Medina del Campo, Segovia, Ávila y Salamanca, pero no será efectiva y con grandes cantidades de gentes hasta el año 1088, en que se expresa: «La ciudad de Segovia fue muchos tiempos yerma, e despues poblaronla. Era de MCXXVI» (1088 según los Anales Toledanos). Anteriormente, en el 1072, fue acometida por el rey taifa toledano Almamún, que destruyó entre otras cosas, treinta y seis arcos del Acueducto romano.

Los cronistas musulmanes son las primeros por ahora en darnos noticias de la Segovia medieval, que estaba formada por barrios diferentes y distanciados entre sí, por lo que el historiador árabe Al-Idrisi interpretó que Segovia: «No era una ciuda, sino un conjunto de aldeas», y el peñón histórico, la actual ciudad amurallada «fue muchos tiempos yerma».

Formada la Comunidad de Villa y Tierra, pronto adquirió importancia por ser, junto con Coria y Ávila, una de las más pujantes comunidades dedicadas a la ganadería, tanto de ganado mayor, vacas, toros, como de menor, ovejas y cabras, que se comercializarán desde el siglo XIV en la feria de Medina del Campo, para la exportanción de lanas a los Países Bajos e Inglaterra.

Para defenderse de posibles enemigos, se crearon unas lanzas, o caballeros armados con ellas, llamados quiñones, que salían al campo en busca de bandoleros, atacantes o musulmanes, defendiendo al cabo la ciudad. Los segovianos colonizaron la vertiente sur del Guadarrama, estableciéndose pronto un litigio entre Madrid y Segovia por los territorios del Real de Manzanares.

La nobleza segoviana formará parte de la Corte de los reyes, sobre todo en los siglos XIII y XIV, época en que por la repetida estancia de los monarcas puede considerarse como la capital de Castilla. Tal era el auge y la potencia de los segovianos y su Comunidad de Villa y Tierra que cada rey castellano que por primera vez entraba en Segovia, tenía que jurar los fueros de la ciudad ante la Puerta de San Juan, lamentablemente desaparecida a finales del siglo XIX.

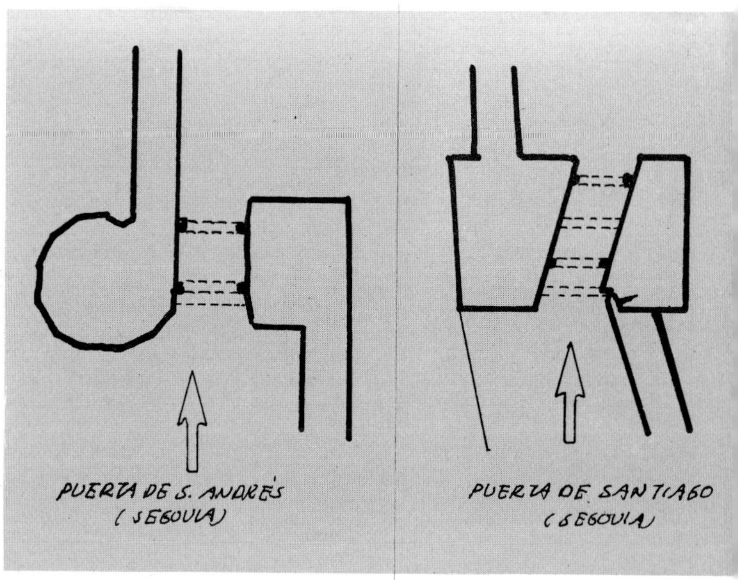

Una hermosa vista en la distancia de las murallas en torno a la Puerta de Santiago, que se abre hacia poniente.

A la izquierda, el postigo del Consuelo, junto a la entrada del acueducto en la ciudad. Arriba, torreón defensivo y muralla en la Casa del Sol y, junto a estas líneas, la vista desde la entrada al Alcázar.

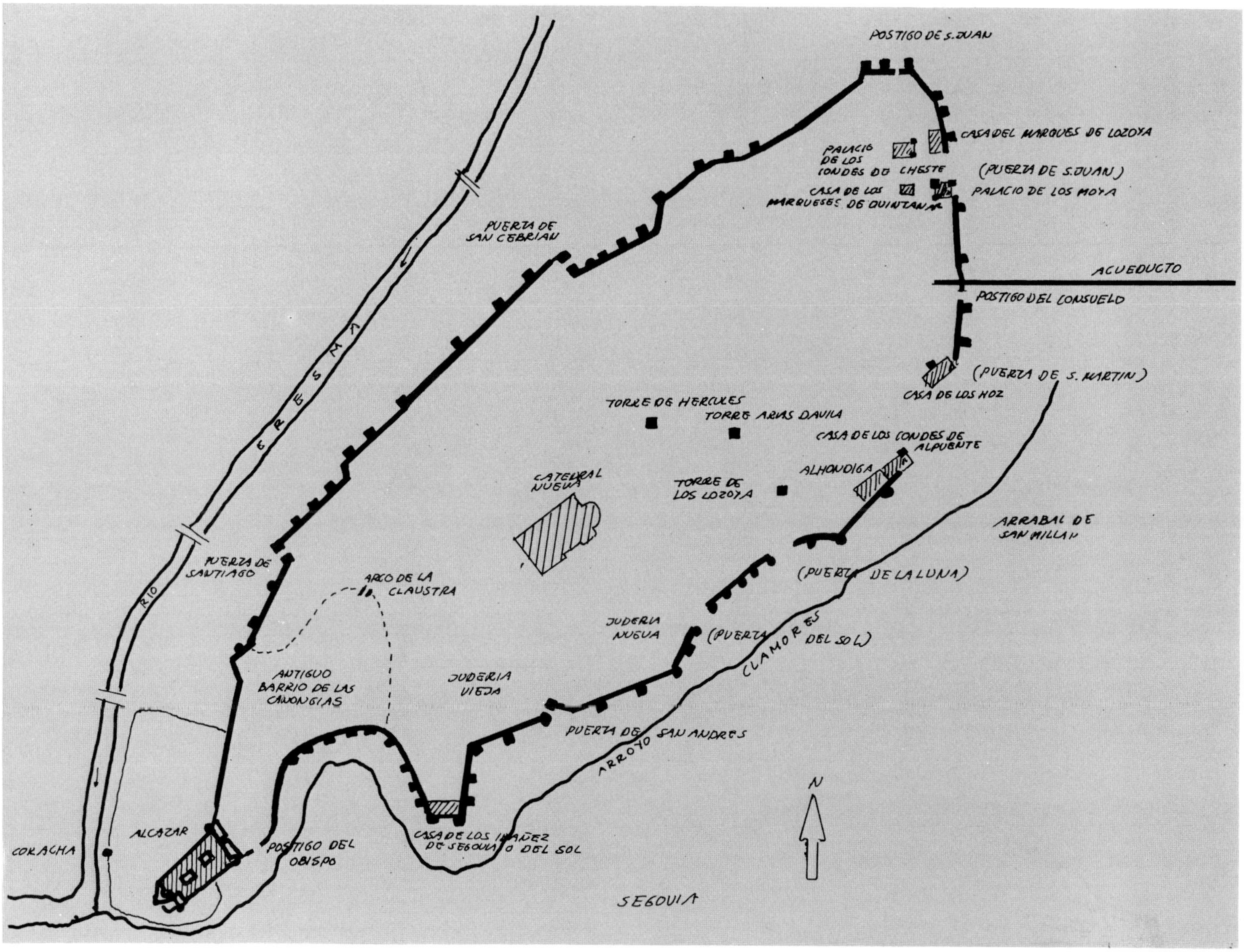

Cubo que forma parte del palacio de los Moya, al este de la ciudad. Arriba, plano con el perímetro amurallado y los principales edificios.

Con la guerra de las Comunidades, Segovia sufrió un gran quebranto, pues Juan Bravo, uno de los tres principales comuneros, se opuso a las tropas del emperador para entablar lucha con éstas. A resultas de este enfrentamiento se quemó la primitiva catedral, que estaba muy próxima al Alcázar, a la vez que se causaron serios daños a una parte de la muralla. Anteriormente, los segovianos fueron partidarios de doña Juana la Beltraneja, aunque el Alcázar permaneció fiel a Isabel la Católica, de modo que se entabló una batalla tanto dentro como fuera de sus muros. Nuevamente las murallas de Segovia fueron reparadas, modificándose algunas puertas conforme al estilo renacentista imperante, como ocurre en la Puerta de Santiago. Con la reforma del Alcázar por Carlos I y Felipe II adquirió nueva importancia, pero con el rey Felipe III este edificio se convirtió en simple prisión de Estado, iniciándose la decadencia de la ciudad. El siglo XVIII trajo a Segovia muchas visitas de los monarcas, que convirtieron el Alcázar en Academia de Artillería. Segovia vivió los desastres monumentales del siglo XIX con el derribo de varias puertas de la muralla (San Juan, San Martín) así como de los Postigos del Sol y de la Luna, aparte de una serie de iglesias románicas, también desaparecidas bajo la piqueta municipal. La ciudad recobra importancia y se convierte en un importante foco turístico, aumentando considerablemente la población. En 1931 las murallas, el Alcázar y las torres de Hércules y de los Lozoya, fueron declaradas monumentos nacionales. Hoy en día, muralla y casco histórico de la ciudad vieja de Segovia, por supuesto con el magnífico Acueducto romano, han sido declarados por la Unesco Patrimonio de la Humanidad.

ÁVILA

Ávila ha sido declarada por la Unesco Patrimonio de la Humanidad a causa de sus murallas y sus iglesias románicas extramuros y palacios. Vemos en la ciudad castellana el ejemplo más notable de lo que es una sólida muralla. Incluso nos atrevemos a decir que es la mejor de España y una de las más famosas de Europa. La situación en un cerro inclinado hacia el oeste, es decir, hacia el río Adaja y el precedente romano de la vieja *Abula*, conformaron las dimensiones de este gran recinto fortificado castellano. Aunque quizás, para mejor comprensión de cómo son las murallas, sus diferencias de época y estilo, conviene hacer un repaso histórico.

Territorio de vetones indoeuropeos prerromanos, con numerosas muestras de escultura zoomorfa, como son los verracos (de los que hay nutridos ejemplares en el Museo Provincial, en el Palacio de los Verdugo y en la misma muralla y formando parte de ella) tiene Ávila algunos castros celtibéricos con muralla, como son el de la Osera, en Chamartín de la Sierra; Las Cogotas, en Cardeñosa; Ulaca, o el castro de Sanchorreja. Situada en un altozano desde el que se divisa el amplio valle de Amblés, en conexión con el puerto de Villatoro y Extremadura y con el fondo de las montañas del Sistema Central, Ávila representó para los romanos un importante núcleo y nudo de comunicaciones que dos mil años después ha variado muy poco: ser etapa en el camino hacia el Puerto del Pico y el Valle del Tiétar, hacia Segovia por el Campo Azálvaro, hacia Salamanca al oeste y hacia el Duero al norte.

Hubo un recinto romano amurallado, hubo milagros con la llegada del cristianismo y mártires, hubo obispos y después un abandono que no fue total, pero que redujo a la ciudad a un escaso núcleo, hasta que reconquistado Toledo y su reino en 1085, Alfonso VI decide repoblar definitivamente la cuenca del río Duero, es decir, las actuales provincias de Salamanca, Segovia, Ávila, y sur de Zamora y Valladolid, encargando a su yerno, el conde D. Raimundo de Borgoña que repoblase y levantase las murallas de la nueva ciudad.

La magnífica muralla de Ávila. A la derecha, detalle del adarve, en el que destaca la altura de las almenas.

Adarve y subida a una torre, de sólida mampostería. A la derecha, la escala de acceso.

BARROS

De izquierda a derecha y de arriba a abajo, una galería renacentista; el lienzo sur de la muralla, cimentado sobre la roca; una construcción adosada en el siglo XVIII, y la Puerta de San Vicente.

Detalle de la balconada renacentista del palacio de los Dávila, sobre la muralla. A la derecha, cubo del lienzo sur, con sillares a espejo.

Dos nombres aparecen en las crónicas como maestros de *jometría:* Florín de Pituenga y Casandro, uno francés, el otro romano. En unión de los nuevos pobladores, gallegos, navarros, leoneses, riojanos, vascos, burgaleses, mozárabes y moros, edificarán las nuevas murallas. Así vemos que en la base de muchas torres del frente este aparecen grandes hiladas de sillares romanos en granito, junto con fustes de columnas, lápidas, verracos, etc., que forman el material reutilizado en la construcción de la nueva muralla y que está debidamente estudiado.

La muralla forma un rectángulo orientado a los cuatro puntos cardinales y mide 2.526 metros de longitud, con lados menores al este y oeste y mayores, (el doble aproximadamente) al sur y norte. Tiene esta muralla ochenta y siete torres y nueve puertas.

Se empezó a construir por el lado este, donde se encuentran las mejores torres, al ser este tramo el más elevado, tanto de terreno, como de altura de sus muros. Este frente lo podemos dividir en dos sectores, el primero arranca del cubo noreste, denominado de la Mula, y está formado por ocho cubos que componen una línea ligeramente curva. La muralla es maciza, a base de grandes sillares de granito y de piedra de la zona. Las torres son ultrasemicirculares o de quilla de barco, derivación de los cubos circulares de las murallas romanas, sólo que más resaltadas y también macizas, por lo que sólo es practicable la azotea, a la que se pasa desde el adarve por una escalera de piedra embutida en la misma obra. Hay que observar que no todas las torres son perpendiculares al muro, sino que a veces forman ángulos para conseguir una mayor defensa, y además sobresalen unas más que otras.

Es muy interesante la Puerta de San Vicente, con cubos muy altos que sobresalen del conjunto y con un arco cerca de las almenas que une las torres, formando un patio de armas. La entrada es directa, con un arco de medio punto románico tras el que había, además de la puerta, un rastrillo. Realmente todo esto, unido a unos cadahalsos interiores en el pequeño patio de armas, cuyas ménsulas de piedra aún se ven, hacían inexpugnable la entrada al enemigo.

Esta Puerta de San Vicente tiene las torres más avanzadas que las anteriores y de mayor altura. Parece que tuvo incluso un puente levadizo y tenía una puerta de madera de doble hoja, cuyas quicialeras se conservan al ser de piedra; una buhonera o agujero grande para arrojar líquido hirviendo, un rastrillo, cuya hendidura es patente, y de nuevo una puerta.

Característica de esta puerta y de la del Alcázar es que cada torre ultracircular se encuentra embutida una torre de planta cuadrada romana.

Uno de los métodos más utilizados para combatir y entrar en una ciudad amurallada consistía en minar la muralla mediante túneles entibados con maderos, y en un momento dado, tirarlos, por lo que la base de la muralla cede y se forma una grieta por la que puede entrar el enemigo. Pero,

Los puentes viejo y nuevo sobre el río Adaja. Al fondo, el lienzo oeste de la muralla.

como en el caso de Ávila, si la muralla es toda de grandes bloques de piedra, ancha y con mucho peso, resulta difícil cavar los túneles y si, por añadidura, está cimentada en la roca, al menos en parte, resulta casi imposible.
En el siguiente tramo, desde la torre octava al ángulo sureste, contabilizamos doce cubos con la Puerta de los Leales, del Peso de Harina, o Postigo de los Abades, inmediata a la catedral, una catedral fortificada con almenas y con su ábside con dos líneas de almenas, denominado «el cimorro», que forma parte de las murallas y está en el lugar más alto de toda Ávila, de modo que es visible desde muchos kilómetros de distancia. Recientemente se han demolido las últimas casas que taponaban la muralla por este sector apareciendo, como anteriormente se ha indicado, toda la parte baja de lienzos y torres con material romano y, el resto, con un sistema constructivo denominado *a espejo*, que consiste en colocar los sillares mal escudrados rectangulares en sentido vertical, con la superficie máxima al exterior y formando hiladas.
En toda la obra primitiva de la muralla abulense, se emplean detalles mudéjares, como son los ladrillos utilizados decorativamente en punta de diamante a manera de pequeña línea que divide el cubo propiamente de su almenaje. También la forma de las almenas, denominadas árabes, se pueden observar en este tramo junto a obras, escalonadas, que recuerdan las almenas omeyas de los palacios de Oriente, o de Córdoba.
En el ángulo sureste se encontraba el Alcázar, donde ahora está la plaza de Calvo Sotelo, y cuyos restos de bóvedas y estancias llegaron al siglo XX. Un postigo sencillo y una gran puerta, la del Alcázar, forman sus salidas. Esta segunda puerta es idéntica a la de San Vicente, sólo que restaurada y con una doble línea de almenas. Delante se extiende la plaza de Santa Teresa, más conocida por su nombre antiguo: Mercado Grande y, al fondo, la iglesia romanico–gótica de San pedro.
Encima del cerco de piedra rectangular con una inscripción en lenguaje moderno, dice: «El rey don Felipe nuestro señor segundo de este nombre mandó reedificar la torre de la esquina de esta fortaleza y asímismo la casa real de este Alcázar, siendo corregidor de Su Majestad Jerónimo de Zúñiga, año 1596».
En 1466 la alcaldía de este alcázar pertenecía al Arzobispo don Alfonso Carrillo, con un sueldo de ciento vinte mil maravedis, hereditario en sus hijos «para cualquiera de sus hijos que él más quisiere». En el siglo XVI estuvo vinculada esta alcaldía a la familia Chacón.
Después de otro cubo, con reformas del presente siglo y con dos pisos de adarve y almenas, llegamos al sencillo Postigo del Alcázar, con arco de mediopunto, en el que debido a la complicación de abertura de las puertas principales, se recurrió a pequeños postigos que permanecieron abiertos y eran más fáciles de vigilar. De aquí llegamos a la torre de la Esquina, donde forma ángulo la

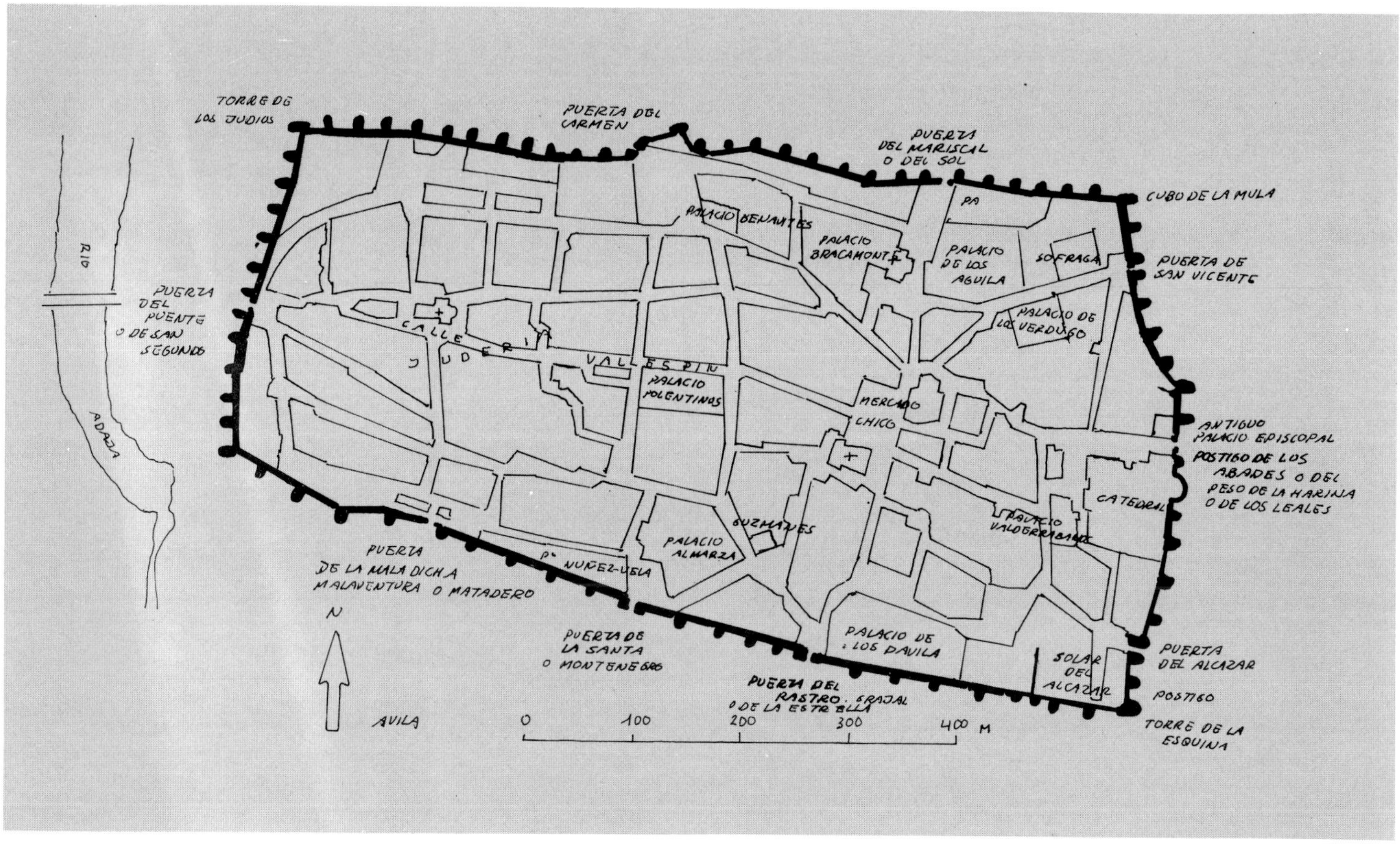

muralla. El tercer cubo, partiendo de la torre de la Esquina, llama la atención por ser bajo y muy ancho, y era el que enlazaba con el muro del Alcázar. También observamos un portillo cegado que conectaba con la casa de los Dávila.

Para guardar la nivelación del terreno hubo que hacer un pretil por el lado sur que, desde el mismo ángulo sureste, llega a la Puerta del Rastro. Inmediatamente notamos la diferencia constructiva de la muralla, si bien guarda altura, y es que sus cubos fueron reformados por los palacios interiores, que abrieron ventanas y puertas en ella. Hasta la Puerta del Rastro está ocupada la muralla interiormente por el conjunto de casas de los Arias Dávila.

En este palacio se sitúa la leyenda de aquel caballero que se enamoró de doña Guiomar de Ulloa, cuyo padre no consintió en que mantuvieran relaciones, encerrando a su hija en el palacio para que ni siquiera pudiese verla el joven, quien, desesperado, construye en Mironcillo, a escasos kilómetros de Ávila, un castillo para «manque os pese», poder divisar a su amada desde las almenas y hacerle señales. El castillo existe y desde el mismo se podría divisar el palacio de los Dávila.

La muralla por este lado sur baja hacia el río, se cimienta en roca y tiene como puertas la de la Santa, pues cercana a ella estuvo la casa natal de Santa Teresa, puerta denominada también de Montenegro, y la Puerta de la Mala Dicha, Malaventura o Matadero. Es quizás la parte más pobre de la muralla, con cubos menos salientes y con aspecto menos fuerte. Hasta hace unas décadas, el interior de la población amurallada en esta cerca no cubría todo su espacio con casas, dejando terreno libre para pastos de ovejas y vacas, base tradicional de la economía medieval abulense.

La Puerta del Rastro quizás fuera un postigo sencillo. Su aspecto primitivo lo desconocemos, pues ha sufrido numerosas reformas, encontrándose lápidas y restos románicos decorativos entre sus sillares. Incluso hay un espacio vacío para colocar una lápida o escudo que hoy no tiene.

La Puerta de la Santa o de Montenegro está formada por dos cubos de planta cuadrada, unidos por arco de medio punto y un matacán defensivo. La muralla baja hacia la Puerta de la Mala Dicha, Malaventura o Matadero, que es un arco muy simple abierto en la muralla y que estuvo cerrada en

La muralla desde el interior, detalle de los elementos constructivos y, arriba, un plano con el perímetro completo del recinto medieval.

En la doble página anterior, la catedral–fortaleza. A la izquierda, cubos, macizos hasta el adarve y, junto a estas líneas, la puerta del Carmen desde el exterior, con cubos de planta cuadrada.

señal de duelo hasta el siglo XVI por los caballeros sacrificados por Alfonso I de Aragón que pretendía la corona de Castilla que ostentaba su hijastro el rey niño Alfonso VII.
Llegamos, tras una inflexión de su muralla, al frente oeste, que da al río. Es la parte menor del rectángulo general que forma la muralla de Ávila, con trece cubos, pero de muy buena factura, muy juntos unos con otros y formando salientes y entrantes para mayor defensa. Sólo se abre en ella la Puerta del Puente, entre dos cubos y con arco de medio punto en entrada directa. Si ingresamos por la puerta y continuamos directos por la calle Vallespín, llegamos al Mercado Chico o Plaza de la Victoria, y pasaríamos a la Catedral, siguiendo una vía romana que divide a la ciudad en dos partes iguales.
El lado norte, doble en longitud que el anterior, presenta cuatro inflexiones de la línea de muralla y veintiocho cubos. La primera inflexión está antes de la Puerta del Carmen, la segunda es la misma puerta y las dos torre siguientes. Es de notar la colocación casi tangente de la segunda torre (a partir de la puerta) respecto a la muralla. En el interior se puede acceder al adarve, viendo lo ancho que es y cómo las almenas cubren a un hombre en pie oculto tras ellas.
Como nota especial de este tramo, vemos que los lienzos de muralla están coronados por almenas unidas entre sí por mortero de cal y canto, más algún ladrillo. La Puerta del Carmen está formada por dos cubos cuadrados, levantada con sillares de granito muy bien trabajados que muestran numerosas marcas de cantero, siguiendo en estructura el sistema de las Puertas de San Andrés y Santiago de la muralla segoviana.
La última puerta abulense, la del Mariscal o del Sol, tiene un cerco apuntado muy sencillo.
Si atendemos a la obra de Emilio Rodríguez Almedia sobre Ávila romana, veremos que hay sesenta y nueve inscripciones romanas descifradas formando parte de la muralla, principalmente situadas en su lado oeste, aparte de centenares de sillares, urnas cinerarias, *cupae, etc.*
En la Puerta del Sol o del Mariscal, nueva inflexión hasta la torre del ángulo noreste, que es donde hemos empezado a describir, en el cubo denominado «de la mula», por la cabeza de un verraco celtibérico que tiene incrustada y que según la tradición es la representación de la mula que trajo los restos de San Vicente.

Como hemos indicado anteriormente, la Abula vetona es ocupada por los romanos, que fortifican la ciudad a modo de campamento, con puertas que se abren directas y que se comunican por calles rectas unas con otras. Así la del Peso de Harina quedaría comunicada con la del Puente, a través de la actual calle Vallespín; la del Mariscal con la del Rastro, cruzándose las calles en el Foro, hoy actual Mercado Chico.
Exteriormente, en el frente oeste estaría la necrópolis donde fueron enterrados los hermanos mártires Vicente, Sabina y Cristeta, primero en una pequeña basílica paleocristiana y después en una iglesia medieval, para acabar hoy como punto principal de veneración en la imponente Basílica románica de San Vicente.
En época visigoda tuvo sus obispos, que asistieron a los concilios de Toledo, para permanecer desértica desde el siglo VIII al X, en que se inicia su repoblación cristiana hacia el año 975 con el conde de Cea, que acudió como embajador a la corte de Alhakam II unos años antes. Pero en el año 977, tres campañas militares de Almanzor van a destruir lo repoblado al sur del Duero por los cristianos, también Ávila, que era la posición más avanzada.
Mandada repoblar tras la toma de Toledo en 1085, se comienza a edificar la muralla entre 1090 y 1099, bajo la dirección del Conde don Raimundo de Borgoña, yerno del rey Alfonso VI. En las obras intervendrán también doscientos moros cautivos, dejando estos su huella en varios detalles constructivos.
Parte de la historia de Ávila y sus murallas queda recogido en un escudo, ya que éste representa al rey niño (Alfonso VII) asomado a la murlla para que le viera su padrastro, el rey de Aragón Alfonso I el Batallador, que quería apoderarse del reino. No conseguida la entrega del niño, el aragonés manda hervir a los rehenes abulenses que tenía aprehendidos para su seguridad antes de entrar en la ciudad, en un lugar todavía conocido como Las Hervencias. Esto ocurría a principios del siglo XII.
Con tan sólida muralla como aviso cristiano de fortaleza frente a los musulmanes del sur, Ávila se constituyó en cabeza de una Comunidad de Villa y Tierra muy extensa, que llegaba por el sur hasta las cercanía de Talavera de la Reina y por el este pasaba del río Tormes. Cristianos venidos del

Panorámica desde el oeste en la que se aprecia la colina ondulada sobre la que corre la muralla de la ciudad.

norte, gallegos, asturianos, leoneses, cántabros, burgaleses, vascos, navarros, incluso francos, con mozárabes del sur repoblaron la zona, repartiéndose los terrenos y fundando nuevas poblaciones. La toponimia nos habla de Gallegos de Sobrinos. Galleguillos, Castellanos, Narros (navarros) de Saldueña, del Castillo, Narrillos, Aragona, etc., junto al recuerdo de sus ciudades y pueblos como Cordovilla, Zurraquin, etc. Lo que más impera son los nombres de villas de los propios fundadores, como Basconuño, Hernansancho, Jemenuño, Chaherrero, Muñoserracin, etc.

Hubo conflictos entre serranos y los labradores, es decir, entre la clase más noble que cuidaba del ganado y entre los más humildes, agricultores. Las cañadas reales y la Mesta contribuyeron a su esplendor, sobre todo en los valles del sur de la provincia. La Comunidad de Villa y Tierra de Ávila estaba dividida en arciprestazgos; Bonilla o Serrezuela; El Barco de Ávila; Oropesa; Mombeltrán; Arenas; Pinares, y el propio Ávila, siendo la Comunidad de mayor extensión de Castilla, pues ocupaba parte de las actuales provincias de Segovia, Salamanca y Toledo. Sólo la tierra de Ávila, es decir, una de las de la Comunidad tuvo 424 aldeas de las que sólo perduran ciento cincuenta y nueve.

Las milicias de Ávila contribuyeron en campañas contra los musulmanes de más allá del Tajo y de Extremadura. Poco a poco fue asentándose la nobleza y edificando soberbios palacios unidos a las puertas de la muralla, como es el de los Dávila, que parte de estructuras románicas para llegar al renacimiento en sucesivas ampliaciones. Del siglo XV son algunos de los palacios con torre del interior de la población, y del XVI los de Águila, Benavites o Verdugo. La torre conservada más airosa es la de los Guzmanes, con almenaje de aparato, garitones, escudos y balconadas renacentistas.

Tuvo Ávila y todavía le resta, un nutrido grupo de iglesias románicas especialmente conservadas al exterior de la muralla, como son San Andrés, San Vicente, San Pedro o Santa María la Antigua, que formaron grandes barrios importantes.

Ávila, durante la Edad Meia, tuvo voto en cortes y alcalde mayor, y uno de los sucesos más destacados fue la reunión que tuvo lugar en ella entre los principales representantes partidarios del bando contrario al rey Enrique IV, que ridiculizaron una imagen del rey hecha con trapos y paja, situación conocida como la Farsa de Ávila, destituyéndole y eligiendo al infante Alfonso.

Tomará también parte en la guerra de las Comunidades a principios del siglo XVI contra Carlos I, estableciéndose en ella la primera junta de los Comuneros. En el Siglo de Oro tendrá Ávila a dos de sus máximos representantes: Santa Teresa de Jesús y San Juan de la Cruz.

Pasada la decadencia del XVII, no va a recuperarse hasta bien entrado el siglo XX. Hoy, Ávila, aparte de ser la capital provincial española más elevada, a 1.128 metros sobre el nivel del mar, es la mejor ciudad amurallada de España y ha sido declarada Patrimonio de la Humanidad.

BUITRAGO DEL LOZOYA (Madrid)

Bien situada en un meandro del río Lozoya que le sirve de foso por tres de sus lados, es la mejor villa amurallada de la provincia de Madrid. Ocupa una situación privilegiada, pues está al final de las estribaciones de Somosierra, la *Summa Serra* romana, en medio de grandes pastizales y es centro en la vía de comunicación más utilizada entre ambas mesetas, lo que hará de Buitrago una próspera villa medieval. Incluso su nombre, derivado de un romanizado *Vulturacum* que quiere decir «lugar de buitres», permanecerá en la memoria de sus habitantes, recobrando importancia tras un desconocido pasado romano y visigodo, en la época musulmana y, sobre todo, después de la Reconquista.

Tanto Buitrago como Alcalá y Talamanca de Jarama son las plazas fuertes que las crónicas cristianas nombran en Madrid como tomadas por el rey Alfonso VI «a los moros» después de la caída de Toledo en el año 1085, aunque indudablemente, por su situación geográfica, tuvo que ser antes de su conquista, hacia 1083. Raros son los documentos que nos hablan de la villa antes de esa fecha, aunque una vía musulmana pasaba por Buitrago, un campamento más allá de la población para la aguada de las tropas llamado la Almohalla, que estaba junto a la actual venta de la Gamera, antes de llegar a las cumbres de Somosierra.

Apenas reconquistada forma una Comunidad de Villa y Tierra, para –como casi todas ellas– desaparecer y ser entregada por los reyes a los nobles en el siglo XIII. Pasa al señorío de los Mendoza, de Guadalajara y pertenece en éste hasta el siglo XIX.

Gruesas murallas ciñen la población: por tres lados el mismo río Lozoya le sirve de foso, y aquí no se necesitan torres, sino que los propios ángulos del recinto le sirven de avanzadillas. Organizada la población en dos partes, arrabal y villa, vamos a describir esta última.

Las murallas de Buitrago forman un polígono irregular de planta alargada, con grandes defensas por el itsmo que le une a tierra. Aquí se edificó una barrera con torres, precedida de un foso, y

La muralla de Buitrago del Lozoya vista desde su interior y, a la derecha, el lienzo que da al lado este, hacia el río.

después la muralla propiamente dicha, también con torres. Sólo una puerta comunica la villa con el arrabal, puerta denominada de la Villa, o simplemente el Arco. Está situada en la parte más alta del pequeño promontorio sobre el que está la villa y constaba, según mis particulares observaciones, de una entrada directa con dos arcos de herradura entre dos cubos. Ésta sería la entrada islámica, obra del siglo IX o X, con sillares encintados en ladrillo, como en las murallas de Peñahora o Cogolludo (Guadalajara), o Talamanca de Jarama (Madrid), coetáneas con las de Buitrago.

Hay que destacar que esta torre es la más fuerte de toda la muralla, incluso más fuerte que las del castillo. El primer arco que encontramos es apuntado, a base de largos sillares, y después otro arco más bajo e igualmente gótico. Tras el codo del pasillo tiene un rebaje de la pared a ambos lados, para el rastrillo.

Tiene, también, un arquillo cegado, por el que se podría subir por el interior de la torre a su terraza, como ocurre en la Puerta del Sol o de Alarcones, en Toledo. Por la parte interior de la población hay una escalera de piedra que conduce al adarve y de aquí se puede pasar a lo alto de la torre, donde está instalado el reloj de la villa.

Posteriormente, hacia el siglo XIV y quizás por obra de los Mendoza, se maciza la puerta con un sólido cubo pentagonal gótico, de sillarejo, formando una entrada en codo para hacer más difícil su ataque; también se revisten los antiguos lienzos musulmanes con sillarejo.

Hay también un problema con los cubos de la muralla a ambos lados de esta puerta, y es que parecen adosados a ella sin la unión directa de una misma obra. Por otra parte, el sistema constructivo, con zarpas en su base y sillarejo encintado en ladrillo lo convierten en obra islámica, con lo que la posible solución fuera que se derribaran los lienzos entre torre y torre en el siglo XIV, conservándolas y aumentándo su altura en un piso.

Así, las primitivas torres macizas árabes quedaron intactas, sólo que recrecidas en un piso que posee ventanas, al que se entra desde el adarve.

La planta de estas torres es cuadrada, y es interesante ver como descienden hacia el oeste. Se ha restaurado su almenaje y alguna zona deteriorada. La barrera tiene también sus cubos macizos y se ve el foso en algunos tramos. Un postigo denominado del Piloncillo, al oeste, comunicaba la villa con un pequeño arrabal surgido al otro lado del río, donde estuvo la ermita de Santa María de las Flores, antigua mezquita mudéjar. El postigo es un simple arco de acceso al interior de la población. Un puente con muchas reformas, pero medieval, atraviesa el río.

El resto de la obra, es decir, el lado este a partir del arco, es igual, sólo que al adosársele casas, no conservó la barrera y los cubos de la muralla quedan taponados. Se puede acceder al adarve, pasear por él, y ver todo el sistema de la fortificación de cubos, lizas y foso, hasta llegar al castillo, obra del siglo XV que defendía un puente muy sumergido por el río Lozoya, tras recrecerle los pantanos o embalses de Puentes Viejas y Lozoya y que tenía una coracha, es decir, un muro que sale perpendicular del recinto hacia el Lozoya para que los sitiados pudiesen recoger agua sin demasiado peligro, protegidos por este muro.

Todos los lienzos restantes tienen poca altura, estuvieron almenados en su origen, y se puede pasear por su adarve. Son de mampostería, con piedra de la zona, de un color pardo característico. Vistas de lejos, y en comparación con el frente norte, tan alto, estas murallas resultan bajas y pobres, pero es indudable que cumplían su cometido.

El número de torres es de trece y se completa la obra defensiva con el castillo, que ocupa el ángulo sureste, con un rico muestrario de torres de diferentes plantas y con diversas obras, aunque fue edificado en el siglo XV, compartiendo con la muralla tres de sus torres. Teniendo en cuenta su pasado medieval, podemos decir que su amurallamiento musulmán quizás fue la contrapartida a la repoblación de Sepúlveda del año 940, al verse amenazada la población de este lado de la Sierra de Guadarrama.

Después se repoblará en 1096, siendo considerada, con Uceda y Talamanca, una de las llaves defensivas del Jarama, junto con el sistema de atalayas musulmanas. Incluída en la diócesis de Toledo, comenzará a extenderse y formar una Comunidad de Villa y Tierra, limitando con las de Sepúlveda, Pedraza, Uceda y Segovia.

Alejados los musulmanes de la Sierra, en 1134 Alfonso VII hace distribución de bienes en Buitrago, y en 1138 se cita ya su castillo. Pero la realidad es que hasta 1224 no se terminará, con la repoblación del espacio comprendido entre la población y la zona del Real de Manzanares.

Una torre situada junto a la salida hacia la coracha, en el río. Obsérvense los trabajos de sillarejo en bandas y el arco de ladrillo.

Al igual que ocurre en toda Castilla con la llegada del nuevo régimen de la casa de Trastámara, tras un largo período como Comunidad, los reyes van cediendo villas a la nobleza, y Buitrago del Lozoya, como hemos dicho, pasará a la familia Mendoza, que reformará el primitivo castillo para convertirlo en un palacio.

Otros dato a reseñar es la estancia de doña Juana la Beltraneja en el lugar cuando era niña, alojada en el castillo bajo los cuidados del marqués de Santillana. La población va a seguir todos los sucesos y avatares de la familia Mendoza, que retendrá la población en su poder como señorío hasta el siglo XIX.

TOLEDO

Toledo ha sido reconocida como la capital indiscutible de la España de las tres culturas: cristiana, árabe y hebrea, y como la ciudad que unificó en época visigoda toda la Península Ibérica. Obedece este destino capitalino a su posición central, defendida por el río Tajo, que le sirvió de foso natural, y al hecho de ser un importante cruce de varias vías romanas: por un lado, la vía que se dirige a Zaragoza y las Galias; por otro la que va hacia la Bética, Córdoba y Gades (Cádiz); y por último, la vía hacia Segovia y su opuesta, hacia la ciudad de Valencia.

Las murallas de toledo están íntimamente unidas a su larga y fecunda historia. El relato de Tito Livio sobre la ciudad, *Urbs parva, sed munita,* («es una ciudad pequeña, pero muy fortificada») fechado hacia el año 123 a. de C., ya nos da la idea de una muralla romana bien construída que ocuparía solamente parte del actual cerro donde está enclavada la población.

De esta muralla quedan lienzos junto a la puerta de Alcántara, y muchos de sus grandes sillares de granito fueron empleados en sucesivas reformas durante la Edad Media. Otro punto interesante: dentro de la fortificación romana de Toledo, que está por estudiar en su conjunto, lo constituyen los restos de la fortaleza que hubo, anterior al castillo de San Servando, y que protegía también el puente, el único de obra que tuvo la ciudad desde época romana hasta el siglo XIII, en que se construyó el de San Martín. Con la llegada de los visigodos, (siglos V–VIII) parece que se cercó todo el itsmo entre el Puente de Alcántara y el futuro de San Martín, ampliandose el espacio habitable tres veces más que en el período anterior. Capital del primer reino independiente peninsular, sede también de la iglesia primada de España, sede de innumerables concilios y de una Escuela de traductores importantísima, Toledo va a resonar en toda la Edad Media desde este momento. Tenemos de aquel tiempo el torreón de los Abades, quizás la única torre visigoda del recinto, así como material calizo labrado visigodo, reutilizado en la muralla en obras posteriores.

Muralla de la ciudad, con la puerta del puente de San Martín. Obsérvense el almenado y el muro en zig zag. A la derecha, el exterior de esta puerta, con inscripciones dieciochescas.

Con la llegada de los musulmanes, Toledo verá pronto aumentado su recinto con la cerca del arrabal, situado al norte de la ciudad, y que nos ha llegado bastante completa, aparte de la creación de un recinto denominado en la documentación medieval, *el alficén,* es decir, la ciudadela que aislaba la parte administrativa del resto de la población. Aquí estaban la residencia del gobernador (y después de los reyes taifas musulmanes del reino de Toledo); el alcázar, del que sólo se conserva un arco de herradura de esta época y quizás la estructura general del edificio; la casa de la moneda, una mezquita para uso particular de los monarcas, los jardines, etc.

Los cristianos reconstruirán estos recintos, haciendo hincapié el rey Alfonso VI en fortificar, en el año 1101 la zona del Tajo, es decir, el llamado ceñidor; «el rey D. Alfonso mandó facer el muro de Toledo desde la taxada que se va al río en derecho de San Estevan» (puente de San Martín). En el año 1192 fue reparada la muralla y las lluvias torrenciales de 1221 causaron perjuicios en las murallas del arrabal.

En los siglos XV y XVI las puertas de la muralla van a sufrir notables alteraciones, convirtiendose varias de ellas en verdaderos arcos triunfales, como la del Cambrón, o Bisagra nueva, mandada edificar por orden de Felipe II en honor de Carlos I. Los consabidos derribos del siglo XIX harán que se pierdan las puertas de Perpiñán, laterales de la de Alcántara, Puerta de Hierro, en la Carrera de San Sebastián, y Puerta Nueva, entre las principales de la ciudad.

Veamos ahora con cierto detalle lo que nos ha restado de todo aquél gran sistema defensivo toledano. Para ello, dividiremos la ciudad en cuatro secciones que iremos describiendo: 1º, la que constituirá el Alficén o residencia de los gobernadores y de los reyes de taifas; 2º, los lienzos de muralla paralelos al río, con el Puente de San Martín; 3º, la muralla denominada muro azor, de origen visigodo, entre ambos puentes; y 4º, la muralla del arrabal.

La muralla del Alficén forma un gran rectángulo orientado a los cuatro puntos cardinales y mantiene aún dos puertas: al noreste la de Alcántara en conexión con el puente del mismo nombre, y al oeste el Arco de la Sangre, que comunica el Alficén con la *medina,* o ciudad propiamente dicha, formando en su explanada exterior la plaza de Zocodover, que significa en árabe mercado de animales, por ser este espacio zoco o mercado desde la época musulmana.

Debido a la fuerte diferencia de nivel entre la acrópolis y el río, la muralla presenta una gran inclinación por su lado norte, siguiendo el Miradero y la calle de Gerardo Lobo, y está formada por torres macizas de material romano y visigodo, reutilizado en época islámica. La parte más interesante la constituyen los lienzos laterales de la Puerta de Alcántara y esta misma. La torre de la esquina noreste es maciza, con buenos sillares, y se puede ascender a su terraza. La Puerta de Alcántara se abre con arco de herradura califal entre dos torres macizas y presenta, por la dificultad del terreno, una entrada acodada, con una segunda puerta y nuevo acodamiento para ir ascendiendo hacia el Arco de la Sangre, reformado en muchas ocasiones, pero situado exactamente donde estuvo una puerta musulmana denominada *Bab al-Jail,* es decir, puerta de los caballos. Acabada la guerra civil, apareció entre los escombros de las casas inmediatas al arco la muralla islámica de cerramiento, que por la Cuesta de las Armas y calle de Carlos V enlazaba con el Alcázar.

Otros lienzos de muralla interesantes en este primer apartado lo forman una serie de torres califales, macizas y construidas en piedra de granito, que llegan hasta el desaparecido Postigo de los Doce Cantos. Hay que hacer notar que entre la Puerta de Alcántara y el puente, también fortificado, hubo una verdadera plaza de armas, con muralla y otras dos puertas, derribadas en el siglo pasado, pero de las que se tienen incluso grabados, y los escudos que las ornamentaban. También cabe destacar la torre del agua, donde una primera noria extraía agua del río para elevarla hacia la ciudad, y base del posterior y célebre artificio de Juanelo.

Este recinto está en conexión con el puente fortificado de Alcántara y el castillo de San Servando. Podían, por lo tanto, sus gobernadores vivir aislados de la población, casi siempre levantisca, y tener su propia seguridad y escape en caso de sublevación, al controlar el puente.

Del segundo apartado, lo que nos ha llegado en esencia es obra cristiana del siglo XII en adelante, con torres de planta semicirculares, casi enterradas hoy día por los numerosos escombros que bordean el río. Aquí tenemos una torre aislada,

Conjunto de torres de la cerca del Arrabal, obra islámica reformada en el siglo XIII (arriba). Al lado, torres y quiebros junto a la puerta de la Bisagra, en típica mampostería toledana.

MADRID

denominada torre del Hierro, que servía de puente de barcas para cruzar el Tajo y que es la parte más baja de la ciudad, en el barrio denominado El Andaque, que quiere decir en árabe «el barranco». En la Carrera de San Sebastián nuevamente observamos la muralla, así como restos de una coracha junto a los molinos de la Vieja, donde el río Tajo forma una curva. Otra coracha existe bajo el Paseo del Tránsito. Por desgracia, al ser remodelado este paseo quedaron enterrados los restos del arco de Alportiel, perteneciente a la judería toledana, pues esta judería estuvo también amurallada. Tan solo permanece en pie de aquella época el Arquillo del Judío.

El Puente fortificado de San Martín tiene sendos torreones a cada extremo, notables obras de sillería gótica sobre base medieval, acabados en época de los Reyes Católicos. De la torre del puente en la ciudad parten tres muros: el primero, formaba parte del llamado Castillo de los Judíos, y tal era; el segundo ponía en conexión el puente con la Puerta del Cambrón, y el tercero, a modo

Puerta vieja de Bisagra. Abierta inicialmente entre dos cubos, presenta interesantes arcos, bóvedas y pasadizos.

de pequeño arrabal, rodeaba el cerro de San Martín para unirse con la puerta del Cambrón.
El tercer sector tiene la importancia de una nueva coracha y de una torre denominada Baños de la Cava, que era cabeza de puente de barcas de época islámica, y predecesor del de San Martín. La Puerta del Cambrón, denominada anteriormente de los judíos, es califal y abierta originariamente entre dos cubos macizos. Reformas del siglo XVI la ampliaron formando un patio de armas escoltado por cuatro torreones con chapitel, así como una decoración exterior renacentista. Aún así, todavía se pueden ver restos de columnas musulmanas con inscripciones reutilizadas como salvaguardas y sillares con inscripciones árabes pertenecientes a la primera puerta.
La muralla va paralela al paseo de Recaredo. La famosa torre o torreón de los Abades es obra avanzada, con grandes sillares, algunos romanos y muchos visigodos, que destaca por su solidez y formas totalmente diferentes a lo hasta ahora visto. Desde la Diputación, la muralla desaparece que-

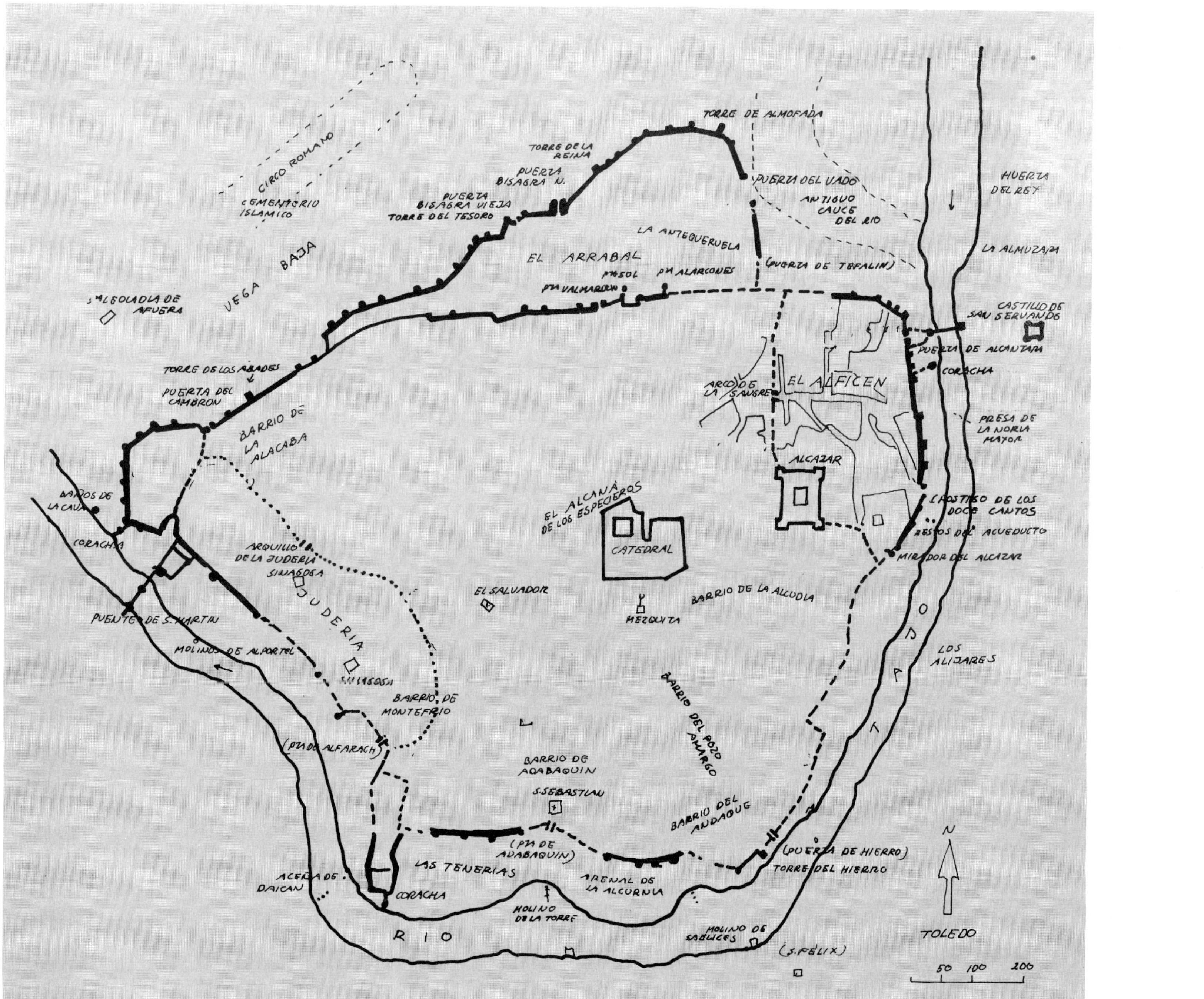

Plano de los recintos amurallados de la ciudad vieja de Toledo. En negro, los tramos conservados.

dando oculta por derribos y entre las casas, especialmente en las medianerías del convento de Santo Domingo el Real, para aparecer en la puerta de Valmardón, obra árabe, y la cercana Puerta del Sol, obra de base islámica con arcos de herradura y apuntados, pero reformada en el siglo XVI, lo que le da ese sabor mudéjar inconfundible y el pecualiar carácter que la han convertido en símbolo de la ciudad. La Puerta del Sol es realmente una torre albarrana, con acceso desde una puerta lateral a la azotea.

Más adelante, el deformado Postigo de Alarcones cumplía idéntica función, para llegar a una tercera puerta, que enlazaba con el Alficén. Este muro recibe el nombre de *Azor,* que quiere decir simplemente «muralla».

Ya en la época de Abderramán III hubo de ampliarse el espacio habitado en Toledo, construyéndose la cerca y muralla del arrabal. Parte de lo alto, junto a la Diputación, para bajar junto al Paseo de Recaredo, formando la parte más completa de la muralla toledana. Una serie de cubos de diferentes plantas, circulares, semicirculares, cuadradas, rectangulares, se van intercalando entre los lienzos de muralla. No sabemos si tuvo foso, aunque es lo más probable, y se adapta perfectamente al terreno, con suaves entrantes y salientes, buscando siempre la mayor defensa. Existen varios cubos con denominación específica: Torre del Tesoro, de las Cinco esquinas, etc., y vistas desde el Paseo de Recaredo forman un conjunto de ángulos y torres muy interesante.

En este sector se abren las dos puertas más famosas: la de Bisagra Vieja y Nueva. La primera es islámica, con reformas cristianas posteriores y tenía entrada directa. Cubos fortísimos la protegen a base de grandes sillares romanos y visigodos y tiene decoraciones de arquillos ciegos en ladrillo, almenaje y alfices. Muchas tradiciones nos remiten a esta puerta recordando que en la calle del Arco, por cierto visigoda, fue ahorcado el gobernador, un mal alcalde musulmán, en el siglo IX. También es tradición que por esta puerta entró el rey Alfonso VI el 25 de mayo de 1085 para hacerse cargo de la ciudad y del reino de Toledo, tras una permanencia en el Islam de trescientos setenta y cuatro años.

La Puerta de la Bisagra Nueva tiene una gran fachada exterior con dos torres semicirculares. En el interior, un gran patio de armas, y la parte más antigua con dos cubos y arcos de herradura, aunque todo ello fue reformado en el siglo XVI. El gran escudo exterior de España, con el águila bicéfala y los cuarteles de Castilla y León han dado origen al actual escudo de Toledo.

La muralla baja hacia el río, con tres cubos califales en piedra y continúa con torres mudéjares en sillarejo encintado cristiano hasta la torre albarrana de Almofada, tapiada hoy día. De aquí asciende hacia el Miradero, donde engarzaría con la muralla de la ciudad.

Para terminar esta síntesis diremos que las murallas de Toledo fueron protección de los rebeldes musulmanes contra el gobierno cordobés. El emir Abderramán I, en el año 768, debido a la revuelta de los bereberes en la provincia de Santaver (Huete y sus contornos) envía a su hijo primogénito, Sulayman, como gobernador de la ciudad, pero muerto el padre y declarado su hermano Hisam I emir, se subleva en Toledo y tiene que venir el propio emir a rendir la ciudad tras dos largos meses de asedio.

Con Al-Hakam I se subleva la ciudad en el 799. Amrús gobernador de Talavera, es enviado a sofocar una nueva sedición, que ha pasado a la historia como la «Jornada del foso». Y es que tras construir un nuevo palacio en el Alficén, cavado el foso, fue invitando a los más destacados toledanos para congraciarse con ellos, y según iban llegando, les cortaba la cabeza, echando los cuerpos al foso.

Esto ocurría en el año 808. Con Abderramán II, la ciudad nuevamente tiene que ser rendida por la fuerza. Abderramán III, el más notable de los califas españoles, tuvo que combatir a la ciudad desde el año 930, levantando un campamento frente a Toledo, en Chalencas. La ciudad se rindió dos años después y el califa la convirtió en capital de la Marcha Media y lugar obligado del paso de tropas hacia territorio cristiano.

También las murallas de Toledo fueron defensa en los cinco años de asedio cristiano a la ciudad, así como una base importante para éstos frente a los ataques almorávides de los años 1104, 1110 y 1119.

Las guerras civiles de Castilla y la de los Comuneros pusieron a prueba la fortaleza de sus murallas. Toledo queda abrazada por el río Tajo y por el famoso cinco medieval o ceñidor. Sin ellas, gran parte de su historia no hubiera sido posible.

Torre pentagonal y muralla mudéjar, arriba, y conjunto con la plaza de armas de la Puerta Nueva de Bisagra, vista desde el exterior.

TALAVERA DE LA REINA (Toledo)

Talavera de la Reina, a diferencia de Toledo, está situada en un llano, en una fértil vega que riegan el río Tajo y su afluente, el Alberche, y tuvo que fortificarse desde la más remota antigüedad. A poco que se excava en el casco histórico aparecen restos árabes y romanos, como el reciente muro de sillares romanos aparecido en el año 1993, junto al Ayuntamiento.

La situación en llano, como antes indicamos y en un vado del Tajo, aparte de sus comunicaciones hacia Ávila, Toledo, Montes de Toledo y Extremadura, hicieron que se levantaran sólidas murallas en época romana, obra de grandes sillares de granito con torres circulares. Aún queda la duda de si la actual Talavera está sobre el solar de la *Talabriga* prerromana, o si ésta se encontraba en sus proximidades. La verdad es que su nombre hoy en día deriva de aquél, pero nada definitivo se puede decir por ahora a este respecto.

El hecho es que mantiene grandes lienzos de muralla bimilenaria, reutilizada por las diversas culturas posteriores; visigoda, árabe, y cristiana. Realizada la muralla romana, fueron los musulmanes los que le dieron una primera impronta, distinguiendo el alcázar y la villa, o medina; el alcázar ocupaba el ángulo sureste de la muralla, era de forma rectangular y estaba protegido por buenas torres de sillería.

De ambos lados del alcázar parte la muralla, con una serie sucesiva de torres, formando un polígono que englobaba a la ciudad. Casi en el centro la antigua colegiata de Santa María, que fue antes mezquita, y en torno a esta primera muralla hay una segunda, obra enteramente cristiana, es decir, posterior al siglo XIII, que forma el Arrabal y se halla protegida en parte por el foso del arroyo de la Portiña. Todavía conocerá Talavera una ampliación hacia el oeste, con una cerca torreada que ocupará el barrio del Mercado, con las parroquias de San Ginés, Santo Domingo, San Andrés, San Esteban y Hospital de Santiago. Vamos a describir ahora cada una de las tres partes. La primera de ellas corresponde al alcázar y la villa. Tenemos noticias de reformas de este

Portillo en la muralla de Talavera de la Reina. A la derecha, una torre árabe hexagonal, con grandes sillares romanos.

alcázar en época temprana, como es el siglo IX. Hay que tener en cuenta que la mayoría de la población de Talavera debía ser cristiana, con lo que los musulmanes estaban en minoría, y los gobernadores temían el levantamiento de sus súbditos. Por ello se edifica en un ángulo de la muralla, con salida directa al campo e inmediata al puente que cruzaba el Tajo. Se repite aquí la distribución de Toledo capital.
Es una lástima que sólo se conserve parte de su exterior, pues debía ser fastuoso. Nos han llegado cuatro cubos paralelos al río, siendo el más interesante el del ángulo sureste, a base de sillares romanos reutilizados y otros labrados y colocados a soga y tizón que corresponden a fechas del emirato y califato de Córdoba (756–1032). Tuvo su lápida conmemorativa y estaba precedido de un foso. Una puerta entre dos cubos cuadrados macizos se abre en el lado este, además de un portillo recién desubierto.
Todavía nos recuerda a las construcciones orientales del Islam, sirias principalmente, que se basan en el mundo bizantino que estaban por someter, pero con esa característica musulmana que las hace inconfundibles. Hoy, estos grandes lienzos con cubos simétricamente dispuestos carecen de almenaje, perdiendo así en altura. Hay que reseñar que toda la parte baja de los lienzos, aunque son obra islámica, utilizan grandes sillares romanos.
Del alcázar continúa la muralla, que tenía cubos cuadrados de sillarejo encintado por ladrillos, muchos de éstos colocados como tizones, es decir, inclinados. Lo que ocurrió es sencillo: por una parte, los musulmanes utilizaron los muros romanos edificando torres; de otra, a la conquista por los cristianos en 1085 y en los siglos posteriores se comienzan a reparar murallas tomando como base esos cubos árabes, se engloban dentro de nuevas torres enormes, con un gran arco y denominadas albarranas, de modo que desaparecen de la vista los cubos árabes. De estas torres quedan nueve, habiendo desaparecido otras tantas. Son torres fortísimas, macizas, con sólo una cámara superior y unas de las mejores de España en su estilo. Estuvieron rodeadas de casas, y desde el alcázar a la Puerta de San Pedro han sido restauradas, advirtiéndose la mag-

Muro de sillarejo y torre de tapial del recinto del alcázar inmediato al río.

Cubo de la muralla califal, con sillares romanos colocados a soga y tizón.

nitud de la obra medieval. Desde la desaparecida Puerta de San Pedro a la de Mérida, quedan seis torres albarranas, y entre ellas dos cubos, bien cuadrados, bien semicirculares, que completan las defensas. Fue una lástima y una gran pérdida arqueológica para la ciudad que todas sus puertas fueran derribadas por iniciativa municipal en el siglo pasado.

La muralla de la villa, es decir, la primera, tiene una longitud aproximada de 1.250 metros. La segunda cerca, o del arrabal, medía otro kilómetro, abriéndose en ella las Puertas del Sol, Toledo, Zamora, así como otros postigos. Este arrabal incluía las colaciones de Santa Leocadia, Santa Lucía, Santiago, San Miguel y El Salvador. De todos ellos sólo resta el torreón de la Puerta de Zamora, obra cristiana de estilo toledano que defendía la puerta.

Del arrabal oeste queda el nombre de Puerta de Cuartos, que era una de las que defendían Talavera por este lado, y que según la tradición obedece su nombre a que en esta puerta fueron colgados los miembros tales como brazos, piernas, etc., de los talaveranos que se habían soliviantado contra don Pedro el Cruel, por haber hecho éste degollar a doña Leonor de Guzmán, madre de su hermano Enrique de Trastamara. Del recuerdo de aquél triste espectáculo le viene el nombre a la puerta, que sabemos se abría entre dos cubos. Si resumimos brevemente, la muralla de Talavera tuvo diecisiete torres albarranas entre los dos recintos, de las que nos han llegado solamente nueve en la primera cerca y los restos de otras dos en la cerca oeste, más la Puerta de Zamora, en el arrabal.

El escudo de Talavera recoge su pasado histórico defensivo, puesto que está formado por una torre albarrana con dos toros bravos en su base, relativos a la fuerza y la bravura, así como a la gran base ganadera, aunque parte de los sucesos históricos de Talavera han pasado al olvido. Sin embargo, sabemos que durante la Edad Media fue la segunda población en importancia de la provincia después de Toledo. Formaba parte de las defensas musulmanas del Tajo, siendo la capital de una amplia comarca y a su vez estaba defendida por una serie de atalayas que vigilaban el paso del posible enemigo y que han llegado a nuestros días. Estas son las atalayas de

Arco o Puerta de Sevilla, una obra barroca y, arriba, el lienzo este.

Segurilla y Velada, nombres elocuentes que nos remiten a los trabajos de vigilancia de la ciudad que está a sus pies. También existen restos de otra atalaya islámica en el Pico de San Vicente, y han desaparecido las de la Torre de Miguel Martín y Cardiel de los Montes, quedándonos también la fortaleza de Castillo de Bayuela, que completan las defensas en esta zona.

Pasó a manos cristianas tras la entrega de Toledo y su reino en 1085 por el rey Almamún al castellano Alfonso VI, que pronto emprendió la tarea repobladora. Hacia occidente toda la comarca seguía siendo musulmana, de modo que comenzaron a sufrir serios reveses por parte de los nuevos ejércitos almorávides. Éstos, llamados por el rey taifa sevillano repetidas veces, entraron en la península, fueron destronando a los reyezuelos taifas y volvieron a imponer la unidad política musulmana en las tierras del sur del Tajo, iniciando una serie de contrataques hacia Toledo y otros puntos de interés cristiano.

Talavera fue saqueada en 1104, y nuevamente arrasada en fechas inmediatas por los almorávides, que en 1110 destruyeron una presa que impedía acercarse a la puerta principal de la ciudad. Otras aceifas tuvieron lugar en 1173, 1177 y 1182. Los almohades saquean el alfoz de Toledo y Talavera en 1195 siendo la última vez que atacarán musulmanes a la ciudad. Talavera va a estar en pie de guerra durante cien años.

Pasadas estas épocas de inseguridad, se repobló su alfoz, persistiendo en él los mozárabes que dieron nombre a caserío y pueblos, como la Albuera, río Guadyerbas, etc. En 1135, es pedida la torre de Azután al mozárabe Miguel Midiz. Como en casi toda Castilla, la ciudad era de realengo, formando una comunidad de villa y tierra, condición que pierde en el siglo XIV para pasar a depender de la nobleza. Templarios primero, y sanjuanistas, santiaguistas y calatravos después, tuvieron aquí importantes propiedades, templos y hospitales. Todavía en sus calles inmediatas a Santa María se

Vista del lienzo este, con torre cuadrada, otra hexagonal y albarrana, con arco cegado.

respira este aire rancio de casas nobles castellanas, defendidas por la sólida muralla que abraza la bimilenaria población. El nombre de Talavera de la Reina deriva de que esta ciudad fue donada en arras en 1328 a doña María de Portugal por su esposo el rey Alfonso XI; desde entonces tomó la denominación de la reina.

Del sólido alcázar queda su estructura exterior, y se sabe que fue levantado entre los años 936 y 937 por orden del califa Abderramán III. Sabemos también que las murallas fueron reparadas, puesto que el rey cristiano Ordoño II se había aliado con los mozárabes de Mérida y su comarca, y asoló las tierras de Talavera, volviendo al norte, pero causando grandes estragos en su muralla. El interior del alcázar está por excavar, y acumula varios metros de escombros y tierras.

También resulta interesante señalar que junto a la Puerta de Sevilla, que no es más que un arco barroco del siglo XVI, quedó empotrado formando parte de la muralla un berraco celtibérico, conocido como «cabeza del moro», que da nombre a la calle en la que está situado.

Por la ronda del Tajo han desaparecido, recientemente, varios lienzos de muralla, pero se han señalado con ladrillos los lugares donde estuvieron los cubos y también se ha conservado, en base, la línea de muralla que unía el alcázar con el recinto del arrabal hacia la Puerta de Sevilla. Interesante, también, es un cubo circular islámico, cosa rarísima, ya que en esta época del emirato y califato la planta de los cubos es siempre cuadrada o rectangular. Está situado al oeste, junto a la desaparecida Puerta de Mérida.

La muralla de Talavera fue declarada Monumento Histórico Artístico en el año 1931, y poco a poco el Ayuntamiento la ha ido liberando de las casas que se le habían ido adosando a lo largo de los siglos, ajardinando su entorno e iluminándolo. Así, la mejor muralla de España con torres albarranas está siendo reparada y preparada para nuestra contemplación.

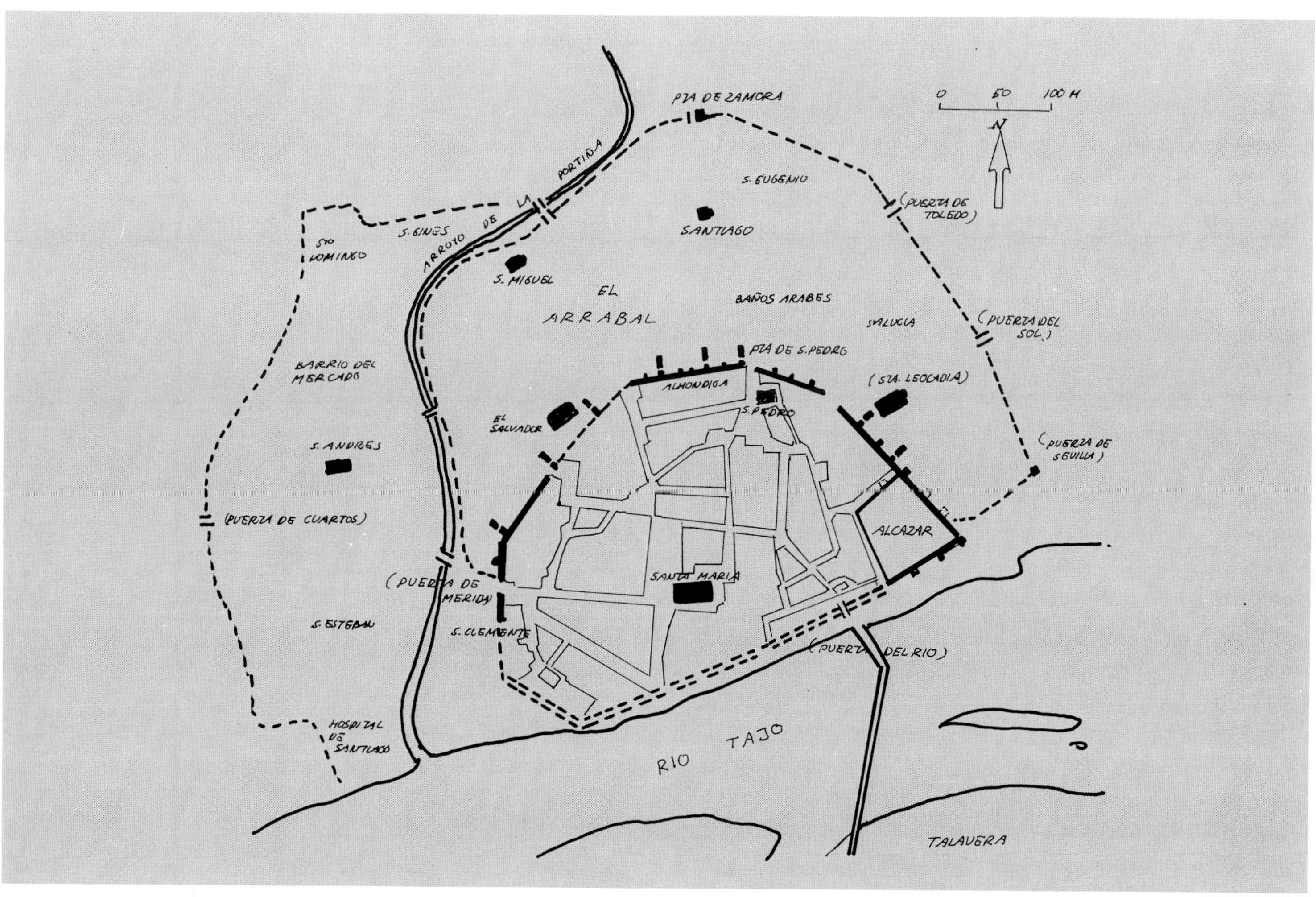

Los diferentes recintos amurallados de Talavera, tal y como están hoy en día.

CIUDAD DE VASCOS (Toledo)

Ciudad de Vascos es un enigma histórico, una ciudad yerma situada en la comarca de la Jara toledana, lindando con la provincia de Cáceres y a orillas del río Huso, un afluente del Tajo por su izquierda.

Antes de proseguir y describir esta ciudad de Vascos diremos que la comarca fue ocupada por los celtíberos, los romanos y los visigodos, y que de todos ellos han quedado restos menores, tales como verracos, villas romanas, esculturas y cementerios esparcidos por la zona, pero ruinas tan importantes como las musulmanas de Ciudad de Vascos no se encuentran en la zona ni en provincias limítrofes. Sólo la piqueta del excavador minucioso nos va devolviendo la distribución interior de casas y calles, puesto que la muralla que lo rodea está intacta, grande y con muy buena altura.

Con la llegada de los musulmanes se revitalizó esta zona, se fortificaron pequeños núcleos con torres vigías y castillejos, y se formó una tupida red de fortalezas que cubrían la gran zona de La Jara. Así surgieron, a finales del siglo VIII y principios del IX, los castillejos de Alija, Espejel, Castros, Alcolea de Tajo, Torre del Sultán (hoy Azután), etc. La base económica era la ganadería en las dehesas y los cultivos de regadío en las amplias vegas del Tajo, Alberche, además de la minería. Esta última industria quizás fuera la originaria de la fundación de Ciudad de Vascos, escondida en un pequeño anfiteatro de montañas pertenecientes a las últimas estribaciones de los Montes de Toledo.

La gran importancia que revisten las murallas del lugar obedece, primero, a su relativo buen estado de conservación, ya que está completo todo su perímetro, de más de dos kilómetros, y segundo, a que en el siglo XI se abandonó la ciudad, quedando las ruinas de las casas y la muralla tal como la dejaron. Respecto a las casas frágiles, se hundieron todas, y el terreno se trató de cultivar en bancales plantando almendros, pero la muralla permaneció intacta.

El nombre de Ciudad de Vascos extraña a primera vista y según Lacarra puede relacionarse con Huecas (Toledo), llamada *Waqqas* en época

La alcazaba, con su entrada en rampa protegida por cubos. A la derecha, un portillo adintelado que recuerda las obras romanas.

árabe, Huesca (Wasqa), Huéscar (Granada) y Bascués (Baschuas) villa aragonesa, siendo por lo tanto un topónimo prerromano. Al parecer, los musulmanes la llamarán *Nafza*, nombre de una tribu bereber.

En su interior podrían vivir de 2.500 a 3.000 habitantes y tiene dos partes diferenciadas: la alcazaba, al noroeste, y la ciudad propiamente dicha. Por el norte la defiende el profundo desfiladero del río Huso; el oeste, el barranco del Arroyo de los cirios, y al este las propias elevaciones del terreno sobre la que está cimentada. Sólo el lado sur está en relativo llano.

Comencemos a ver este lado sur, con sus torres macizas de planta cuadrada o rectangular, que no sobresalen en altura del adarve de la muralla y que a veces parecen meros contrafuertes del muro. En este lado sur se encuentran ocho cubos, dos de ellos pertenecientes a la entrada de una puerta, denominada Sur. La entrada del muro oscila entre los tres y los cinco metros, y va cimentada sobre las grandes rocas graníticas.

El lado este es uno de los más largos, y forma inflexiones para aprovechar el terreno. Consta de catorce torres, siendo esta parte lo más alto de todo el recinto, desde la que se divisa toda la superficie de la antigua ciudad.

El material de construcción varía entre los sillares a hueso, es decir, colocados sin cal alguna, uno sobre otro exactamente, y sillarejo esgrafiado, es decir, piedra semidesvastada unida por llaga de cal con incrustaciones de escorias o piedrecitas como sujeción de la cal. Se puede ir caminando por el adarve de la muralla. En las excavaciones de esta zona, inmediata a la muralla, aparecieron una serie de casas con molinos de mano, pocillos y las calles empedradas que van a dar a un postigo adintelado con quicialeras para una piedra de doble batiente. Le llamaremos postigo primero, pues más hacia el norte aparece otro de iguales características.

Desde aquí la muralla serpea y, a veces, se pierde entre la fragosidad del terreno. En el ángulo noreste, la alcazaba, con una entrada con barbacana que protege la puerta y cinco cubos más de la muralla. La puerta se abre directamente entre dos cubos, conservándose parte de las columnas que sostenían los dos arcos de herra-

Muros con zarpa, con sillares colocados en hiladas, perfectamente escuadradas y sin cal alguna para la unión.

dura. A la izquierda, y en un ángulo, el aljibe, imprescindible en un castillo. Hay muros rotos, algunos cubos con cierta altura y de un grosor cercano a los dos metros. Sin embargo, aquí la obra es de mampostería, con sillares de granito de cuarenta a cincuenta centímetros de altura y de longitud variable, mal escuadrados y con mucho mortero de unión.

Desde la alcazaba se divisan unas buenas vistas sobre el barranco del río Huso y de la calle principal interior de la ciudad, con sus casas en plantas. La muralla desciende bruscamente por este lado oeste y sigue la línea del río. Aquí podemos hablar de la perfección del aparejo, con buenos sillares perfectamente escuadrados y con un postigo adintelado. Al lado de la puerta principal, abierta entre dos cubos macizos y retallado en los sillares, hay un amplio arco de herradura.

Saliendo hacia el arroyo de los Cirios se encuentran los restos de los baños, y cruzando el riachuelo, uno de los cementerios. La muralla continúa con varias torres y una puerta. Aquí se ven dos almenas, las únicas conservadas de todo el recinto, que nos hacen pensar que los muros no tuvieron mayor altura. La muralla tiene diferentes alturas y trepa por los dos cerros mayores que constituyen los límites sureste y noreste, dejando un vado central. Por supuesto que no tuvo foso, ya que se cimenta en la misma roca y está montada directamente sobre ella; en algunos tramos parece ciclópea.

A la salida sur del recinto se encuentra un gran cementerio musulmán denominado «Campo de los Cirios», con toscas tumbas excavadas en la tierra y con cuatro cipos o grandes piedras verticales hincadas en cada extremo de la tumba. Parece ser que esta población fue habitada por bereberes y que, o bien hubo una epidemia y murieron la mayoría, o bien se trasladaron de lugar al acabarse la minería. Lo cierto es que fue abandonada íntegramente en el siglo X. Más de quinientos años después, concretamente en 1576, según las Relaciones topográficas de Felipe II, se habla de Vascos como de una villa muy pequeña, de 15 a 20 pies de largo y la mitad de ancho.

Su perímetro encierra unas nueve hactáreas y nos llama la atención la fortaleza de la muralla frente a la débil obra de sus casas, que van aparecien-

Muralla de mampostería unida con llaga de cal. Junto a estas líneas, un plano del notable recinto amurallado.

do tras las excavaciones. Así, se excavó la zona junto a la puerta oeste, apareciendo la calle central y laterales que van en dirección noreste, siguiendo la vaguada del propio terreno. Como elementos dignos de destacar tenemos una torre interior a modo de contrafuerte en el lado sur, junto al ingreso actual, caso bastante insólito en las murallas medievales. Vascos pertenece al término municipal de Navalmoralejo y está enclavado

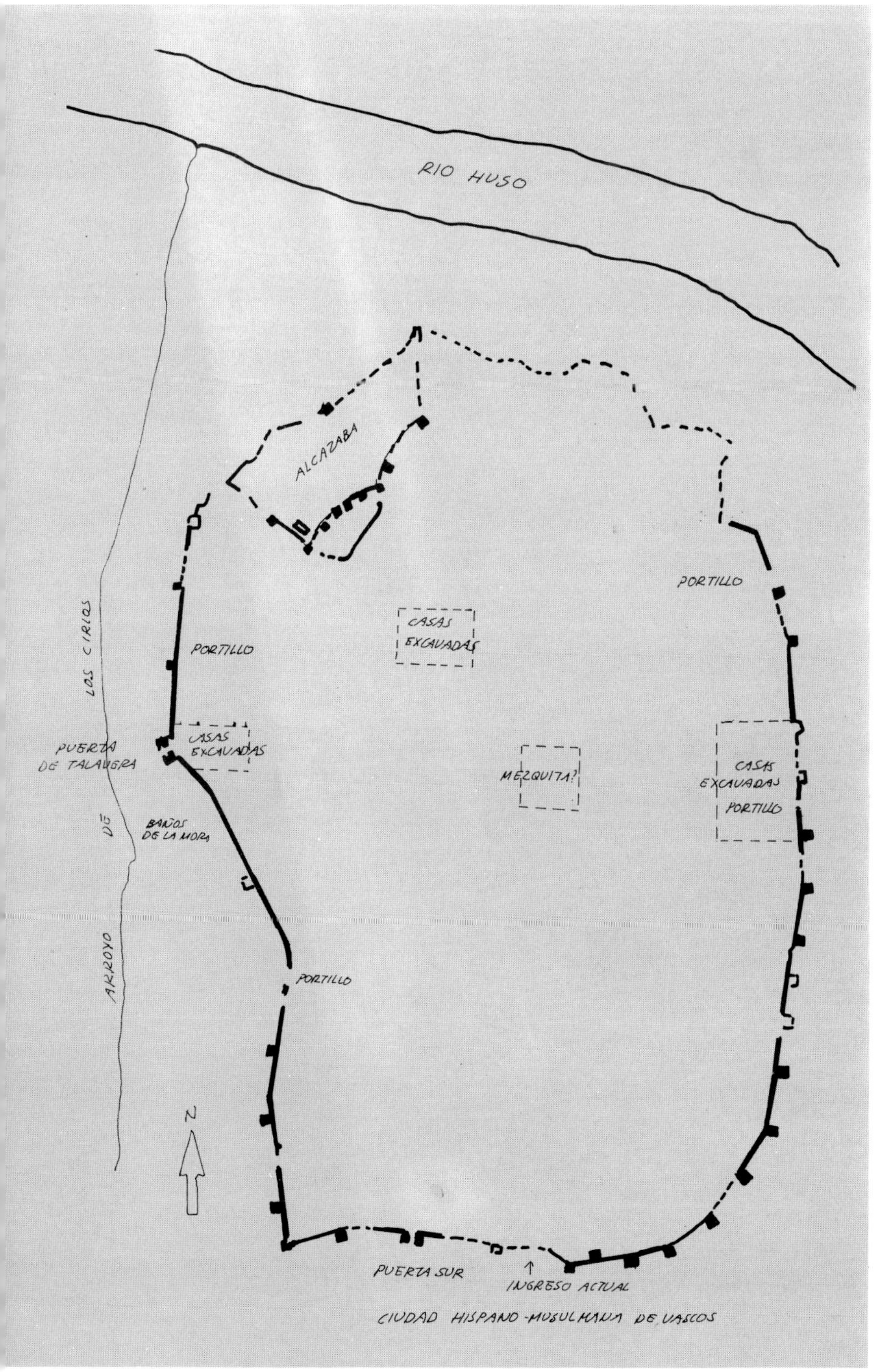

en una finca particular, aunque puede visitarse. Quizás, también, su permanencia se deba a que la zona estuvo despoblada tras la reconquista cristiana de 1085, iniciandose su repoblación definitiva a partir del siglo XIII y pasando muchos de los habitantes a integrarse en núcleos mayores, como Oropesa, Talavera o Puente del Arzobispo. También se explica porque trasladada la línea defensiva cristiana a Sierra Morena, eran inútiles estas defensas enriscadas y con difícil acceso, prefiriéndose las zonas llanas y bien comunicadas.

En 1933 sus ruinas fueron declaradas Monumento Histórico Artístico, aunque no se empezó a excavar hasta 1975–76, y a partir de ese momento, cada año se han realizado una o dos campañas de excavación que han ido poniendo al descubierto postigos soterrados, líneas de muralla, casas y calles.

El espesor de la muralla es variable, entre 0,80 metros en los sillares de difícil acceso y 1,60 metros en los más accesibles. La muralla tiene más de tres metros de altura. Las torres varían de dimensiones. Las de la Puerta de Talavera o de los Baños tienen un saliente de 1,29 y 1,67 metros, 2,80 de frente y, separadas entre sí, 5,60 metros. También cabe destacar lo perfectamente trabajados que están los muros al oeste y los inmediatos a esta puerta. Tienen una anchura de 1,80 a 1,95 metros, en sillares iguales de 40 a 52 centímetros de altura.

En la misma alcazaba se observa cómo se hizo un muro de tapial y se revistió de sillarejo. Aquí encontramos las dos torres del ingreso edificadas con buenos sillares, junto a las laterales, construídas con mampostería. Para mayor defensa y tras pasar un primer recinto que protege la alcazaba de la ciudad, el ingreso se hace sobre dos cubos casi escondidos en el arco que forma el muro y, además, con entrada abocinada, es decir, más separados sus lados al exterior que al interior y muy juntos, lo que hace más difícil el ingreso. Podemos asegurar que Ciudad de Vascos es un museo al aire libre de sistemas constructivos musulmanes, y que su importancia reside en el hecho de que, una vez abandonada en el siglo XI, no fue ocupada después, arruinándose sus casas, pero sin construcciones superpuestas, lo que nos puede aclarar muchos puntos acerca de cómo vivían estos musulmanes bereberes en la Edad Media.

PALAZUELOS (Guadalajara)

Palazuelos, a siete kilómetros de Sigüenza en dirección hacia Atienza, es la mejor villa amurallada de toda la provincia de Guadalajara. Asentada en la ladera de un cerro que da al amplio valle, eleva su muralla escondida en el retazo de la montaña. La zona, que fue militarmente muy importante en época del emirato y el califato cordobés, está llena de pueblos con nombre y torres árabes, como Bujarrabal, Estriégana, Barbatona, Bujalcayado, etc. A la natural vía de comunicación que constituye el río Henares se une la vía que comunica incluso hoy día Sigüenza con Atienza y Soria. Es una zona de castillos y de torres, como hemos indicado, pero no de murallas, por lo que Palazuelos constituye, en este sentido, toda una excepción.

Una torre medieval, la de Séñigo, más antigua que las murallas de Palazuelos, precede en un altozano los restos de una pequeña explotación agrícola y villa (hoy despoblada) del siglo XII, de los primeros tiempos de la reconquista del alto Henares. El viajero que llega a Palazuelos deberá entrar por la torre–puerta al final de la carretera que está al lado este. Lo que debe hacer es recorrer exteriormente la muralla para hacerse a una idea de sus dimensiones.

Obra sencilla levantada durante el siglo XV, esta cerca tiene forma alargada, siendo sus lados norte y sur cinco veces más pequeños que los lienzos este y oeste. Sobre el lienzo norte se sitúa el castillo, y hay una puerta en cada uno de los otros lienzos. Como hemos indicado, nos encontraremos en la puerta que da a la Plaza Mayor. Se trata de una puerta tipo, pues las tres que tiene la villa son idénticas, y consiste en una torre de planta cuadrada que sobresale del recinto, con garitones exteriores a modo de contrafuertes que llegan hasta el suelo y con una entrada acodada. Exteriormente y sobre el arco apuntado figura el emblema de los Mendoza. Se atraviesa entonces un pequeño patio de armas y se tuerce a la derecha para ingresar en la población. Estas puertas–torres tuvieron en tiempos un piso superior y disponen de saeteras que cubren todos los flan-

La torre–puerta de la plaza, con su patio de armas interior y garitones, y el castillo.

cos. Esta torre–puerta situada al este y la del sur, tienen idénticas medidas, aunque es mucho más pequeña la del flanco oeste, que tiene una igual disposición.
Más allá de la puerta nos encontramos con un primer cubo semicircular de la misma altura que la muralla, con saeteras de cruz y orbe emplazadas a los tres lados, todo ello realizado en sillarejo y rematado por una moldura gótica diseñada para soportar, después, el cuerpo de almenas. Representa el tipo normal de torre gótica en todo el recinto. Se van situando bien a mitad de los largos lienzos, donde este forma una ligera inflexión, así como en los cuatro ángulos del recinto. Por el flanco que da al este hay ocho cubos, ninguno en el sur (si no contamos los del ángulo este y oeste) y ocho en el flanco oeste.
Conviene indicar que tanto los cubos como la muralla son una obra gótica de sillarejo calizo, edificada por completo en el siglo XV, y que por su lado oeste tiene foso, excavado en el terreno para aislarlo del cerro inmediato, que va adquiriendo altura y que puede dominar la villa. El paseo desde la puerta de la plaza a la puerta sur va mostrando todas las características de la obra, entre huertas 'a su izquierda y una acequia que corre en paralelo a la muralla.
Por último, en el lienzo norte y en la parte más alta del cerro se eleva el castillo, unido a la muralla del pueblo. Consta de una barrera que sigue la forma interior de la fortaleza. Ésta tiene planta cuadrada en torno a un patio con dos cubos circulares en los ángulos noreste y sureste, y la torre del homenaje, en mitad del lienzo oeste. El acceso se hace exteriormente desde el campo, pasando entre dos cubos, y una vez en la liza y junto a la torre del Homenaje, ingresar al patio. El castillo apenas ofrece más que una gran ruina, pero des-

En páginas anteriores, tramo de la muralla, aunque muy degradado. Debajo, detalle de la construcción, con mampostería y cal.

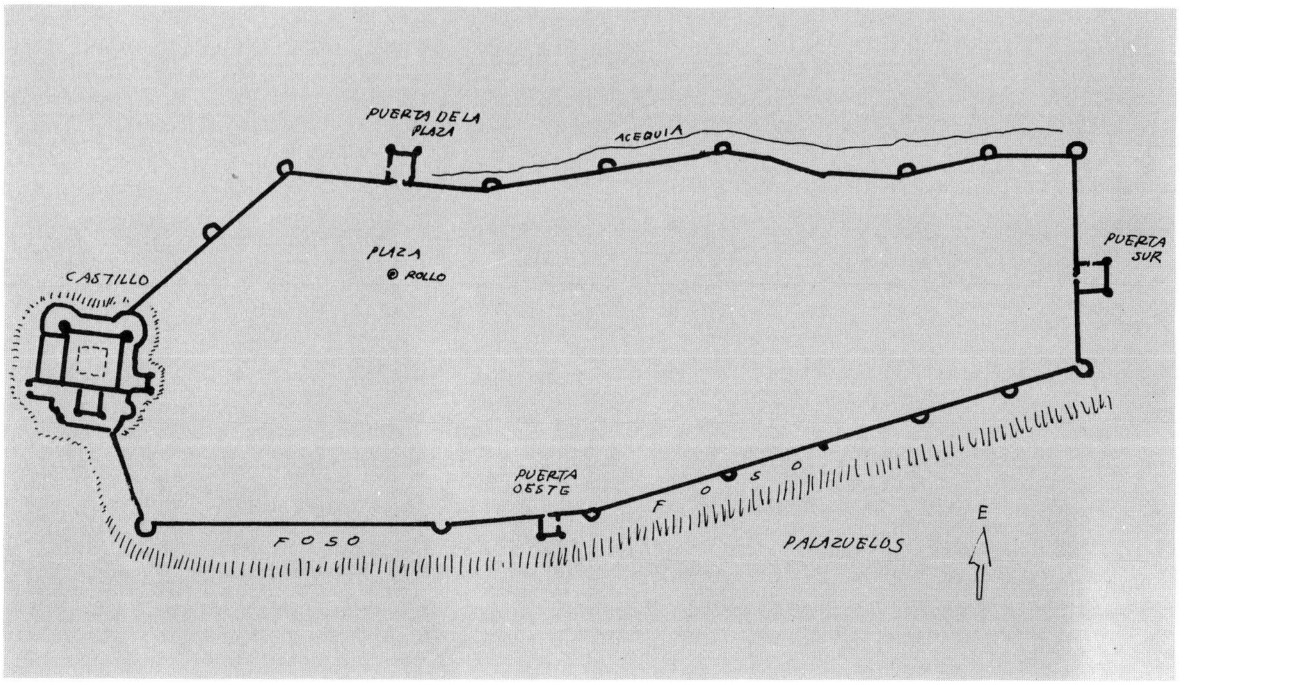

Plano del recinto de Palazuelos, la mejor villa amurallada de Guadalajara.

taca por su solidez, no viéndose ninguna ventana ni vano excepto dos pequeñas cuadradas y de obra posterior. Hoy se puede acceder desde la población, y del castillo hacia la villa se abre un boquete de sesenta metros de longitud abierto en la muralla, que rompe por completo el encanto de la población amurallada.

El nombre de Palazuelos indica la existencia de restos anteriores a la repoblación, quizás romanos como antes hemos indicado; sabemos que perteneció a la Comunidad de Villa y Tierra de Atienza una vez pacificada la zona, que tanta lucha había generado entre cristianos y musulmanes por su posesión.

En el año 912 los cristianos estaban en San Esteban de Gormaz, amenazando Atienza y su tierra, y en el 963 se libra una gran batalla en sus cercanías, que hace retroceder a los cristianos hasta más allá del Duero. Ante la caída de Atienza, en el año 980, Almanzor hace una campaña para recuperar esa población. La primera conquista definitiva tuvo lugar en época del rey Alfonso VI (1072–1109), aproximadamente en el año 1104, fecha de la toma de Sigüenza.

Palazuelos segirá el mismo proceso que otras poblaciones castellanas: tras pertenecer a la corona en calidad de Comunidad de Villa y Tierra, será entregada en el siglo XIV a la nobleza, en este caso a la amante de Alfonso X el Sabio, doña Mayor Guillén, junto con otras villas de Guadalajara, como Alcocer y Cifuentes. Después pasará a manos de doña Blanca, nieta de Alfonso X, quien al ingresar como religiosa en el monasterio de Las Huelgas, en Burgos, enajena Palazuelos a los obispos de la cercana Sigüenza. Pasa después al marqués de Santillana, quien ordenó levantar murallas y castillo, un símbolo de su poder sobre esta provincia, en la que tantas posesiones tenía.

Posteriormente pasará Palazuelos a la Casa Ducal de Pastrana sin sucesos dignos de mención, a excepción de la guerra de Independencia, durante la cual los franceses ocuparon la Villa en 1810 abandonándola tres meses después después de destruir la población y sus defensas, como almenas, troneras y los remates de las murallas y el castillo. Al año siguiente los franceses regresaron a Palazuelos, ensañándose con esta población, hasta que fueron desalojados por *El Empecinado*.

La villa seguirá una vida letárgica hasta el presente. Sus murallas y castillo fueron declarados Monumento Histórico Artístico en el año 1951, beneficiándose del turismo que va a Sigüenza y que busca nuevos lugares, como éste o la cercana villa de Carabias, con su estupenda iglesia románica, digna de visitarse.

Sólo nos queda esperar que algunas casas adosadas a la muralla y puertas sean demolidas, así como que se consolide la puerta sur del recinto amurallado de esta población tan singular.

CAÑETE (Cuenca)

Cañete está situada en la confluencia de un arroyo con el río Mayor, que vierte sus aguas nueve kilómetros más abajo, en el Cabriel. Al emplazamiento en un cerro de 1.304 metros de altitud se une el hecho de ser cabeza de un amplio distrito en el camino de Cuenca al Rincón de Ademuz, y por lo tanto a Teruel y a Valencia.
Numerosos abrigos rocosos con pinturas se localizan en sus alrededores, de modo que sabemos que fue habitada desde época prehistórica. No tardó en llegar a ser un importante punto fortificado, quizás desde la misma época romana y visigoda, para proseguir en época árabe. El privilegiado emplazamiento de su castillo hará que surja una villa bastante extensa a su pies y que a la caída del califato sea disputada por los reyes taifas de Albarracín, Valencia y de Toledo. Transcurrido el tiempo, Cañete va a ser base de las avanzadas almorávides y almohades contra la extensión territorial del reino de Castilla, que desde Toledo amenazaba las posesiones islámicas del este y del sur.

El castillo es reconquistado finalmente por Alfonso VIII, que lo cede en 1183 a la iglesia de Cuenca. En el siglo XIII era señorío de la familia Lara y poco más tarde figura entre las plazas que Enrique de Trastamara se compromete a ceder a Pedro II de Aragón como pago por la ayuda prestada para vencer a don Pedro el Cruel. La paz de esta guerra denominada «de los Pedros» se firmó en la frontera entre ambos reinos, Aragón y Castilla, cerca de Cañete.
La plaza fuerte de Cañete va a pasar a los Mendoza, concretamente a Diego Hurtado de Mendoza y a su hijo Juan Hurtado quienes, sin embargo, lo vendieron al señor de Illueca, Juan Martínez de Luna, rico hombre de Aragón y Castilla, copero de Enrique III y ta,bién sobrino del Papa Luna, que lo cede a su hermanastro don Álvaro de Luna y Albornoz, célebre en la historia. Este ilustre personaje había heredado los señoríos de Cornago, Alfaro y Jubera en La Rioja, así como Maderuelo (Segovia), estableciéndose en Cañete, donde tuvo un hijo en 1390 que llegó a ser el famoso con-

Murallas y cubos restaurados en Cañete y, a la derecha, la Puerta de San Bartolomé, una obra musulmana reformada por los cristianos.

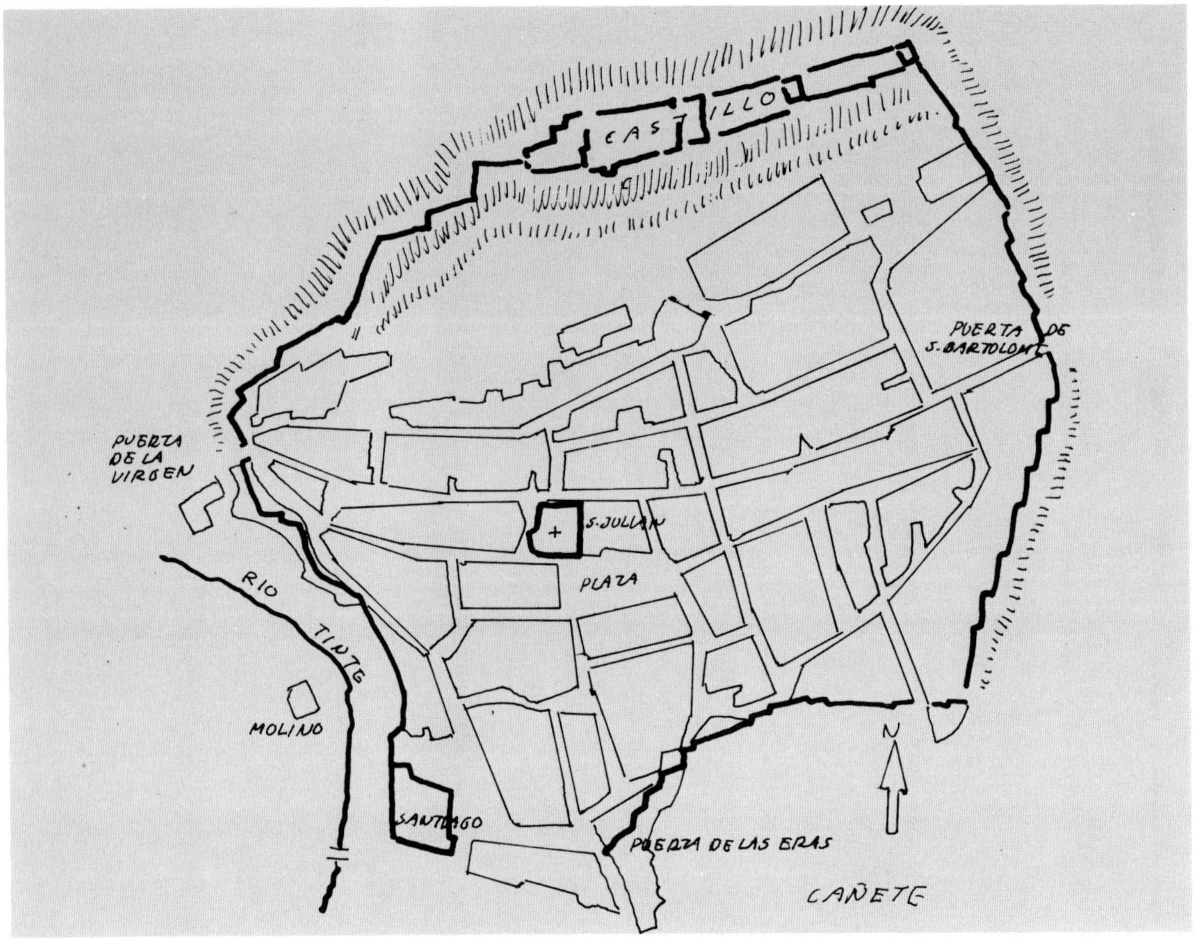

destable de Castilla, protegido de su tío el Arzobispo de Toledo. Don Álvaro de Luna tuvo un fin trágico, ya que primero fue valido del rey don Juan II de Castilla por sus dotes de atrevido, poeta y cantor, pero odiado por su habilidad política. Los infantes de Aragón tenían prácticamente prisionero al monarca castellano, quien fue salvado por don Álvaro de Luna, con quien huyó al castillo de Montalbán (1420). Recibió el título de conde de San Esteban de Gormaz y fue nombrado Condestable del reino. Obtuvo victorias contra los musulmanes en la batalla de la Higueruela. Envidiado por la nobleza, se consiguió su reclusión en el castillo de Escalona (Toledo), donde pactó con el monarca y con la familia Mendoza, saliendo a batallar en Olmedo y consiguiendo una notable victoria sobre sus adversarios.

El señor de Cañete fue nombrado Maestre de la Orden Militar de Santiago. Sus antiguos enemigos de nuevo se agruparon en torno suyo, intervino la reina, hubo una serie de asesinatos alrededor del rey, y acusado de traición, él mismo firmó su sentencia de muerte, siendo decapitado en la plaza Mayor de Valladolid en 1453.

Cañete pasará a los Mendoza, que tomarán el título de marqueses de esta población, continuando después con los Hurtado de Mendoza y Condes de Santa Coloma.

La topografía de la villa hace que del impresionante cerro donde está el castillo partan dos líneas de murallas que abrazan por completo a la población. Estas murallas son de mampostería y presentan la forma de zig–zags o diente de sierra, es decir, forman ángulos continuados para tener puntos salientes de defensa y evitar torres. La media de estos ángulos es de veintidós metros y su altura de cinco. En otros lugares de esta misma provincia se aprecia también este sistema, como en Uclés. De vez en cuando un torreón indica el cambio de dirección de la muralla.

En el frente norte se abre la Puerta del Portillo o de San Bartolomé, al parecer islámica de la época de la Taifa (siglo XI), acodada, situada bajo un cubo de nueve por diez metros y con su puerta exterior, no en el frente del cubo, sino en un late-

En páginas anteriores, panorámica de la muralla, a la que falta el coronamiento. Arriba, un plano de la villa.

Cubo circular restaurado, que muestra el cambio de dirección de los lienzos.

ral. Ha sido restaurada y presenta tres arcos dobles de herradura que tuvieron sus puertas de madera y rastrillo. En el paso entre los arcos hay una puerta que conduce a la parte superior de la torre.

A partir de aquí la muralla continúa entre casas, aunque se pueden apreciar su zig–zags que, en número de nueve, llegan al ángulo sureste, donde tuerce y se encuentra con la Puerta de las Eras, hoy dentro de la misma población, que fue la más importante del recinto. Se trazó en ángulo recto a la muralla para hacer más difícil su entrada. Presenta un arco de bóveda de medio cañón y una longitud de doce metros, con dos arcos fajones, uno semicircular y otro de herradura. Su fachada exterior presenta arquivolta de dovelas en dos arcos, que nos recuerda a algunas obras románicas.

La muralla va entre casas, doblando junto a la iglesia de Santiago, donde encontramos un torreón circular. De aquí va en dirección norte formando ángulos, pero sin zig–zags, hasta la Puerta de la Virgen, abierta entre dos cubos y retranqueada, con dos arcos de medio punto. Esta puerta está conectada por una calle que llega a la Puerta de San Bartolomé. Entre la Puerta de la Virgen y la iglesia de Santiago existía un postigo que era la cuarta puerta de la villa. Para finalizar, desde la Puerta de la Virgen asciende la muralla por la mole rocosa del cerro del castillo mediante nuevos zig–zags hasta llegar a su cumbre.

El castillo es de planta alargada, está sobre la misma cúspide del cerro, y presenta varias alturas, a modo de ciudadela. Al norte termina en una proa entre dos cubos, uno semicircular y otro rectangular. El castillo fue reformado y utilizado en el siglo XIX durante la Guerra de la Independencia y en las Guerras Carlistas, aprovechandose el material medieval para las nuevas construcciones, por lo que es difícil ver cual era su estado en época medieval. De todas formas, muestra todavía unos muros de dos metros de espesor, con una anchura media de veinte metros y una longitud de doscientos metros. Siguiendo una manera lógica de visita, el castillo consta de cinco recintos: el primero al sur, que es el más extenso y fue una especie de albacar del castillo; el segundo, con dependencias y un foso alargado; el tercero en el centro, más elevado que el resto y dominando todo el conjunto; el cuarto, estrecho y alargado, a manera de patio de armas del recinto anterior y, el quinto, que es la Torre del Homenaje y último reducto. Son de anotar los impresionantes aljibes que posee, así como varias dependencias abovedadas, algunas medievales y otras reformadas en 1839, durante la primera guerra carlista, que fueron mandadas reconstruir por el general Cabrera.

De nuevo el castillo fue fortificado en el año 1875, ya que las tropas isabelinas mandadas por el general Espartero tomaron la población, ocupada por los carlistas. Fue en este siglo XIX cuando se desmocharon las torres y se hicieron los muros fusileros en el castillo para adaptarlos a las armas del momento, lo que nos ha privado de la visión del almenado del castillo en lo alto del cerro. Aún así, nos muestra hoy su estampa guerrera, que puede ser divisada desde muchos kilómetros a la redonda. Inmediato a la población hay un mirador denominado de don Álvaro de Luna, desde donde se divisa una magnífica panorámica de Cañete población, del castillo y de las murallas.

MORELLA (Castelló)

Morella está situada sobre una muela rocosa dentro de una comarca natural conocida con el nombre de Els Ports de Morella. Otras villas y ciudades medievales no han podido mantener el encanto de esta notable población que desde el punto de vista histórico, no perteneció al Maestrazgo de Montesa. Raices ibéricas y asentamientos prehistóricos se dan en torno a sus tierras y en concreto en el cerro del castillo, admirable atalaya natural de toda la zona. El pasado fenicio, romano y visigodo sólo se manifiesta en hallazgos casuales, así como la larga etapa musulmana. Los árabes fortificaron el cerro y sus contornos y prevaleció el nombre hispanoromano de Morella, al que se añadió el apelativo *del castillo* (*hisn* en árabe). La época taifa del reino de Valencia entre el siglo XI hasta su conquista definitiva en 1232, marcará el azaroso pasado de Morella, pues fue conquistada o sometida por pacto al Cid Campeador en 1084 cuando conquistó Valencia y este reino taifa musulmán se convirtió en vasallo del rey de Castilla, Alfonso VI. Los almorávides tomaron Valencia, huyendo de allí doña Jimena tras prender fuego a la ciudad, y de nuevo toda la España musulmana quedó unificada, para caer en segundos reinos de taifas. Así pasará a los de Tortosa, Zaragoza y Valencia. El rey Alfonso I de Aragón ocupará Morella en 1187 para perderla años más tarde.

El caballero don Blasco de Aragón, en 1232, la ocupó definitivamente en el avance de las tropas catalano–aragonesas hacia el sur. Un siglo después comenzarán las obras de las nuevas fortificaciones remodelandose el antiguo castillo y adaptándolo a los nuevos usos de armas y sus defensas. Propiedad de don Blasco de Aragón, a su muerte Morella pasará a la corona, siendo un punto estratégico en las guerras de La Unión en 1347 y en las de Aragón con Castilla en 1359.

En 1412 se reunieron en Caspe nueve prohombres para elegir un rey. Tres catalanes, tres aragoneses y tres valencianos. Anteriormente se habían reunido en Morella para preparar este histórico compromiso. Dos años después se cele-

Puerta de La Nevera, con dos arcos góticos y, a la derecha, una de las torres laterales de la Puerta del Forcall, de sillarejo reforzado con sillares en las esquinas.

braron en Morella varias entrevistas entre San Vicente Ferrer, el Pontífice Benedicto XIII y el rey Fernando de Antequera con el propósito de finalizar con el cisma de Occidente, ante la negativa de dejar de ser Papa el conocido Papa Luna que, encerrado en Peñíscola, mantuvo alterada a toda la Cristiandad.
Morella permaneció fiel al Emperador Carlos I en la guerra de las Germanías. Un siglo después, entre 1640–1652, la ciudad va a ser base de un ataque centralista contra el principado de Cataluña, que pretendía su separación de la corona. La paz durará algunos decenios hasta la guerra de Sucesión española de comienzos del siglo XVIII en la que fue ocupada por las tropas austríacas y después por las borbónicas. Por su posición estratégica, Morella sufrirá los ataques y la toma del castillo por las tropas de Napoleón, así como durante las guerras carlistas. Sufrirá las represalias de uno y otro bando.
La muralla de la villa parte del castillo, y presenta una primera puerta llamada Ferrisa, por donde según la tradición, entró don Blasco de Aragón por sorpresa en su conquista de 1232. Más abajo, una puerta–torre de planta cuadrada, a orillas de la Plaza de Toros, con un gran arco gótico en la parte baja y dos pisos más con vanos de arco de medio punto, góticos también. Toda esta muralla quedó preparada en el siglo XIX para fusiles, empleándose alguna saetera medieval. La puerta de la Nevera debe su nombre a los pozos con nieve allí colocados para mantener la carne fresca. La muralla llega a una torre de planta cuadrada, donde toma la cota de nivel del cerro formando un gran arco que encierra a la población. Inmediatamente se abre la Puerta de San Miguel, soberbia puerta flanqueada por dos cubos de planta hexagonal que recuerdan a otras obras de la corona de Aragón, como el Monasterio de Poblet. Esta puerta ha sido remozada y para su defensa tiene una azotea entre torre y torre protegida por un balcón corrido de matacanes. La desnudez de la obra a base de buena mampostería y sillares en las esquinas, le dan un nobilísimo aspecto y una gran pureza de líneas. Otro arco más rebajado interior tiene una buhera que protege el segundo arco de la puerta.

A la izquierda, la puerta de San Miguel desde el exterior y el lienzo sur de la muralla. Arriba, detalle del aparejo, a base de sillares sin desvastar.

La muralla continúa con varias torres y una puerta en la Plaza de la Fuente, para seguir formando un semicírculo hasta la Puerta de San Mateo que, por su emplazamiento, hace que el enemigo tenga que recorrer un ángulo recto. Es una torre–puerta con varias etapas constructivas que se notan en su paramento: el inferior, a base de sillares muy desgastados; en medio, bien labrados, pero más pequeños, y la parte superior en sillarejo. Esta puerta se abre con arco apuntado de largas y finas dovelas y está protegido por tres saeteras además de un matacán y dos ventanas inmediatas a la azotea, aparte de su misma posición. Adornan la puerta un crucifijo pequeño de piedra y un blasón nobiliario.

Más allá, hacia el oeste, se abre la Puerta de Forcall, muy parecida a la de San Miguel, con sus dos torres también restauradas. Todavía quedan la Puerta del Rey, que da paso a la Plaza de Colón, y la Puerta de los Estudios, donde la muralla cambia la dirección y trepa hacia el castillo.

La muralla tiene catorce torres defensivas, situadas estratégicamente, y seis puertas, todo ello obra del siglo XIV, con un perímetro de dos kilómetros y medio y forman un conjunto armónico con la población y el castillo. Muchas torres tienen nombre, como la del Sol, del Rey, Redonda, etc.

El castillo ocupa el ángulo noroeste de este perímetro, y presenta una planta topográfica con entrada muy complicada, diseñada a base de pasillos entre las murallas. Sus defensas estaban sustentadas por su gran altura y también en los obstáculos como puertas y torres. Es famosa la torre Celoquia, reformada durante el siglo XII, que conserva todavía diversos elementos constructivos de otras épocas, como son algunas reformas góticas, unos almacenes del siglo XVI, polvorines del siglo XVIII, y muros fusileros del XIX, sin olvidar un aljibe árabe.

Lástima que el importante castillo de Morella sufriera las diversas explosiones de su polvorín en los años 1709 y 1813, durante las guerras de Secesión e Independencia, respectivamente. También se ha de mencionar que en el transcurso de las guerras carlistas, el general Espartero puso sitio a la ciudad lanzando, según datos de la época, diecinueve mil proyectiles. Uno de ellos entró en el polvorín carlista y explotó junto con ochenta mil cartuchos que estaban almacenados, con la consiguiente ruina de edificios militares, además de las casas de la población a las que llegó la honda expansiva. La ciudad fue declarada Conjunto Histórico Artístico en 1931, así como las murallas.

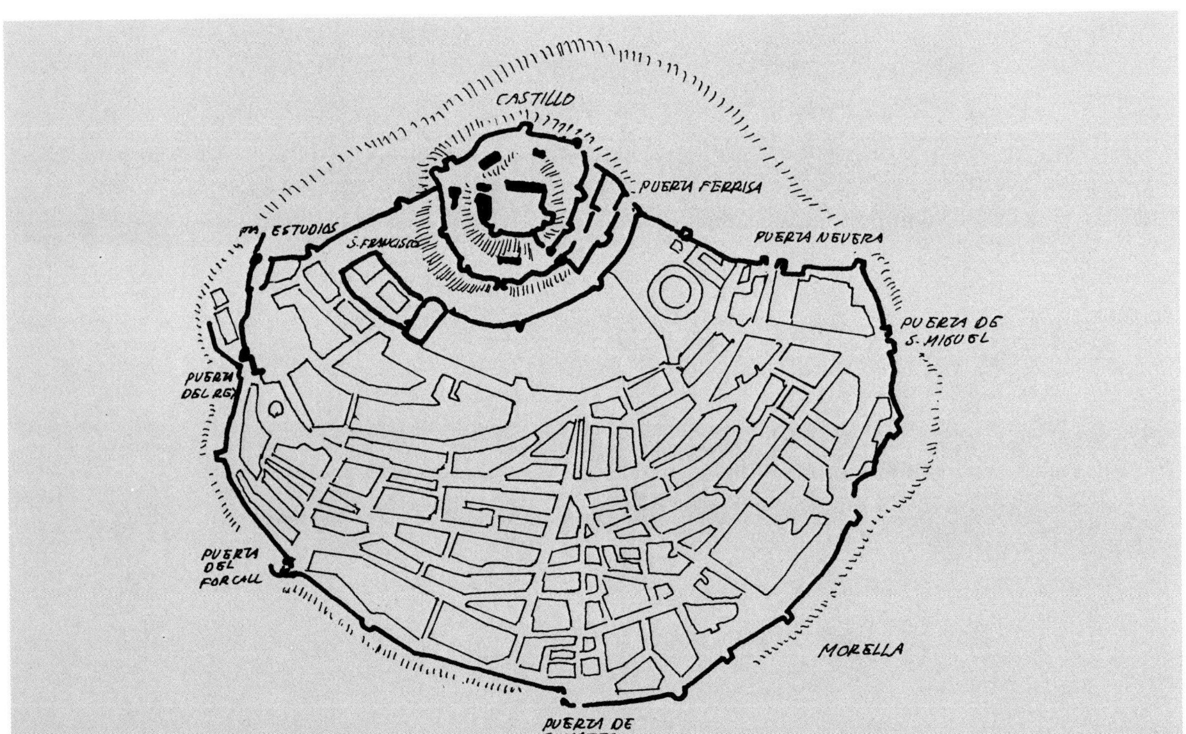

Plano de Morella, y una puerta abierta en la muralla, con un arco gótico de buenas dovelas y piedra muy bien labrada en un muro de sillarejo sin desvastar.

PEÑÍSCOLA (Castelló)

Promontorio o peña es el significado del nombre de esta población marítima castellonense. Elevada sobre la roca en un tómbolo, su itsmo que la une a la tierra firme ha sido ensanchado, de modo que ha perdido parte de su antigua fisonomía clásica. Nuevas edificaciones, como el puerto pesquero, almacenes, etc., le proporcionan un aire de vitalidad frente a la quietud interior de la villa amurallada.

En Peñíscola, donde hubo culturas indígenas, se establecieron numerosas civilizaciones, desde los pueblos ibéricos hasta los romanos, pasando por los fenicios, los griegos y también los cartagineses. Islote privilegiado en las feroces tierras levantinas, la ciudad de Peñíscola sólo va a ser conocida como tál tras la conquista cristiana que tuvo lygar en el año 1233, aunque sepamos que fue una plaza importante del Islam; que perteneció al reino de taifa de Tortosa y posteriormente al de Valencia; que fue acometida por los almohades y finalmente ganada a éstos en el siglo XIII bajo el mando de Jaime I.

Solamente unos años más tarde va a ser entregada a la orden del Temple, para custodia de esta parte de costa, hasta que disuelta la famosa orden de los caballeros templarios, éstos se refugian en su castillo, rindiéndose finalmente en 1307, cuando pasa la fortaleza a la nueva orden militar de Nuestra Señora de Montesa.

Ocupada por los frailes de Montesa, continuaron los trabajos de remodelación para su nuevo uso; se edifican salas capitulares, capilla, dependencias para los frailes y varios almacenes. Las reformas llevadas a cabo nos muestran el buen conocimiento de las técnicas militares, pues todas las edificaciones siempre estan protegidas por la sólida torre denominada *del Macho*. La activa presencia aquí de personajes de la historia, como el Papa Luna hicieron que fuese declarado Monumento Nacional en 1931.

Los templarios modificaron el castillo árabe y bajo el maestre de la orden, Berenguer de Cardona, se dieron los últimos toques al nuevo castillo, en el que desapareció todo resto árabe. Un suceso va

El exterior de los baluartes, con garitones esquineros (arriba y a la derecha), edificados sobre la roca.

a marcar definitivamente la historia de Peñíscola, y es que a principios del siglo XV el Papa Benedicto XIII, el famoso Papa Luna (por pertenecer a esta ilustre familia aragonesa), forzado a dejar su sede de Aviñón ante un nuevo Papa, fijó su residencia en esta fortaleza levantina en 1415, convirtiéndola en la nueva sede de la Iglesia, pese al cisma que representaba. Estaba apoyado por todos los reinos peninsulares.

Nuevas reformas van a tener lugar en el castillo y también en la configuración de la villa durante la larga estancia de ocho años del Papa Luna, hasta su muerte envenenado en el año 1423. De nuevo el castillo y la villa pasarán a la orden de Montesa, hasta que finalmente, en el año 1488, se incorpora a la corona de Aragón.

La imagen del Papa Luna, los emisarios envíados para que cesara en el cisma, la serie de obreros y alarifes que se trajo a Peñíscola, todas estás imágenes de una pequeña ciudad amurallada en contra del resto de los estados cristianos, a excep-

ción de Castilla y de Aragón, vagan todavía por los muros y cámaras del castillo de Peñíscola. Un siglo más tarde, la ciudad se va a *agermanar* en contra de Carlos I, y en 1521 se intentará tomar el castillo, aunque las tropas del emperador son rechazadas por el Virrey de Valencia, que les combatió desde el mar. Con Felipe II se decide derribar las viejas murallas medievales y construir baluartes, mucho mejor adaptados para las armas de fuego. Se encarga de la obra el famoso ingeniero militar Juan Bautista Antonelli, que intervino en muchas obras de España e incluso de Hispanoamérica. Así, Peñíscola podía estar segura de las acometidas de los piratas berberiscos, de los asaltos norteafricanos, de las incursiones corsas y de cualquier invasión por mar, siendo un punto intermedio fortificado que con Sagunto vigilaba el Mediterráneo del reino de Valencia.

La muralla fue reparada y fueron construidos nuevos baluartes en el siglo XVIII debido a las incidencias de la guerra de Sucesión, principios de este siglo. Sirvió también de defensa contra Napoleón, así como en las guerras carlistas.

La muralla de Peñíscola forma un conjunto muy notable de baluartes y puertas sabiamente distribuidas en torno al tómbolo y destacando el castillo siempre en lo alto. Empezando por el lado este, que es el itsmo por donde se une a la tierra, nos encontramos con la Puerta de San Pedro o del Papa Luna, que tiene como ornamento un buen escudo papal y que en otro tiempo estaba inmediata al mar, pudiendo entrar por ella las naves protegidas por la muralla.

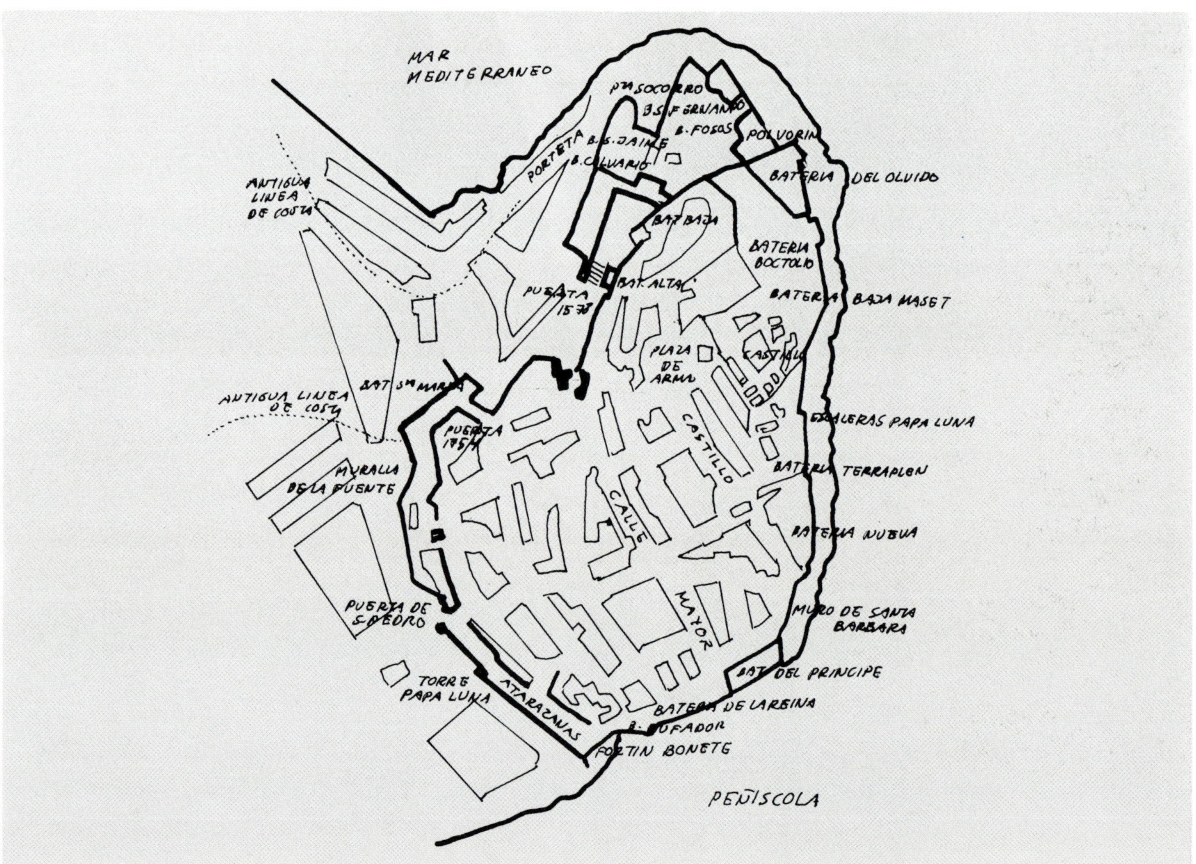

En páginas anteriores, detalles de los muros, garitones y merlones del castillo. Arriba, restos de murallas hacia el mar y, a la derecha, almenas rehechas.

Girando hacia el sur la muralla continúa con una torre denominada del Papa Luna. La existencia en este sector de una calle llamada Atarazanas nos indica que aquí estaban los almacenes para la fábrica de barcos.

Hay una batería denominada del Bujador e inmediato un fortín llamado Bonete, que da ya al Mediterráneo. Continúa la muralla con el baluarte de la Reina, la Batería del Príncipe y el Muro de Santa Bárbara, que se eleva majestuoso sobre el roqueado y tiene el mar como fondo. A la Batería Nueva siguen la Batería del Terraplen y la famosa escalera del Papa Luna, excavada en la misma roca y que parte de la Plaza de Armas del Castillo, llega al mar y se dice que fue construida en una sola noche para que el Papa pudiera escapar de sus enemigos. El castillo, situado en este frente este, tiene la cota más alta de todo el cerro de Peñíscola.

De aquí, y en paralelo con el mar, continúan las baterías, como la Baja Maset, Boctolio y del Olvido, donde empieza un segundo recinto más bajo a modo de pequeño arrabal fortificado, consistente en un polvorín y en los baluartes de los Fosos y San Fernando. Entre este y la Batería de San Jaime se abre la Puerta del Socorro. Más allá están la Batería del Calvario y la Puerta del rey Felipe II construida en el año 1578, obra fortísima y bien estructurada.

Siguiendo el lado oeste, la muralla se desdobla en dos niveles: en el primero, más bajo, se encuentra el Baluarte de Santa María, con la Puerta del mismo nombre, para llegar a la muralla de la Fuente, que nos devuelve a la Puerta de San Pedro. El segundo nivel está formado por una línea de muralla que sigue la calle Santa Ana y Fuente de la Villa. Solamente por las tres puertas citadas, de San Pedro, Santa María y Portal del Fosc o de Felipe II se podía ingresar en Peñíscola, ya que la propia roca cortada sobre el mar la hacen inaccesible por todos los frentes excepto por el oeste.

Todos estos baluartes con formas pentagonales o triangulares presentan una buena estructura a base de sillería de grandes dimensiones, como muros en talud, es decir, inclinados y con fosos allí donde el terreno lo permite. Presentan, además, grandes merlones para armas de fuego y una fina moldura separando estos del talud del muro. Los escudos de los reyes Felipe II y Felipe III indican la fecha de su construcción, a finales del siglo XVI. Se trata de una de las obras costeras mejor conservadas en este estilo.

La vista de la muralla desde el mar, con la mole del castillo y la iglesia en lo alto, representa una síntesis de los dos grandes poderes de la Edad Media reunidos en esta pequeña pero histórica población.

TRUJILLO (Cáceres)

Toda la población amurallada, así como el conjunto de la Plaza mayor y sus palacios, ha sido declarada Monumento Histórico Artístico. Rodeada de suaves colinas, Trujillo se asienta en una de ellas, sin río próximo pero con la reserva cercana de la laguna de La Albuera, mostrando parte de su histórico pasado reflejado en casas nobiliarias, castillo y murallas. Un buen término, en parte adehesado, rodea a la población, que dista cuarenta y cinco kilómetros de Cáceres. Juntas conviven dos ciudades: la Vieja, amurallada, medieval, y la Nueva, edificada a partir del siglo XVI. Incluso podemos añadirle una tercera, la sucesiva ampliación por la carretera de Madrid.

Los orígenes de la ciudad quedan marcados por los romanos, que denominarán a la antigua *Turgullium, Castra Juliae*. Los visigodos ocuparán la ciudad al igual que los musulmanes, bereberes de la tribu Nafza. Entregados a la agricultura y pastoreo, vieron como su ciudad fue saqueada por el rey asturiano Alfonso III, y comenzaron a edificar el castillo para protegerse. Esto ocurría en el siglo IX. A partir de este momento se iniciará la construcción de las murallas dejando en la parte más alta el castillo y su gran albacar, y al oeste la población, ocupando el cerro y sus laderas. El castillo presenta planta cuadrada muy sencilla con cubos en las esquinas y a mitad de lienzo. Tiene un interesante aljibe musulmán y fue reformado añadiéndole torres albarranas. Del castillo parte hacia el norte un gran recinto vacío torreado, con espacio triple que el castillo donde, en caso de asedio, se refugiaban la población y el ganado. Forma el ángulo noreste de las murallas y tiene una buena torre albarrana.

El recinto del albacar consta de seis cubos rectangulares, uno semicircular, la airosa torre albarrana del flanco noreste, más un baluarte pentagonal posterior al que se entra entre dos cubos cuadrados. Tanto el castillo como el albacar están situados en el cerro denominado Cabeza de Zorro.

El espesor de los muros del castillo es de dos metros y su recinto es casi cuadrado, de cuarenta y uno por cincuenta y nueve metros.

Torres del albacar de Trujillo, obras macizas. A la derecha, las torres del alcázar de los Bejarano desde el oeste.

El castillo es obra del siglo IX, construida con buenos sillares de granito en estilo califal. Incluso la puerta de ingreso se abre con arco de herradura, entre dos cubos macizos de cinco metros y medio de lado. Tenía dos puertas consecutivas y un patinillo, más rastrillo. Después se le añadió otro cuerpo interior desde el que se puede seguir directo o subir a la derecha hacia el adarve. Aunque con modificaciones, todavía se aprecian los muros de granito colocados a soga y tizón, al estilo califal, y posteriormente se ha esgrafiado la fachada de ingreso a la que se ha colocado encima de la puerta la Virgen de la Victoria, con camarín.
Desl castillo, por su lado sureste, parte la muralla con una serie de torres dejando a la calle de Santiago como adarve interior. Entre la propia iglesia de Santiago y el denominado Alcázar de los Chaves, se abre la puerta de Santiago, que comunica la Villa murada con la Plaza Mayor y el arrabal. La puerta es de un sencillo arco de medio punto, con su almenado, escudos y lápida conmemorativa. Las torres de la iglesia de Santiago y la del Alcázar de los Chaves forman dos imponentes defensas.

De aquí continúa la muralla frente al palacio de Pizarro de Orellana y tuerce en la calle de las Almenas. Llamada así por las propias de la muralla. La Puerta de San Andrés es un pequeño arco gótico con escudo imperial y almenado, que se defiende por la proximidad de la casa fuerte de los Escobar y la iglesia de San Andrés.
La muralla está toda construida con sillarejo, aunque en ángulos y en torres se emplean buenos sillares, así como en las puertas. Tiende a adaptarse el terreno y se utilizan puertas con entrada directa protegidas por edificaciones interiores, incluso más altas y potentes que las mismas puertas. El empleo de torres albarranas en puntos estratégicos, los ángulos entrantes y la disposición de las puertas hacen de la muralla de Trujillo un soberbio ejemplar del siglo XIV donde la rudeza de la fortificación queda compensada con algún detalle ornamental de escudo, lápida u hornacina. La muralla de Trujillo tiene veintidos torres, contando la de las puertas, y siete puertas de muralla de las que quedan cuatro. En líneas generales, diremos que las torres se utilizan a tramos irregulares allí donde hacen falta, pero su empleo es casi

Parte de las defensas del lienzo oeste, hoy reconstruidas, y alguna convertida en vivienda.

La Puerta de San Andrés, que da a la calle de las Almenas. Debajo, el plano del recinto amurallado de Trujillo.

exclusivo en los lienzos sur y este, zona con más facilidad de combate, ya que el ángulo noreste está protegido por el castillo y albacar. Utiliza dos torres albarranas muy separadas del muro en el ángulo noroeste y suroeste, así como diversos tipos de planta de cubos: rectangulares y cuadradas. La mayoría son de sillarejo, aunque algunos lo son de buenos sillares.

La Puerta del Triunfo se asemeja mucho a las interiores, aunque es un poco más grande y con buenos escudos. Inmediatamente a ella se levanta el alcázar de los Bejarano. Por esta puerta es tradición que entraron las tropas cristianas cuando conquistaron la ciudad en 1232. Queda protegida también por un buen cubo de muralla situado a su izquierda antes de entrar. El remate de puerta y muralla está formado por almenas tronco–piramidales edificadas en sillarejo, abriéndose alguna saetera en ellas. La última puerta de la muralla de Trujillo la forma la Puerta de Coria, que se abre al noreste con sencillo arco gótico.

Del pasado histórico de Trujillo tenemos breves descripciones de historiadores islámicos, como

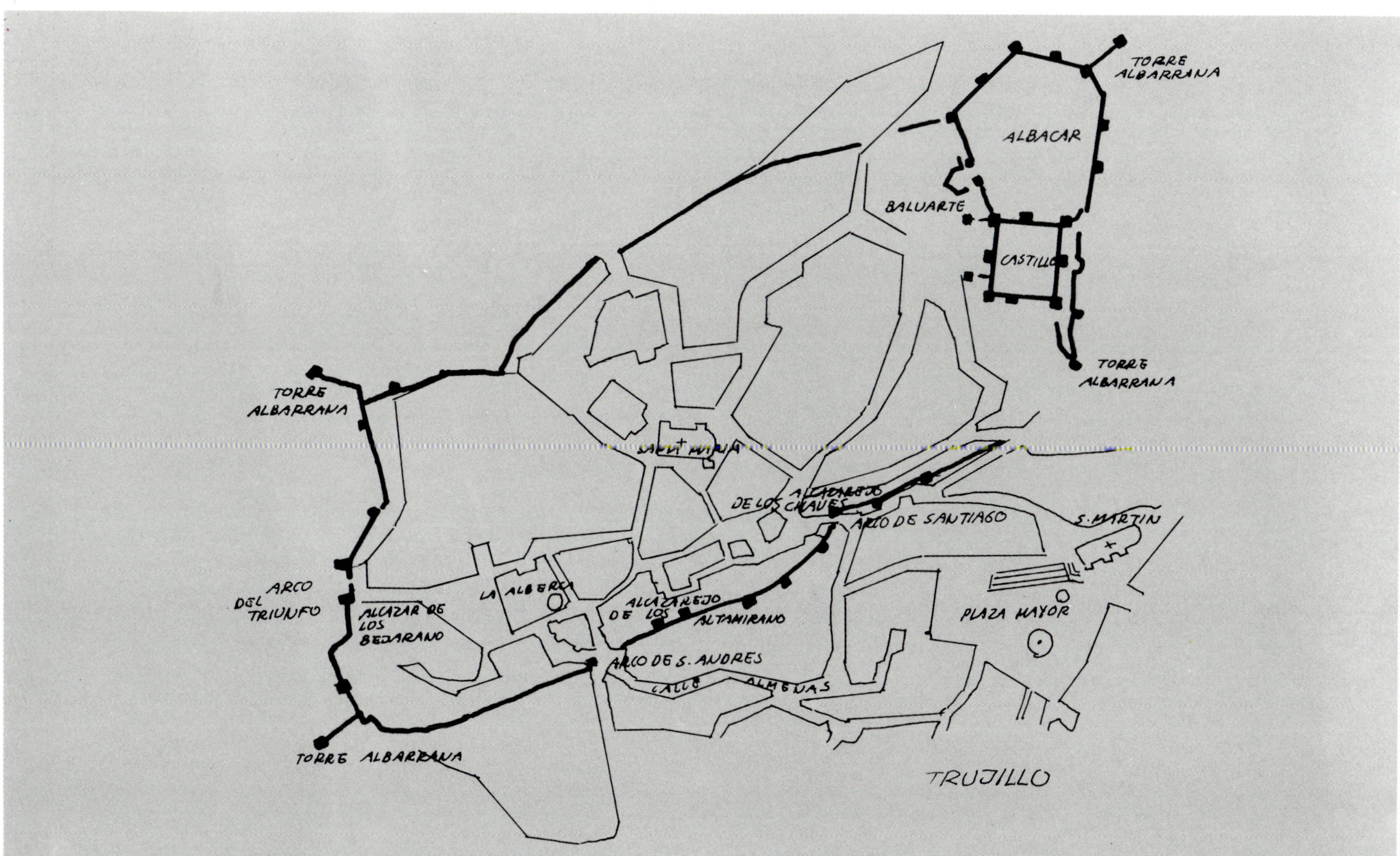

La calle de las Almenas, arriba, y un torreón junto a la iglesia de Santiago. A la derecha, el mismo lugar visto desde el exterior del recinto amurallado.

Al–Idrisi o Al–Umari. El primero nos dice: «Esta última villa es grande y parece una fortaleza toda. Sus muros están sólidamente construidos y hay bazares bien provistos. Sus habitantes, tanto jinetes como infantes, hacen contínuas incursiones en el país de los cristianos». Perteneciente al califato de Córdoba, a la caída de éste en 1032, pasa a formar parte del reino taifa de Badajoz, que llegaba hasta Lisboa. Los almorávides unificarán el territorio musulmán e igualmente los almohades, reafirmándose con sólidas construcciones militares en Extremadura: Coria, Granadilla, Cáceres, Mérida... en 1196 será tomada por las tropas cristianas y entregada a la recién creada Orden Militar de Santiago y de San Julián del Pereiro aunque de nuevo pasará al Islam hasta 1232, en que definitivamente fue tomada. La villa será declarada de abolengo, es decir, perteneciente al rey y en ella se instalarán nobles familias como los Chaves Cárdenas, los Zúñiga, Calderón, y Orellana, por citar algunas. En esta alterada época medieval, Trujillo va a reunir entre sus muros al infante don Enrique en 1429, que había sido despojado de sus pueblos y fortaleza, quien se esforzó en fortificar la ciudad destruyendo sus arrabales, lo que su padre, el rey, trató de impedir, pudiendo tomar el castillo sólo a traición y pactando con el infante una serie de condiciones, por lo que volvió a la corte. De aquí saldrán muchos descubridores y conquistadores de América. Debido a la fuerte emigración en los siglos XVI y XVII verá mermada su población, unida a la expulsión de los judíos en 1492 y de los moriscos en 1606. Situada en la ruta Madrid–Cáceres, va a ser frecuentada por viajeros románticos que se asombrarán de la nobleza de sus casas hidalgas y de su castillo y murallas. El recinto amurallado fue declarado Monumento Histórico Artístico en 1962.

La puerta de Santiago, junto al alcázar de Luis Chaves el Viejo, vista desde el interior de la muralla. Arriba, torres del albacar.

CÁCERES

Colonia *Norba Caesarina*, en el siglo II a. de C., fue el primer nombre de Cáceres. En el 109 a. de C., se levanta el campamento de Castra *Servilia* y en el 79 el de *Casta Caecilia*, este último a tres kilómetros al noreste de la ciudad. Algunos autores discuten los emplazamientos de dichos campamentos, pero lo seguro es que el actual Cáceres fue fundado en el año 20 a. de C., según una inscripción que se conserva en el Ayuntamiento considerada como fundacional de la ciudad. La ciudad que adquiere pronto importancia, en unión de Caparra, Coria, Trujillo y Mérida.

El recinto amurallado, que primitivamente fue romano, se edificó tres siglos más tarde de su fundación, dada la presión de los pueblos bárbaros del norte, que asolaban las ciudades del imperio romano. Rotas sus defensas tras el saqueo del año 414 por los bárbaros, va a vivir unos siglos mediocres hasta la llegada de los musulmanes. Estos rehabilitarán sus poblaciones y después del siglo X empieza a sonar su nombre en las crónicas árabes. Sabemos que su actual nombre es derivación árabe del topónimo latino *Castris*, que aludía a los diferentes campamentos romanos de la zona.

Tras el califato, con sucesivos vaivenes, se formará un pequeño reino independiente taifa que comprendía Coria y Alcántara, que fue arrebatado por el portugués Geraldo Sempavor en 1165. En 1170, tras un pacto con el rey portugués, entró en la ciudad Alfonso I, fundándose aquí la Orden Militar de Santiago, denominada primeramente *Frates* de Cáceres. Los almorávides, unificadores de la España musulmana, entran en la Península y recuperan Cáceres en el año 1172, fortificándola con las murallas que ahora vemos. Permanecerá en manos musulmanas hasta 1229, siendo tomada el 23 de abril de ese mismo año.

Un siglo después se verá inmersa en la guerra fraticida de Pedro el Cruel con su hermano Enrique de Trastámara. Los alcaides del alcázar habían prometido al Concejo no entregar la fortaleza a ninguna de las dos partes hasta que no zanjasen sus diferencias. Enterado Pedro el Cruel, pidió el alcázar, y ante la negativa de sus

El arco de la Estrella, entrada principal a la ciudad vieja de Cáceres. A la derecha, torre albarrana, obra almohade en tapial.

alcaides, la tomó por la fuerza y decapitó a los juramentados. Cáceres verá correr sangre por sus calles de los Monroy y de los Solis, familias rivales. Es así como se llegará a pleno siglo XV, en el que los Reyes Católicos ordenarán desmonchar las torres de los palacios nobles, para evitar nuevas peleas y pasan a ostentar ellos mismos el título de Maestres de todas las órdenes, Santiago, Alcántara, San Juan y Calatrava, para evitar nuevas diferencias entre unas y otras.

Muchos cacereños salieron hacia América y durante el siglo XVI todavía el esplendor se verá en sus palacios. Pero a finales del XVII la ciudad caerá en el letargo para despertarse sólo en el presente siglo y ser declarada, por los altos valores artísticos y estéticos de su ciudad vieja, Monumento Histórico Artístico en 1949 por las autoridades españolas y Patrimonio de la Humanidad en 1986 por la Unesco.

El recinto amurallado forma un rectángulo con lados muy alargados al norte y al sur. Como hemos indicado, ocupa el mismo espacio que la ciudad romana, y en varias de sus torres se ven los muros almohadillados de piedra romanos. Cuatro puertas debió tener esta muralla orientada perfectamente a los cuatro puntos cardinales y unidas por calles directas: de la Puerta de Mérida, por la calle Ancha se llega a la de Mérida; del Arco de Cristo, al Postigo de Santa Ana.

Pero lo que nos llama la atención son esas enormes murallas con torres de tapial, que corresponden a la reedificación almohade, probablemente levantadas en 1180 en tiempos del califa Abu Yacub Yusuf. Tienen un perímetro aproximado de mil doscientos metros, siendo su lado más largo de cuatrocientos y el más corto de doscientos cincuenta. Comenzando por el frente norte, tenemos que ir a la calle Gallegos para ver la torre llamada Redonda, auqnue en realidad es octogonal, embutida entre casas. En una torre albarrana que formaba la defensa noroeste. Todas las cajas son de tapial maciza en su primer cuerpo; tiene en el segundo y a la altura del adarve una estancia con escalera para subir al adarve. Las almenas son rectangulares y junto con la Desmochada, es la torre que está más separada del recinto. Observamos que todo este frente está defendido por seis torres albarranas, ya que es el lado más llano, que daba a la Plaza del Mercado y arrabales y que más había que proteger. La segunda torre, llamada del Postigo, tiene planta cuadrada y es albarrana, edificada sobre una base romana con grandes sillares almohadillados. La torre albarrana de Santa Ana, cuyo muro que le une con la cerca tiene un pasadizo muy pintoresco, es semejante a la anterior, así como las de la Hierba y Horno, que han sido restauradas, quitándole las casas adosadas y mostrando su gran altura, de más de veinte metros. Presenta unos restos romanos formados por dos columnas embutidos en el tapial y con espacio quizás para una lápida conmemorativa. Tiene seis grandes almenas en cada cara y es toda de tapial, maciza hasta al altura del adarve, que es también alto (12 metros). A su lado la estatua romana popularmente llamada de Ceres, que estuvo colocada en una de las puertas de la muralla desde época romana. Varios postigos se abren para comunicarse con el exterior, unos con escaleras, otros con calles empinadas.

Estamos ya en la Plaza Mayor y la torre de los púlpitos nos muestra su obra gótica, con sillares de granito y dos curiosos garitones con decoración de bolas, obra del siglo XV, de época de los Reyes Católicos. Es la única adosada a la muralla y que forma la defensa del Arco de la Estrella, entrada principal al Cáceres amurallado. Aquí debió existir una puerta romana, hoy desaparecida. En este sitio vemos la muralla a base de sillarejo, obra cristiana en esta parte y que difiere totalmente de la almohade a base de grandes cajas de tapial rojizo. Las calles interiores paralelas a este frente reciben todavía el nombre árabe de *adarve,* que significa paseo de ronda. Más allá, otra torre albarrana denominada de Bujaco, contracción de la palabra *Bu–Yacub,* el califa almohade que mandó construir la cerca de Cáceres. Sin embargo, esta torre es cristiana, sobre un basamento romano. Destaca un balconcillo a modo de gran matacán donde las autoridades anunciaban los sucesos al pueblo. Tres matacanes defienden sus caras exteriores, siendo una bellísima obra gótica.

En el ángulo noreste debió haber otra torre albarrana como la Redonda, pero sólo una excavación permitiría descubrir su planta. La muralla en este lienzo este tiene adosadas casas, y no se pueden ver las dos torres albarranas de planta cuadrada que defendían la Puerta de Mérida o del Socorro, y llamadas del Rey y del Pobre. En el lienzo sur, una torre octogonal almohade en la calle Caleros, nos va indicando el cambio de dirección de los lienzos. Entre casas sigue la cerca hasta mitad del lienzo donde se abre el Arco del Cristo, con entrada directa y arco romano de medio punto. Exteriormente es retranqueada y está protegida por un cabo de planta cuadrada. Este Arco del Cristo es uno de los lugares más típicos de Cáceres. De aquí, la muralla llega a un baluarte formado por la Torre de los Pozos, Aljibe o Coraja (que de estas maneras se llama) y la Torre de los Gitanos. El nombre de Coraja parece aludir a Coracha, otro elemento típico de la fortificación almohade. Una nueva torre, también de planta cuadrada inmediata a la calle Pizarro, nos pone en comunicación con el interior de la población. Más allá entre casas, la torre Desmochada, buena obra almohade, torre albarrana octogonal que defiende el lienzo oeste. Toda en tapial, es una de las mejores de la cerca cacereña. La Puerta de Mérida no existe, aunque sí su espacio entre los lienzos de muralla y su nombre. Es posible que existiesen dos torres albarranas como en el lado este, defendiendo así la puerta y muros inmediatos. Entre casas por el exterior, la muralla llega al ángulo noroeste donde hemos iniciado la visita.

Como complemento diremos que las murallas de Cáceres, por su lado norte, este y oeste, tenían foso y barrera, desaparecidos ambos al adosarse casas, y que constituyen un notable ejemplo de fortificación medieval hispano–almohade, sólo comparable con las cercas de Rabar, Marraquech o Mezquínez, aunque en medidas menores.

Las torres de los palacios nobles intramuros, con sus almenas, saeteras, garitones y matacanes, completan las defensas de Cáceres. Las principales son las de los Espadero, Carvajal, Golfines de Abajo, Cigüeñas, Plata y Abrantes. Y no dudemos que el alcázar, que permaneció desde época árabe hasta el siglo XV, completaba las defensas de Cáceres. De aquél alcázar sólo quedó el aljibe, a base de arcos de herradura, montados sobre columnas visigodas y romanas, obra singular y que se puede visitar dentro del Museo Arqueológico.

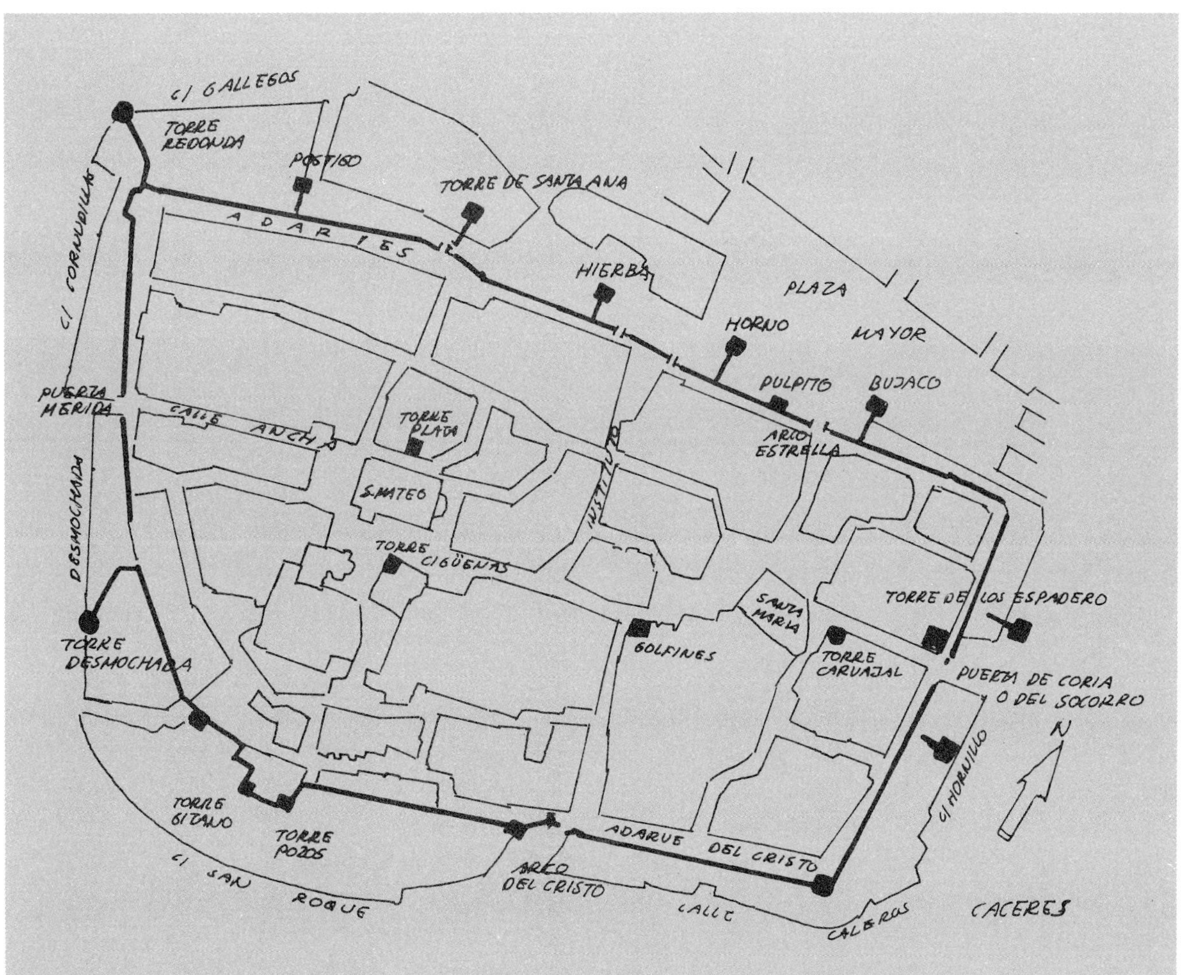

En páginas anteriores, la Torre del Bujaco, junto a la ermita de la Paz. Junto a estas líneas, plano con el recinto medieval de la ciudad vieja.

GRANADILLA (Cáceres)

Granadilla está situada al borde del Pantano de Gabriel y Galán, al norte de la provincia de Cáceres. Regada primitivamente por el río Alagón, era una de las principales defensas del norte cacereño. Aislada como iba a quedar tras la construcción del pantano, fueron expropiadas las tierras en 1965 y abandonado el pueblo. No cubrieron las aguas el nivel previsto y ha quedado como una península dentro del pantano, siendo propiedad de la Confederación Hidrográfica del Tajo. A efectos de su conservación, fue declarado en 1980 Conjunto Histórico Artístico.

De época prehistórica son los primeros restos históricos hallados aquí, consistentes en grabados rupestres y tumbas antropomorfas. Indirectamente estaría relacionada con la Vía de la Plata romana, que atravesaba de sur a norte la provincia. Los primeros datos son muy tardíos, pues corresponden a la reconquista cristiana en el siglo XII, en una primera fase y a la obra de Alfonso XI, para ser perdida después y permanecer bajo los musulmanes hasta el año 1161. Lo que primero nos llama la atención es su nombre, que no fue este, sino el de *Granada*, topónimo que mantuvo hasta el siglo XIX. Algunos autores afirman que fueron los Reyes Católicos los que ordenaron, después de la toma de Granada en 1492, que fuera llamada así, pero no parece cierto.

Nada más ver la población amurallada nos llaman la atención dos cosas: la existencia de una cerca completa sin torres y de un pequeño castillo gótico en uno de sus lados. Corresponden a obras muy diferentes en tiempo y estilo. La mayoría de los autores piensan que la muralla de Granadilla es obra árabe; sin embargo, difiero de ello. Toda la cerca fortísima está edificada a base de bandas de cal y canto y sin torre alguna. El grosor del muro es de tres metros y presenta una forma ovalada en la que se abren dos puertas. Creo que es una edificación cristiana al modo leonés, que utiliza el material más abundante y barato de la zona: la cal y el canto, formando una sólida argamasa. Ejemplos de primitivos castillos y cercas, de este estilo, los tenemos en la cerca de

Puertas de la muralla (arriba) y del castillo de Granadilla.

León, de Castro Torafe (Zamora), Plasencia (Cáceres), etc., poblaciones sobre base islámica, pero rehechas totalmente por los cristianos.
Lo importante es que el cerco de murallas ha permanecido intacto hasta nuestros días, y forma una elipse en cuyo norte está el castillo e inmediata la Puerta de la Villa. La muralla tiene siete metros de altura y se conservan bastantes almenas de forma cuadrada. Si vemos un plano de Granadilla observamos que en el centro está la Plaza Mayor y que por ella pasa la calle que comunica la Puerta de la Villa con la de Coria. Esta última se abre con sencillo arco de medio punto y con buenos sillares, presentando entrada directa. Al parecer, estos sillares son romanos y aprovechados de monumentos cercanos.
El sistema de construcción son cajas de argamasa formadas por pizarra, cantos tierra y cal, con una anchura de 1,40 a 1,50 metros y una longitud aproximada de tres metros y veinte centímetros. El perímetro es de un kilómetro. La Puerta de la Villa, o de Béjar, queda retranqueada respecto a la circunferencia de la muralla que le sirve de baluarte, así como su proximidad al castillo.
El castillo es un buen complemento a las murallas y fue edificado entre 1473 y 1478 por los Duques de Alba, ya que la villa les fue entregada en 1446. Su primer propietario fue Fernando Alvarez de Toledo, primer Conde–duque de la casa de Alba. El señorío de los Alba llegó hasta el siglo XIX, concretamente hasta 1830. Propiamente, el castillo es una torre cuadrada a la que por sus cuatro caras se le adosan cubos semicirculares con remate de ménsula y balcón amatacanado que recorre cubos circulares y torres a la misma altura. Detalle importante son las troneras circulares, aptas para armas de fuego. Tiene sótano y dos plantas, más la terraza de la torre que sobresale en un piso del resto. En 1980 ha sido consolidado y restaurado, ya que es una buena obra gótica de fina sillería y tiene un aljibe con agua potable.
Como antes hemos indicado, Fernando II la conquistó en el año 1170, o mejor dicho fundó la nueva población, donándola su hijo Alfonso IX a la Orden de Santiago en 1191. Estará más de un siglo en manos reales hasta el siglo XIV en que Alfonso XI la pone en manos de la nobleza.

En las páginas anteriores, el interior de la barbacana del castillo, con sillares romanos. Arriba, detalle de la muralla.

GALISTEO (Cáceres)

Galisteo es una notable villa amurallada situada a orillas del río Jerte, muy cerca de la confuencia de este río con el Alagón. Al pie de la Sierra de Berenguel, que la separa de Plasencia, de la que dista unos veinte kilómetros, eleva sus airosos muros en la ruta hacia Coria. Lo que nos llama más la atención de la localidad es prcisamente la muralla, a base de cal y canto, como en Granadilla, que se adapta al terreno. Ilustres señores y nobles fundaron la ciudad sobre una anterior musulmana y en el año 1217 aparece citada en las crónicas, ya que se reunen en ella el rey Alfonso IX y los caballeros de la Orden de Santiago para tratar de la posesión de Cáceres, que para entonces estaba recién conquistada.

Sabemos que tras la separación de Castilla y de León, la primera emprendió sus conquistas al sur, quedándose Extremadura en la avanzadilla musulmana durante muchos años. Toda la energía se tuvo que concentrar en la batalla de las Navas de Tolosa, en Jaén, para derrocar definitivamente el poder almohade e iniciar la reconquista de Extremadura. El poder cristiano estaba muy condicionado por la repoblación de las villas conquistadas a los musulmanes, y ya que la población era escasa, no se dudaba en entregar territorios y castillos a las recién creadas órdenes militares de caballerías, o también a los nobles. En este caso de Galisteo, la villa fue donada en el 1268 por el rey Alfonso X para su hijo don Fernando de la Cerda. Ocupados los nobles en disputas entre sí, la posesión de Galisteo reafirmaba el poder real frente a órdenes militares y nobleza.

Después, y tras muchos sucesos en los que la villa fue de unas manos a otras, llegó a la familia Fernández Manrique, que retuvo Galisteo hasta el siglo XVI. Después pasó a los duques del Arco y a la casa ducal de Fernán Núñez.

Destaca la sólida muralla, semejante a la de Granadilla y formada por tongadas de argamasa de cal y canto rodado, con un grosor de más de dos metros. El remate de las almenas tiene merlones cúbicos con remates piramidales y no posee la muralla torre alguna. La muralla se adapta al terre-

La Puerta del Rey (arriba) con un buen escudo, y la Puerta de Santa María, con un elegante arco gótico en ladrillo, en la muralla de cal y canto de Galisteo (Cáceres).

Puerta de
Sta Maria
Prohibida la
venta ambulante,
excepto domingos

En páginas anteriores,
detalle de los lienzos,
con tongadas uniformes de
argamasa de cal y canto.
Al lado, la torre del castillo.

no formando un polígono de líneas rectas al norte y curvas al sur, y tres puertas se abren en su recinto: la de la Villa, al oeste, que es la que posee mejores defensas, la Puerta de Santa María, al este, inmediata a la iglesia del mismo nombre, y la Puerta del Rey, al sur. Esta última puerta se abre con entrada directa, con su primer arco de sillares y el interior de ladrillo, más acorde con el estilo de la obra. Sobre el arco hay un buen escudo del siglo XVI. Por dos escalinatas laterales se accede desde la puerta al adarve. La Puerta de la Villa es la más estratégica, por situarse en un retranqueamiento de la muralla y tener entrada acodada respecto a la línea exterior. A ambos lados, dos rampas de acceso al paseo de ronda. En un ángulo de la muralla noroeste, y muy cercanos a esta puerta se encuentran los restos de un castillo–palacio que mandó edificar don Garci Fernández Manrique de Lara, III conde de Osorio, posiblemente sobre el lugar que ocupara una antigua fortificación árabe, que posteriormente fue en parte derruida. En el ángulo noreste destaca una garita que los habitantes de Galisteo llaman *El Picotín*.

La Puerta de Santa María se abre con dos arcos: el primero apuntado y muy alto que deja un espacio hueco entre él y la muralla. Toda la rosca del arco es de ladrillo. El segundo arco es de medio punto, con dovelaje gótico. Un tercer arco de medio punto, con rosca de ladrillo, completa la entrada. Encima de él corre la escalera de acceso al adarve y al propio campanario de la iglesia. La puerta tiene entrada directa.

El lienzo presenta aquí sus almenas cuadradas en mampostería de cal y canto. Inmediatamente después de la puerta nos encontramos con la iglesia parroquial de Santa María de la Asunción, con su alta espadaña y un interesante ábside mudéjar de ladrillo, uno de los pocos ejemplares que aún quedan en toda Extremadura, construido en la segunda mital del siglo XIII. En esta Puerta de Santa María aparecen en los sillares de granito muchas marcas de cantero.

El castillo está formado por una torre cuadrada de buena sillería que formaba parte de otras dependencias, hoy perdidas. Tiene en sus casas unos balcones amatacanados que protegen ventanas y puertas. Está rematada la torre por un pináculo muy alto de piedra, gótico, que le da un aire muy pintoresco. En su interior está el depósito de agua del pueblo. Sabemos que el castillo tenía galería alta y baja en el patio, participando de la parte señorial y militar y que fue levantado por Garci Fernández Manrique III, conde de Osorio. La torre es el último resto anterior a la obra del castillo, ya que es del siglo XIV y desde ella se divisa y protege el paso del puente sobre el río Jerte, construido por el primer señor de Galisteo.

La última propietaria del castillo y villa, de Galisteo fue doña María del Pilar Loreto y Osorio y Gutiérrez de los Ríos, duquesa del Arco, Montelluno y Fernán Núñez, condesa de Saldueña, Frigiliana, Montehermoso, Puertollano, Molina de Herrera, Barajas, Anna, Cervellón, Elda, Pezuela de las Torres, Siruela, Marquesa de Pons, Castilnovo, Miranda de Anta, Castelmoncayo, de la Alameda, Nina, Nules y Villatorts, señora de Higuera de Varga, Pasarón y Torreluenga. Siendo todavía menor de edad se comenzaron a enajenar el palacio, extiguiéndose a particulares fortalezas y torres. Tan insigne muralla y la torre del castillo no han tenido la fortuna de estar protegidos por algún decreto, y sólo en reciente época se ha reconstruido algún lienzo caído, y se han restituido algunas almenas.

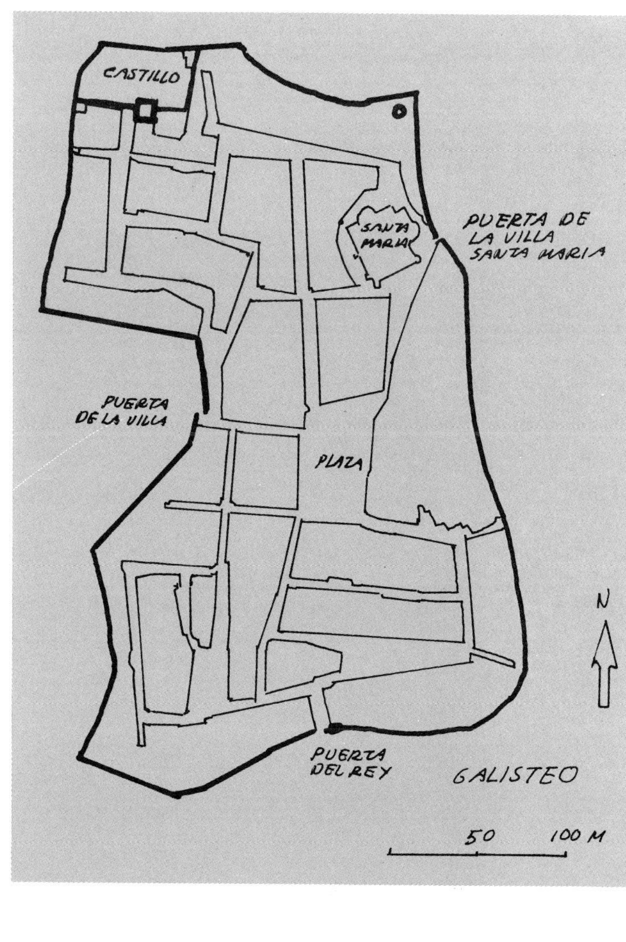

Plano del peculiar recinto amurallado de Galisteo que no tiene torre alguna.

CÓRDOBA

Córdoba nace como punto de encuentro entre la Campiña y la Sierra, al lado del río y como centro de exportación de metales. Ocupada por tribus ibéricas va a cobrar cierto renombre con los cartagineses con quienes aparece nombrada por primera vez. Roma edificará una ciudad sobre los restos ibéricos en el siglo II a. de C., y encarga las obras al pretor Claudio Marcelo quien la convierte en capital de *Hispania Ulterior.* Del período de luchas entre Setorio, Viriato y los Pompeyos han quedado algunos restos constructivos en Córdoba, así como su vivo recuerdo. Ostenta la ciudad los apellidos de *Colonia Patricia Corduba,* Séneca es uno de sus más ilustres hijos y posteriormente también Osio, obispo cordobés del siglo III d. de C. martirizado en las persecuciones contra los cristianos.

Con los romanos se edificó la muralla, del tipo campamento, formando un rectángulo denominado por los historiadores *Urbs cuadrata.* Así, es frecuente al tirar una casa y excavar los cimientos, que aparezca el nivel romano con mosaicos, muros y todo tipo de restos. En el mismo alcázar hay una columna romana, in situ, que formaba parte del muelle de la Córdoba romana, y es que desde Cástulo, en Jaén, el río Betis (después Guadalquivir) era navegable, y por el salían tanto los productos mineros como los agrícolas, a base de aceite y vino de la Bética.

Por las ciudad pasarán los bárbaros del norte, siendo conquistada por el Imperio Bizantino hasta que en el siglo VI Leovigildo la tomará unificando la península bajo su corona. Poco durará la huella visigoda, ya que en el 711 los musulmanes entrarán en Hispania situando la capital del emirato independiente de Damasco en la ciudad de Betis; Abderramán III se proclama califa independiente y hermosea la ciudad con almunias, palacios, mezquitas y baños, e incluso construye una residencia en las afueras llamada Medina Azahara, que será el asombro de la época.

La muralla hispano–romana va a ser desmantelada por completo y se va a construir una nueva, mucho más amplia, en la que se aprecian dos

Torre de la Malmuerta, uno de los pocos restos cristianos de la muralla de Córdoba y, a la derecha, una torre albarrana en la ribera del río Guadalquivir, a soga y tizón.

sectores: el alcázar califal a orillas del puente romano, con sus jardines y diversos pabellones que llevarán nombres de los palacios de los Omeya del desierto, y que serán símbolo de riqueza y poder. Este recinto que podemos denominar ciudadela estaba integrado por el actual Palacio Episcopal, frente a la mezquita, el Seminario, el Alcázar de los Reyes Cristianos y el barrio anejo hasta la Puerta de Sevilla, incluyendo la plaza de los Mártires donde están los baños califales. Justamente este recinto es el único que se ha conservado de la gran extensión de murallas que tuvo la ciudad, junto los lienzos que van a dar a la puerta o medina, denominada Medina Al-Atiqa, que quiere decir «ciudad antigua», y que formaba un rectángulo con la Puerta del Puente al sur, la de Sevilla o Aroqueros, Almodóvar o Badajoz, y Amir en el lado oeste, León al norte, Abd-el Chawar o Toledo y Nueva, Hierro o Zaragoza al este. De todo este tramo sólo se ha conservado desde la Puerta de Sevilla a la de Almodóvar, más la torre de la Malmuerta, al norte, y el Portillo junto con algunos cubos de muralla en la calle de la Feria. Como la ciudad fue muy populosa, se extendió por el arrabal de Secunda, al otro lado del río, y al este con un recinto incluso más grande que el de la parte vieja, denominado Axarquia, amurallándose con torres en época almohade y con seis puertas. Aparte de todos estos recintos, la gran urbe de Córdoba en su etapa esplendorosa del califato, tuvo una zanja de tierra que envolvía las casas de campo, barrios del oeste, La Ruzafa y Medina Al-Zahira con una longitud de nueve kilómetros sin contar con la parte que daba al Guadalquivir, con lo que habría que sumarle cinco más. De la Axarquia, barrio del este amurallado cordobés, queda un gran lienzo con numerosas torres de planta cuadrada en la Ronda de Marrubial. Es lamentable tener que insistir que la muralla cordobesa llegó con sus reformas cristianas hasta

Portillo de la muralla junto al Alcázar de los Reyes Cristianos, con puente y foso.

El plano de los recintos amurallados de Córdoba. En la doble página siguiente, la torre de Calahorra, castillo árabe y cristiano con foso, contrafoso, barrera y agua.

el siglo XIX mediados, intacta, y que no fueron las guerras, sino la mano del hombre las causantes de su desaparición. En el plano de Coello de 1848 todavía se aprecian los nombres de todas las puertas y el trazado contínuo de las murallas.

De época cristiana, pero utilizando el airoso sistema árabe de soga y tizón, son las torres de la Ribera, que desde el puente van paralelas al Guadalquivir. La primera torre se llama de Las Arcas y tiene siete metros de altura, con sillares que varían entre cien por veinte y diez por veinte cms. unidos con pequeños guijarros y muy corroído por las humedades del río. Esta torre tiene planta poligonal que se acerca al heptágono. La muralla continúa con una altura de cinco metros y sirve de paseo sobre el río. La segunda torre presenta torre semicircular, así como las restantes, que en número de cinco y separadas a intervalos equidistantes, llegan a una airosa torre albarrana octogonal, de cuatro metros y ochenta centímetros de lado, obra gótica cristiana muy interesante. Aquí la muralla tuerce hacia el norte con la característica de que tiene su barrera completa y foso con agua, como estuvo en tiempos medievales, ya que recoge agua de un arroyo de la sierra. Aquí sí que podemos ver restos árabes, aunque mezclados con cristianos. Los cubos son cuadrados, situados unos muy próximos a otros y almenas tronco–piramidales. El número de torres es de cinco y sobresalen poco de los lienzos, que son bastante altos. Todo este lado forma el final de los jardines del Alcázar de los Reyes Cristianos y barrio del Alcázar viejo. Más allá, la Puerta de Sevilla, que muchos autores consideran una torre albarrana ya que consta de un muro perpendicular a las murallas con dos arcos y terminado en una torre. Diversos historiadores ven en ella un resto visigodo, pero por su aparejo a soga y tizón y su dis-

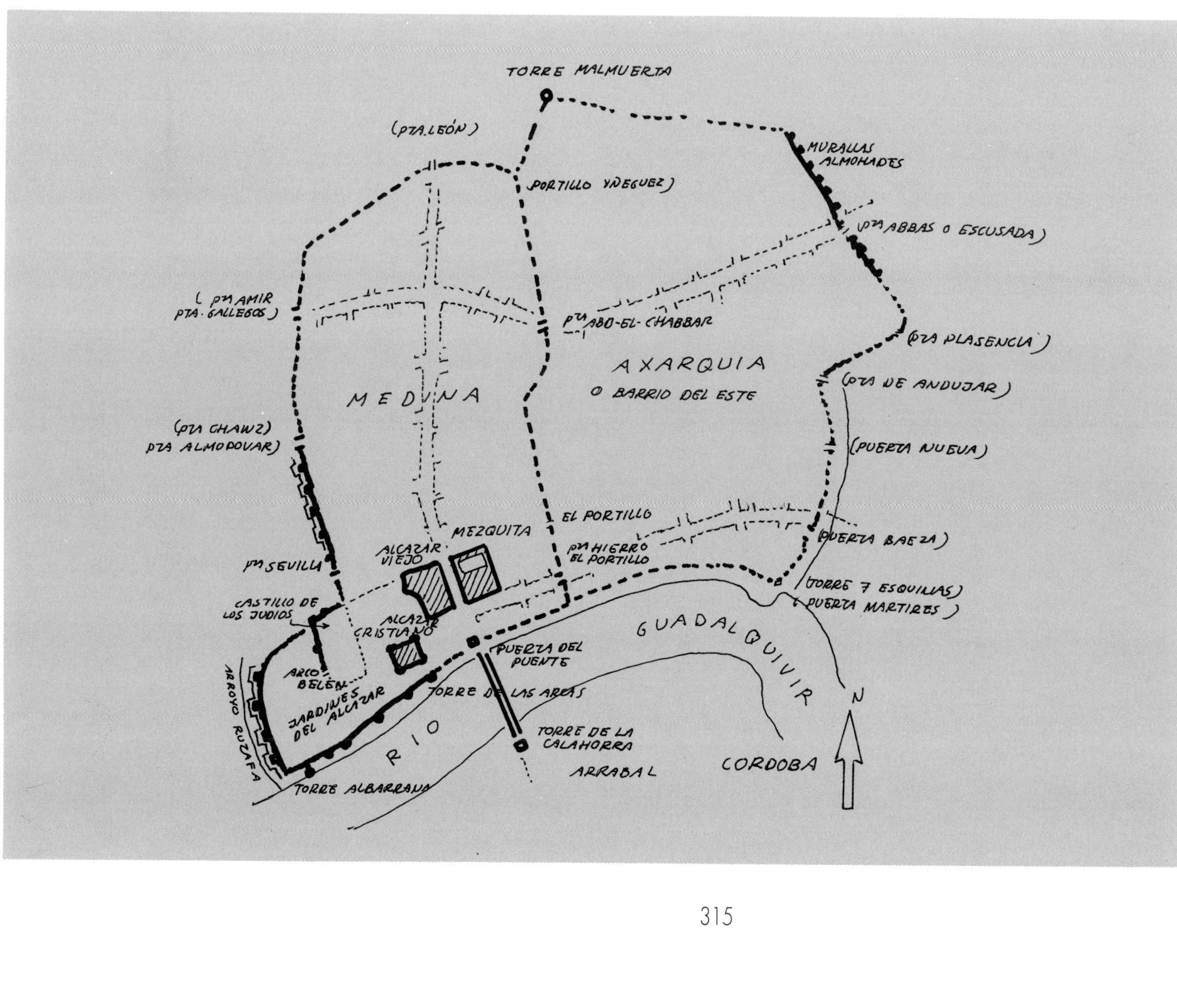

posición es una obra típica del califato cordobés. Algún lienzo de muralla y torre nos sorprende en el interior del barrio del Alcázar Viejo, y como el arco de Belén, es parte del castillo de la Judería que ocupaba una buena porción de esa zona. Igualmente sus materiales son sillares calizos colocados a soga y tizón, pero con señales de cantero, lo que demuestra su proceder cristiano aunque aprovechando elementos e incluso trazado.
La muralla se pierde desde la Puerta de Sevilla para continuar cerca de la Plaza de los Mártires y por la actual calle Doctor Fleming enfila hacia la Puerta de Almodóvar. Se ha reconstruido la barrera y aunque muchas de sus torres están habitadas, se puede apreciar su buena altura. La Puerta de Almodóvar primitivamente tenía dos cubos macizos unidos por un arco, pero en fechas desconocidas se unieron exteriormente dichos cubos elevando un gran arco gótico al exterior y adintelando el interior. El monumento a Séneca, a su salida, nos recuerda a este genio romano.
Se ha de hacer ver que estas murallas han sufrido muchas alteraciones, viéndose lienzos con sillarejo, obra inminentemente cristiana, así como otros con el característico sistema de soga y tizón. El portillo es un arco gótico que comunicaba la ciudad antigua con el barrio de la Axarquia y que contenía todo su tipismo. Al lado de la Casa de los Marqueses de Villalón y por la calle de la Feria o San Fernando, se aprecia un buen cubo de muralla, de planta cuadrada y muy alto, unido a un lienzo de la cerca. Al final de la calle Adarbes y cercana a la Plaza de Colón ha quedado como símbolo de las antiguas murallas la torre de la Malmuerta, estupenda torre octogonal maciza hasta el arco que le une a la muralla y, por lo tanto, torre albarrana. Exteriormente sólo ofrece unas finas saeteras y el almenaje. En su interior, una estancia octogonal cubierta con bóveda de media naranja y escalera para la azotea. Una lápida nos indica que fue construida entre 1406 y 1408 por orden de Enrique III de Castilla y que obedece su nombre a la tradición de que un caballero mató a su mujer al considerarla adúltera, sin poder probarlo, y después arrepentido recurrió al rey, quien le ordenó como expiación a su pecado levantar esta torre en recuerdo de su esposa «malmuerta». Si continuamos por la Avenida de Ollería llegamos a la Ronda del Marrubial, donde aparecen más de dieciseis cubos de muralla almohade con torres de tapial de planta cuadrada, y que continúan por detrás de la huerta de los Padres de Gracia.
Hay que recordar La Torre de la Calahorra, al otro lado del puente romano sobre el Guadalquivir, cuyo ingreso defendía, y que es un verdadero castillo con su foso y contrafoso y sus tres cubos rectangulares y dos semicirculares. Esta torre primitivamente era una puerta califal entre dos torres que luego se unieron y anadieron una serie de cuerpos, así como una barrera almenada que rodea todo el conjunto. Ha sido Museo Histórico de la ciudad y hoy tiene una exposición del pasado cultural cordobés. Para finalizar tenemos sólo que reseñar el Alcázar de los Reyes Cristianos, de planta rectangular, edificado sobre base romana, visigoda y árabe en época de Alfonso X el Sabio, que lo cita en 1279 y cuyas reformas llegan al siglo XV. Las torres adoptan nombres de la Inquisición, del Homenaje y de los Leones. En su interior se conserva un baño de época árabe. Sería muy largo detallar toda la historia de este edificio que, muy sintéticamente, fue residencia real durante la campaña de Granada, pasando más tarde a ser cárcel de la Inquisición. El último gran monumento militar es la Puerta del Puente, denominada a veces Arco del Triunfo, emplazada en el lugar de otra de carácter romano llamada por los musulmanes Puerta de la Estatua, por la que tenía esculpida sobre su arco de entrada. Fue construida en 1571 por orden de Felipa II y es una buenísima obra del renacimiento con sus columnas dóricas estriadas, escudos, cartelas, etc.
De los dos kilómetros de muralla de la Medina sólo queda algo más de la décima parte. De los 1.500 metros de la Axarquia, doscientos. Y nada de la cerca de tierra que llegaba hasta Medina Azahara. Ya en la misma época final del califato, 1002-1032, Córdoba fue saqueada por los bereberes; después se formó un reino independiente que fue absorbido por el de Sevilla. Los almohades entraron en la ciudad, pero más tarde se formó un segundo reino de taifa que comprendía sólo la provincia, que tomada por el rey de Toledo, perdida, y finalmente ganada por Fernando III en 1236. Aún así, su muralla se iba reconstruyendo y, como hemos indicado antes, se encontraba completa a principios del actual siglo. Así que no es extraño que ahora se mimen los últimos restos de la cerca que la defendió durante tantos siglos.

Cubo árabe de la muralla que recuerda todavía las técnicas bizantinas.

GRANADA

Granada fue llamada así por los árabes que ocuparon la población sobre la colina frente a la Alhambra. Rodeada de colinas, a orillas del río Darro y en su confluencia con el río Genil, el emplazamiento era idóneo para una ciudad nueva frente al macizo de Sierra Nevda. Así, los musulmanes ocuparon una antigua población romana llamada Castilla a la que cambiaron el nombre por el de *Garnata*. No vamos a remitirnos a su fundación por los turdulos ni al municipio romano llamado *Florentia* que, al parecer, ocupó los barrios de la alcazaba vieja o Albarracín. Al excavarse en 1724 una casa en la placeta del Cristo de las Azucenas aparecieron las ruinas del Foro romano, y después han aparecido vías y sepulturas en diversos puntos de la ciudad vieja.

En época visigoda la ciudad vive con sus edificios y dignidad eclesiástica, aunque son pocos los restos de esta época, como una inscripción del año 594 encontrada en la iglesia de Santa María de la Alhambra. Al parecer, los visigodos fueron los primeros que cercaron de murallas el foso, dada la inestabilidad de la época, reutilizando los musulmanes parte de la cerca.

Disgregado el califato cordobés en el año 1002, Granada se constituye como reino independiente, y es gobernada por bereberes de la tribu de los Ziries que, unidos a los numerosos judíos, formaron la base del nuevo estado. Alcanzó su máximo esplendor con el rey Badis (1038–1073) quien se anexiona el reino de Málaga. Una característica especial es que los visires de estos reyes eran judíos, como Samuel Ibn Nagrela. Entonces se amplía la cerca de la alcazaba vieja con otra que la rodea y llega hasta el Darro, llamada la alcazaba nueva, y se empieza a poblar la colina de la Alhambra.

A fines del siglo XI el reino cae en manos de los almorávides, que deportan a su rey a África y pasará, posteriormente, a los almohades. En 1238 un miembro de la familia Banu Ahmar de Arjona (Jaén), se declara vasallo de Fernando III el Santo, ayudándole en la conquista de Sevilla,

La muralla de la ciudadela de La Alhambra. A la derecha, torre con un profundo foso.

cediéndole la plaza fuerte de Jaén, mientras es reconocido como rey de Granada y se anexiona las actuales provincias de Málaga, Almería, parte de Cádiz, el sur de Jaén y Córdoba. El reino va a aglutinar a todos aquellos musulmanes de otras tierras ibéricas que fueron llegando desde Andalucía, Castilla o Valencia, y estuvo superpoblado, aunque hay que destacar la ausencia de cristianos y sólo la presencia de escasos judíos. Así, la ciudad se vio ampliada con nuevas edificaciones que hubo de amurallar, especialmente la zona entre la colina de la Alhambra hacia el Darro y la llanura, lugar que sería, y es hoy día, el centro de Granada. A ambos lados nuevas cercas incluirán el este de la zona denominada posteriormente la Antequeruela, y primitivamente el barrio de los judíos y, al oeste, trepando por el cerro, el barrio del Albaicín, Fajalauza y Sacromonte, dejando muchos espacios vacíos, bien para cultivos, bien para ganados. Así en líneas generales, la ciudad tenía cinco recintos, más el de la Alhambra. Desde un punto de vista cronológico, la parte más antigua conservada pertenece a la Alcazaba Antigua, primitiva fortaleza de planta heptagonal fundada en el siglo VIII por el gobernador de Elvira, Asud al-Saybani, y consolidada por el primer rey taifa en el siglo XI. Se conserva todo el lienzo norte, desde la Plaza de Bibalbonut hasta el Arco de las Pesas. Fue construída en tapial de argamasa, a base de tierra, cal, arena y piedras de río. Las torres son macizas y en las esquinas de sus bases hay un aparejo de lajas de piedra alternando cuatro sillares esbeltos entre dos de frente. Hubo varias puertas, conservándose la de Bab Qastar, conocida como Puer-

En la doble página anterior, el pilón de Carlos V, que oculta la Puerta de la Justicia. Arriba, torre árabe a base de tapial de argamasa.

ta de Hernán Román, restaurada, y que está en el Callejón de San Cecilio. Está formada por dos torres y es del siglo XI. La otra puerta conservada es la llamada Arco de las Pesas, denominada por los árabes *Bab al-Ziyada* o Puerta del Ensanche, y Puerta Nueva por los cristianos. Se abre con arco de herradura apuntado con dintel de ladrillos y queda defendida por un cubo de muralla. Su paso es acodado y forma una galería en ángulo, cubierta con bóveda de cañón y presenta el color rojizo terroso del tapial granadino. De aquí arranca un gran paño de muralla que llega hasta las inmediaciones de la Puerta de Elvira y que exteriormente recorre la calle de la Alhacaba, que quiere decir «la cuesta» pues, efectivamente, desde lo alto la muralla baja hacia el llano, habiéndose conservado un buen número de cubos, de planta rectangular y alguno cilíndrico sobre base cuadrada. Estos cubos son macizos, de tapial, y están desmochados. Deben su fortaleza a su grosor y a su posición en alto, y estuvieron precedidos de un foso. Tienen hoy día una serie de edificaciones humildes adosadas, por lo que es difícil verlos si no es

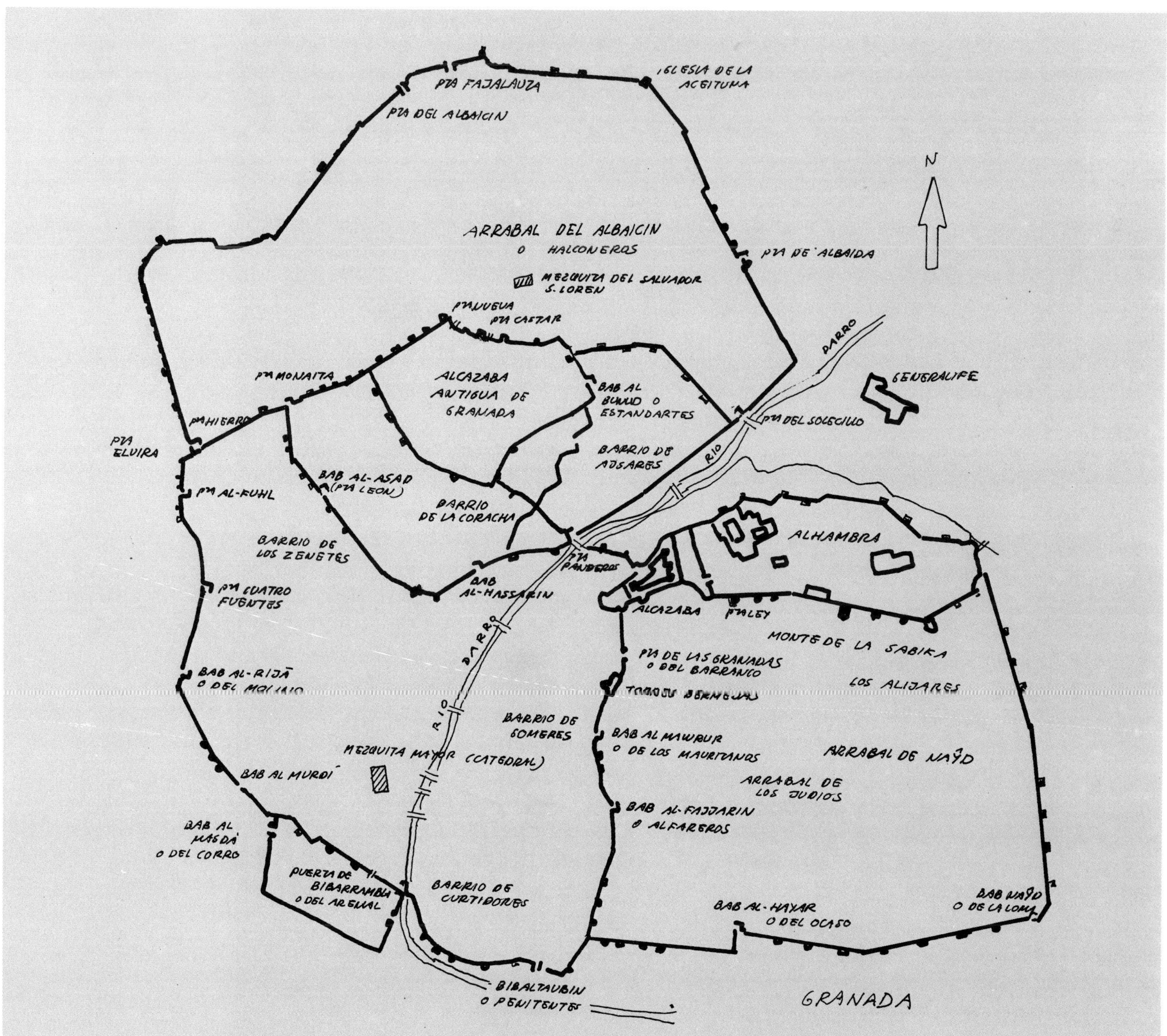

Torre y adarve, con foso interior. Obsérvese el color rojizo del tapial, que con los años le valdría el nombre de *alhambra*, «la rojiza».

Torre con una habitación superior a modo de mirador. Es notable la anchura del adarve almenado.

desde el mirador de San Cristóbal. Pertenecen a las obras de los Ziries entre 1002–1110, aproximadamente.

Una puerta conservada y afortunadamente restaurada nos habla de los progresos del arte militar. Es la Puerta o Monaita, derivación de una palabra árabe que significa orilla. Está retranqueada, defendida por un sólido torreón a su izquierda, y forma recodo. El torreón presenta ya las características del posterior arte nazarí: sillarejo entre bandas dobles de ladrillo y sillares pequeños en las esquinas. La puerta se abre con arco de herradura enmarcado por alfiz, para pasar a un segundo arco y un patinillo y hacer un recodo entrar en la ciudadela. Para acceder a ella había que ir en paralelo a la muralla y ascender mediante una rampa hasta la puerta. Es una obra del siglo XI.

Algún lienzo entre casas y llegamos a la Puerta de Elvira llamada así por ir en dirección a Ilvira, que fue la antigua capital de la provincia o cora granadina. Ésta fue la puerta más importante que tuvo la ciudad y su construcción comienza en el siglo XI y se prolonga hasta el XII. Lo que vemos es sólo parte del complicado sistema de puertas que tuvo, y solo su parte exterior, formado por un paño alargado en el que se abre el gran arco de herradura, todo ello en tapial y ladrillo. Tenía dos fuertes torreones de argamasa exteriores que protegían la puerta, dando paso a un patio descubierto, donde había unos arcos que daban entrada a la calle de la Alhacaba y, por tanto, al arrabal, y a la derecha, otros dos arcos de entrada a la medina. Hay que reseñar que la muralla en este sector tenía su barrera y su foso, y así aparece en el fresco de El Escorial

en el que se representa la batalla de la Higueruela, que tuvo lugar en las proximidades de Granada. El otro gran sector de murallas lo constituye la cerca de Albaicín, mencionada ya en el siglo XIV. A esta muralla los cristianos la llamaron la cerca de don Gonzalo, (habría sido edificada con el dinero del rescate del obispo de Jaén don Gonzalo de Zúñiga, pero sólo es una leyenda) y fue construida un siglo antes, en la época de Yusuf I. Esta cerca iba desde el Darro en su entrada a Granada, hacia el Sacromonte, San Miguel el Alto, carretera de Murcia y, finalmente, enlazaba en la Puerta de Elvira. El hecho de no estar poblada esta zona ha permitido mantener muros y torres, con la característica de algún muro en cremallera o zig–zags, y ausencia de cubos salvo excepciones, siendo toda la obra de sólida argamasa de tapial. Se abrieron numerosas puertas: la de los Labradores, del Osario, Guadix Alta, Fajalauza, formada por un pasadizo con bóveda apuntada que tuvo recodo. Otro resto de puerta se encuentra en el Callejón de la Alberzana cerca de la Plaza de San Bartolomé y que corresponde con la Puerta de Halconeros o del Albaicín.

Restos aislados de muralla los encontramos en el conocido Puente del Cadí, sobre el Darro, que son los restos de la Puerta de los Panderos, que conectaba con la alcazaba nueva y vieja con el recinto bajo de la Alhambra y consta de una torre pentagonal en la que aparece el principio de la rosca de un gran arco de herradura. La famosa Plaza de Bibarram debe su nombre a una puerta denominada del Arenal, salida del río Darro hacia el Genil, que los cristianos la conocieron bajo el nombre feísimo de Puerta de

Una hermosa vista del conjunto de torres y palacios de la Alhambra, que recorren el perímetro de la muralla.

las Orejas porque en ella se acostumbraba a colgar las que se cortaban a los malhechores. Demolida en 1884, sus restos fueron reconstruidos a principio de los años treinta en el bosque de la Alhambra, cerca de la Puerta de la Ley. «Tiene un gran arco de herradura apuntado en piedra, con impostas, con adornos de piñas y hojas talladas en mármol de Sierra Elvira. Seguía un espacio descubierto para la defensa y luego otro arco más pequeño, construido también en piedra y con adornos de conchas en su clave y albanegas, inscrito en dintel adovelado. Venían luego otros dos arcos análogos al anterior y los techos estaban cubiertos de bóvedas esquifadas. Parece ser que esta puerta fue construida mucho después que lo fuere la cerca, hacia mitad del siglo XIV». Así nos describe brevemente Luis Seco de Lucena esta puerta, hoy oculta entre la arboleda de la Alhambra.

Un tramo de muralla queda entre la Alhambra y Torres Bermejas, así como mínimos restos en Bibaltaubin, sede de la Diputación de Granada. No incluimos aquí la cerca de la Alhambra al considerarla toda como un castillo, aunque su denominación fue el de ciudad de Granada, ya que en realidad era un ciudadela con su alcazaba, palacios, casas de oficios, casas militares, jardines, baños y huertos.

De los seis recintos de Granada, sólo hemos descrito lo poco que aún permanece de pie. De las veintiseis puertas de este gran conjunto de murallas sólo nos han llegado siete, pues muchas fueron demolidas en el siglo XVI, como la de Alfareros (1551), Bab Mawrur (1867), Bab Hayar (1840) y la Puerta de los Molinos (1833). De los aproximadamente diez kilómetros de muralla sólo quedan 1.800 metros.

Sería penoso relatar todos los sucesos desde la creación del reino de Granada en 1241 hasta su desaparición en 1492, viendo como se desangraba en revueltas interiores y en alianzas con los reinos cristianos y los musulmanes del norte de África. Así, desde 1481 se inicia la guerra contra Granada de un modo premeditado, ya que la empresa requería un gran esfuerzo económico y las plazas granadinas estaban bien equipadas y amuralladas, pese al empleo por parte cristiana de la artillería.

Los granadinos podían recibir ayuda del norte de África y del Imperio Turco, lo que era un gran peligro para la España cristiana. Así, los Reyes Católicos recurrieron a la declaración de cruzada por parte del Papa, a la concesión de préstamos de las principales ciudades, etc. La acción militar no era continuada, sino que se atacaba en primavera y en verano. Las salidas eran contínuas de uno y otro lado. En 1483 los cristianos sufrieron una gran derrota en la Axarquia, pero ganaron en Lucena (Córdoba) cayendo preso Boabdil y saliendo libre tras declararse vasallo de Castilla, ayudándole contra su padre Muley–Hacen, aunque tuvieron que abonar fuertes rescates. Los castellanos tomaron Alora en 1484 y Setenil (Cádiz) en el mismo año, talaron la vega de Málaga y tomaron la ciudad en 1487 con grandes resultados económicos para la corona (192 cautivos fueron vendidos por cerca de dos millones de maravedíes, 683 regalados a prelados y caballeros, 100 envíados al Papa como obsequio, etc). Baza cayó en 1489 después de seis meses de asedio y el Zagal entregó Almería y Guadix, quedando aislada Granada. En 1491 se construyó la ciudad campamento de Santa Fe, a las puertas de la capital del reino nazarí esperando un largo asedio a la ciudad que no tuvo lugar, ya que la ciudad y lo que quedaba de su reino se negoció en rendición, entrando los Reyes Católicos el 2 de enero de 1492. Finalizaba así así el dominio musulmán en la Península después de 781 años. Sin embargo, los musulmanes permanecerán en el reino setenta y nueve años más hasta su destierro en 1571 a otras tierras peninsulares.

Con la toma de Granada se iba consiguiendo unificar bajo una sola corona la Península Ibérica. Quedó Navarra, que se anexionará en 1512 y Portugal, que pasará a formar parte de la corona de los Austrias con Felipe II y Felipe III. La toma de Granada y la construcción del campamento de Santa Fe van a ser dos hitos históricos cuyos nombres van a repetir los conquistadores por el Nuevo Mundo, creándose con el tiempo un virreynato de Nueva Granada (Colombia, Venezuela, Perú) cuya capital será Santa Fe de Bogotá. Otras ciudades en Nicaragua o Colombia, o la isla de Granada, recordarán a la ciudad del Darro y el Genil que supo mantenerse independientes de los poderosos reinos cristianos, gracias a sus sólidas murallas, durante dos siglos y medio.

NIEBLA (Huelva)

Niebla tiene un nombre curioso, pero además otro muchísimo más antiguo, el árabe de *Labla–al Hamrah,* que quiere decir «Niebla la roja», tanto en referencia al río Tinto, que pasa cerca, como a causa del color de sus murallas. *Ilipla* fue su primitivo nombre ibérico, y estuvo siempre relacionada con la extracción de metales del Andévalo con y la exportación de vino y de aceite, ya que el río era navegable desde Huelva, de donde partían grandes barcazas.

El viajero queda sorprendido al contemplar en un cerro a orillas del río Tinto las murallas almohades de esta población onubense. Bajo la cerca se conservan todavía los cimientos de un embarcadero de origen romano que fue utilizado por los musulmanes. Las diferentes civilizaciones fueron dejando su impronta; así pues, quedan restos visigodos de capiteles y columnas en la iglesia parroquial de Santa María, que fue después convertida en mezquita por los árabes. A este pueblo se debe la edificación de sus murallas. Pero antes de describirlas, repasemos un poco su historia.

LA Niebla musulmana estaba, como hoy día, en el camino entre Sevilla y Huelva y en la orilla izquierda del río Tinto, llamado así por el color de sus aguas, que al arrastrar mineral de hierro tenía diversos coloridos variantes entre rojo y marrón. Su máximo esplendor fue tars la caída del califato cordobés, a partir del año 1002, cuando se forma un reino independiente que pronto quedará absorbido por el de Sevilla. Tras la conquista almorávide desaparecerá incluso el reino sevillano, quedando dentro de la órbita general de la España musulmana, cuya capital oficial era Marraquex (Marruecos) y la peninsular, Sevilla. Los almohades sustituyeron a los almorávides y fortifican Andalucía y Extremadura, levantando sobre la ciudad milenaria las actuales murallas.

Forman un polígono que se acerca al cuadrado. El lado más largo lo constituye el norte donde está situado el castillo cristiano sobre otro musulmán, algunas de cuyas torres fueron adaptadas. Partiendo del castillo hacia el este encontramos una torre–puerta, la de Sevilla, que está precedida de

Puerta en las murallas de Niebla, con un arco apuntado que fue de herradura, bien labrado. A la derecha, el exterior del castillo de los Guzmanes.

Arriba la línea de muralla, con cubos cuadrados, y al lado, un arco califal. A la derecha, la iglesia parroquial vista desde un arco árabe.

Muro abaluartado en talud
en torno al castillo de Niebla.

un foso como todo el lienzo norte que, por estar en llano, necesita más defensas. La torre–puerta tiene entrada acodada, es decir, formando ángulo recto, y se abre con sus buenos arcos de sillares frente al material general, que es el tapial rojizo de toda la obra. A partir de esta torre, hay tres más de planta cuadrada y macizas, hasta llegar al ángulo noreste, donde se da el caso de dos torres unidas formando la defensa. Aquí comienza la barranquera norma hacia el río Tinto.

El lienzo este presenta una serie de inflexiones para adaptarse al cerro y tiene siete torres bastante separadas unas de otras. Como característica especial, una torre albarrana perpendicular a la muralla y unida por un arco. Varias de estas torres son meros contrafuertes exteriores de la muralla. El lienzo sur forma tres grandes entrantes y está más protegido por torres en número de diecisiete, abriéndose tres puertas: la primera de ellas, tras cuatro cubos y con el sistema de torre–puerta y entrada acodada; la segunda y tercera, juntas, en un entrante de la muralla. La torre–puerta no tiene nombre, pero sí la otra puerta abierta directamente en el muro y denominada Puerta del Buey. La torre–puerta está revestida de sillares, con arco de herradura bordeado de un alfiz. Dos puertas de madera dejan paso a un patinillo interior donde se ha de torcer y salir tras atravesar dos nuevos arcos.

Aquí la muralla sigue con inflexiones hasta una puerta abierta junto a un gran cubo macizo en el ángulo suroeste. Este lienzo es pequeño y sólo tiene cuatro cubos hasta enlazar con el lienzo norte. En este último lienzo alternan los cubos de planta cuadrada con los rectangulares hasta pasado el séptimo, donde se abre una torre–puerta idéntica a las anteriores descritas. Aquí la obra almohade del siglo XII deja paso a la reforma cristiana, que abre un portillo de entrada directa, y cuyo lienzo va a dar al castillo.

El castillo es una gran fortaleza gótica y renacentista, con su torre del Homenaje, sus dos patios que le confieren una gran planta alargada y su barrera abaluartada por el exterior. En el interior tiene barrera y también restos del foso que le rodeaba.

Conviene recordar que a la llegada de los almohades en 1154 estos le pusieron sitio: el vencedor, Abu Zacarías mandó asesinar a todos los varones, sacándolos de la población, y las mujeres y niños fueron vendidos como esclavos en pública almoneda, con sus pertenencias. Se dice que el número de muertos fue de ocho mil. Se enfadó por esta actitud el califa almohade Abdelmumim, y Abu Zacarías fue desterrado a Marruecos.

Poco después fue sitiada en 1178 por el infante portugués don Sancho, que pudo tomarla, teniendo que salir al socorro de Béjar, que había sido asediada por los musulmanes. En 1231 el arzobispo de Toledo don Rodrigo la asedió y tomó aunque no pudo retenerla mucho tiempo. Finalmente, en 1257 fue tomada por las armas del rey castellano don Alfonso X el Sabio, repartiéndose casas y tierras entre los cristianos y quedando los musulmanes como súbditos de estos, obligados a vivir en el campo y alquerías. Se dice que fue la primera vez que se hizo uso de la pólvora en artillería para combatir torres y murallas.

En 1369 el rey Enrique la hizo cabeza de un condado para su hija natural doña Beatriz de Castilla, que llevó la ciudad en dote cuando se casó con don Juan Alonso de Guzmán, tercer señor de Sanlucar de Barrameda, del que se descienden los duques de Medina–Sidonia y Olivares. Ligada a la casa de Medina–Sidonia no conocerá ya más desastres, a excepción de la Guerra de Independencia en 1810, año en que comenzó a ser hostigada. Navia con setecientos hombres de armas y cuerpos diferentes logró expulsar a los franceses, que volaron el castillo en su huida. El castillo es Monumento Nacional desde 1932 y las murallas desde el año 1945, con sus cuarenta torres, más las cuatro torres–puertas y dos postigos.

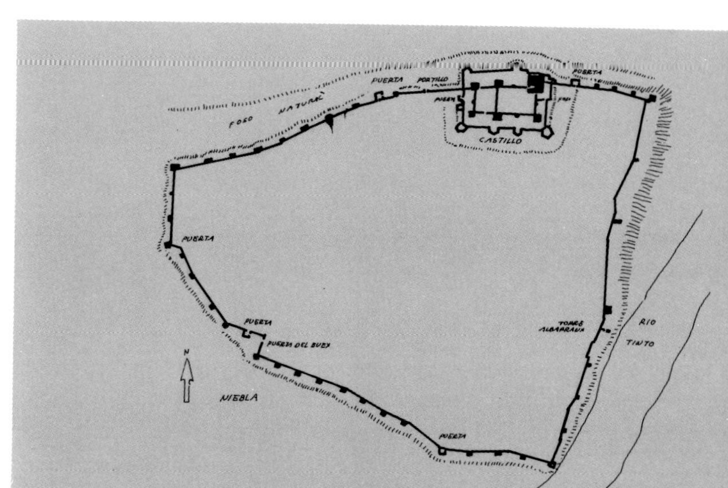

El plano de la ciudad amurallada, con el castillo.

ALCUDIA (Mallorca)

Alcudia es un antiguo nombre árabe que significa «el cerro», y en esta ocasión hace referencia a lo que fue una alquería o una casa de campo musulmana establecida en las inmediaciones de una ciudad romana denominada Pollentia. La ciudad fue fundada por Quinto Cecilio Metelo en el año 123 a. de C., y quedan de ella los muros y parte del teatro, en las proximidades de la ciudad medieval.

Con la llegada de los vándalos que habían asolado Andalucía, y que pasaron también a las Baleares, se arrasó la ciudad romana de Pollentia en el año 421 y sus habitantes abandonaron para siempre sus casas y sus pertrechos. Un largo espacio de tiempo sin dato alguno envuelve a las islas en un periodo nebuloso para nosotros, pero sabemos que pasan a depender del Imperio Bizantino, en cuya órbita permanecerán por mucho tiempo, hasta la época del emirato cordobés. Fueron tomadas por los musulmanes en el año 902.

Del largo período clásico pocos restos nos han llegado, ya que la arabización fue tan intensa que llegó a borrar la mayoría de los testigos del pasado, tanto latino y bizantino. Iniciada la conquista de la isla por catalanes y pisanos en el año 1115, éstos sólo consiguen saquear la capital, *Medina Mayurka* (Palma) y algún otro puerto, pero se tratará tan sólo del inicio de la conquista cristiana, que se prolongará por espacio de muchos años. A la taifa de Denia y Baleares siguió la ocupación almohade peninsular, de modo que los mallorquines se extendieron hasta el norte de África y llegaron incluso a fundar un efímero reino en Túnez.

En el año 1229 el rey Jaime I rinde la capital y con ello consigue el dominio de toda la isla. A la muerte del rey la isla pasa a su hijo Jaime II, que es declarado rey de Mallorca, y con él comienza una etapa de gran prosperidad hasta que, después de numerosas dificultades, intrigas políticas y luchas, pasa a integrarse en el reino de Aragón en el año 1349.

Desde siempre el peligro venía por mar, por lo que las ciudades importantes estaban edificadas

La Puerta de Xara, en la muralla medieval de Alcudia. A la derecha, cubos de sillares y muros en sillarejo.

a una cierta distancia, siempre alejadas de la costa, aunque, como en el caso de Alcudia, con un puerto cercano. Las murallas también protegían a sus habitantes de las revueltas interiores, como en el caso de las protagonizadas por los campesinos en el año 1391, o los enfrentamientos entre mallorquines y residentes o foráneos. Alcudia tuvo su importante judería y también su morería, de modo que la economía balear se resintió notablemente de la expulsión de éstos por decreto de los Reyes Católicos en el año 1492.

Con motivo de la guerra de las Germanías, los aristócratas se refugian en Alcudia, donde resisten a los agermanados, un hecho por el que posteriormente la villa será nombrada «ciudad fidelísima». Continua a partir de este momento una buena etapa de progreso en Alcudia, aunque empiezan a tener lugar las temibles *razzias* de los piratas turcos, que asolarán la costa mallorquina hasta el siglo XVIII. La isla, partidaria de los Austrias en la guerra de Sucesión, será ocupada también por las tropas de Felipe V.

Alcudia tiene un cerco importante de murallas góticas del siglo XIII y XIV y un doble recinto abaluartado del siglo XVI, obra construida en tiempos del rey Felipe III. Las murallas permanecieron intactas hasta el año 1893, en que a causa de la amenaza de ruina se procedió a su derribo, que afortunadamente no fue total, ya que se salvaron varios tramos y permanecieron en pie la Puerta de Xara y la de San Sebastián.

De las primitivas obras llevadas a cabo por el primer rey independiente de Baleares, Jaime II, en 1298, quedan las puertas y algún lienzo de muralla. Constan de dos cubos de planta cuadrada con dos saeteras a mitad del lienzo que están

Interior de la muralla, construida en sillarejo, con troneras de buzón.

Muro a base de sillarejo alargado y almenas en el que alternan las saeteras. En las páginas siguientes, el adarve.

coronados por cinco almenas en cada cara. Dos de ellas tienen, a su vez, una saetera. Entre cubo y cubo se abre una puerta de medio punto adovelada que está protegida por tres arcos volados sobre ménsulas, formando una especie de blasón amatacanado. Los sillares están muy bien labrados y se ajustan perfectamente, formando con su color anaranjado un conjunto muy destacado en el paisaje. Se han restaurado tanto la Puerta de Mallorca o de San Sebastián como la de Xara o del Port, estando estas últimas aisladas de los lienzos de muralla.

Aunque los lienzos obedecen a una gran restauración de los años sesenta, siguen la línea y formas de la muralla gótica medieval. Realmente formaba casi un cuadrado y su trazado era muy simple: en el lienzo norte, ligeramente curvado, se encontraban nueve cubos, siendo el esquinero tangente a las dos líneas de muralla. El lienzo este formaba una pequeña inflexión y casi en el ángulo sureste se abre la Puerta de Xara. El lienzo sur formaba un pequeño entrante en su mitad con siete cubos, finalizando en la iglesia parroquial, que estaba adosada a la cerca. El oeste, con su ligera curva, rozaba el convento de San Francisco, abriéndose la Puerta de Palma. En total, eran treinta cubos dispuestos a intervalos iguales dejando una pequeña ciudad en su interior cuyo trazado debería corresponder a cuatro calles centrales que se cortan en ángulo recto y sus transversales.

En el siglo XVI, cuando se decide fortificar con baluartes todos los puntos estratégicos de las costas españolas, desde Fuenterrabía hasta Cádiz y desde Cádiz a Rosas, se envuelve la muralla de Alcudia con una línea de baluartes en número de ocho, de igual forma que se había hecho en Ciu-

dad Rodrigo (Salamanca) dejando intacta la muralla medieval y edificando fuera de ella la nueva. Estos baluartes son pentagonales, muy semejantes unos a otros, y toman nombres clásicos. Al norte, y en el ángulo noroeste, están el del Rey, la Reina y San Fernando. La Puerta de Villarroya se abre entre estos dos últimos. Después siguen el de Santa María y el de San Felipe, que ocupa el ángulo sureste. El de San Luis y Santa Teresa completan el lienzo sur. Al oeste, el de San Antonio y entre éste y el del Rey, la Puerta de Palma. Todavía en el plano de Coello de mediados del siglo pasado figura toda la muralla completa y todos los baluartes. En el Atlas Geográfico Universal de Astort Hermanos fechado en 1877 aparece Alcudia como una de las veinte ciudades fortificadas de España.

Indudablemente, estas murallas tuvieron su foso, así como luego la segunda línea de muralla abaluartada, por lo que realmente era muy difícil conseguir tomar por la fuerza la población. Sin embargo, el uso de la artillería pesada en la Guerra de la Independencia, a principios del siglo XIX, puso de manifiesto que sólo se podía librar de ella aquélla ciudad que estuviera situada en alto y no como Alcudia, en una suave loma.

Con la reconstrucción de sus lienzos, el ajardinamiento de los espacios exteriores a la muralla, Alcudia ha recobrado parte de su pasado histórico, que muestra orgullosa a todos sus visitantes.

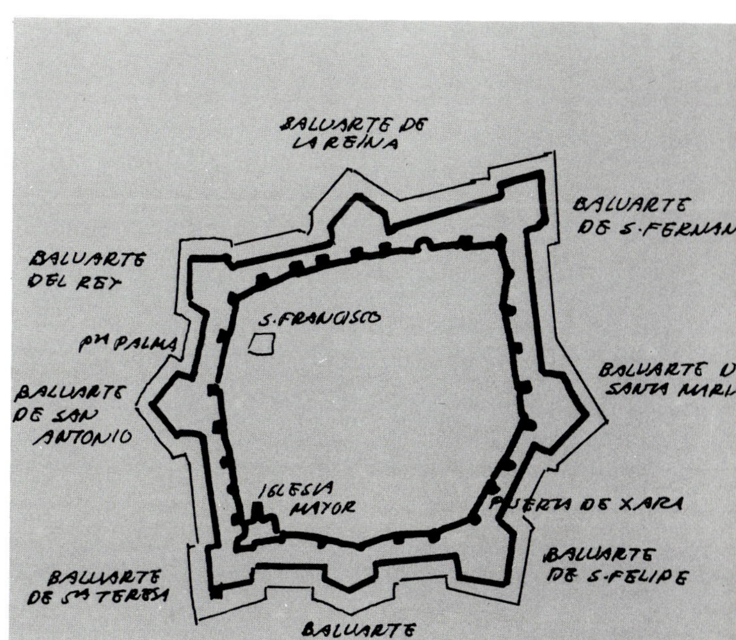

BIBLIOGRAFÍA

MONOGRAFÍAS

–Las ciudades españolas en el siglo XIX. Vistas de ciudades españolas de Alfred Gvsquesdon. Planos de Francisco Coello. Ámbito Ediciones, 1991. Libro en el que aparecen casi todas las capitales de provincias españolas y que después serían publicadas en el Dicccionario de Madoz.

–Guía de las murallas romanas de Lugo. Adolfo de Abel Villela. Ministerio de Educación y Ciencia, 1975. Obra histórica completa a falta de buenos planos.

–El castillo y las murallas de Jaén. J. Chamorro. Temas de nuestra Andalucía, nº 31, 1979. Caja Granada. Pequeño folleto, bien descritas las murallas y castillos.

–La villa murada de Urueña (Valladolid). Luis Cervera Vera. Diputación Provincial de Valladolid, 1979. Gran libro donde a base de croquis se narra toda la historia de Urueña, murallas y casas.

–Inventario de los castillos, murallas, puentes, monasterios, ermitas... de Salamanca. Antonio García Boiza. Diputación Salamanca, 1993. Reedición de la obra de 1937. Con brevísima reseña de las murallas.

–Castillos, murallas y torres de Morella. Manuel Salvador, 1980. Asociación Amigos de Morella. Breve folleto de tal sólo 19 páginas, pero muy interesante por sus planos y por su contenido.

–Origen y evolución de las murallas de Alicante. Pablo Rosser Limiñana. Patronato Municipal del V Centenario de la ciudad de Alicante, 1990. Obra completísima e ilustrada.

–Cercas y puertas árabes de Granada. Luis Seco de Lucena. Temas de nuestra Andalucía nº 29, 1974. Caja Granada. Estupendo folleto con todos los detalles de la muralla granadina.

–La muralla de Huesca en la Edad Media. María Teresa Iranzo. Diputación General de Aragón, 1986. Buena obra sobre este tema monográfico.

–El recinto amurallado de Ciudad Real y puertas de acceso. Jorge Sánchez Lillo. Ayuntamiento de Ciudad Real, 1982. Obra notable que se ciñe a su título y básico para conocer el desarrollo de la muralla de Ciudad Real y su posterior derribo.

–Museo de la muralla árabe de Murcia. J. Manuel Aragoneses. Ministerio de Educación Nacional, 1966. Guía del Museo de las murallas con planos y alzados, aparte del estudio de materiales encontrados.

OBRAS GENERALES

CASTILLOS DE ESPAÑA

Carlos Sarthou Carreres. Espasa Calpe, Segunda edición, primera edición (19), La primera obra que aglutina los más importantes castillos españoles, pero desactualizada. Segunda edición, 1963 y tercera, 1991.

CORPUS DE CASTILLOS DE CASTILLA

Juan Espinosa de los Monteros y Luis Martín–Artajo Saracho. Editorial Clave, 1974. Comprende las antiguas provincias de Castilla la Vieja y Castilla la Nueva. Es compilador de artículos firmados, con planos y buenas fotografías.

CASTILLOS SEÑORIALES DE CASTILLA

Edward Cooper. Fundación Universitaria Española, 1980. Volumen I–II.

2º edición en 1992, en cuatro volúmenes, publicados por la Junta de Castilla y León. Libro con gran documentación transcrita con numerosos planos y detalles arquitectónicos, infinidad de fotografías. Básico para castillos.

INVENTARIO DE PROTECCIÓN DEL PATRIMONIO CULTURAL EUROPEO Y IPCE. ESPAÑA, MONUMENTO DE ARQUITECTURA MILITAR. INVENTARIO RESUMIDO. MINISTERIO DE EDUCACIÓN Y CIENCIA, 1968.

Obra en la que se inventarían por provincias, castillos, murallas, fuertes abaluartados, iglesias fortificadas, puentes, torres y edificios fortificados de toda España, a modo de sencillas fichas. El número total de monumentos reseñados es de 5.422. Contiene numerosos errores.

BOLETINES Y REVISTAS DE LA ASOCIACIÓN ESPAÑOLA DE AMIGOS DE LOS CASTILLOS.

101 números en los que se tratan la mayoría de los grandes castillos españoles, Junto a otros poco conocidos. Básico para cualquier trabajo de investigación.

OBRA DISPERSA

De Leopoldo Torres Balbás. Ministerio de Asuntos Exteriores 1981–1982, 5 volúmenes. Reedición de sus artículos por el Instituto de España. Trata de arqueología hispano–

musulmana con las primeras obras publicadas sobre las fortalezas califales, almohades, etc., y ciudades hispano-musulmanas.

ANDALUCÍA

-Arquitectura musulmana en la provincia de Almería. Maria Pilar Sánchez. Instituto de Estudios Almerienses, 1988. Da una visión de castillos, torres costeras y del interior almeriense, con alzados y planos a modo de fichas. Libro interesantísimo.

-Les chateaux ruraux d'Al-Andalus. Histoire ef archeologie des husun du sud-est de L'Espagne. A. Bazzana; P. Cressier; P. Guichard. Publications de la Casa de Velazquez, 1988. Gran obra, con planos de castillos. Dedica un gran capítulo al castillo de Uxó (Castellón)

-Torres de Almenara, de la costa de Huelva. Luis de Mora Figueroa. Diputación Provincial de Huelva, 1981. Se estudian estas torres con profusión de planos. Libro modelo a seguir para el estudio de cualquier torre de almenara.

-Los castillos de Córdoba. Mercedes Valverde Candil y Felipe Toledo Ortiz. Caja Provincial de Ahorros y Asociación de Amigos de Córdoba, segunda edición, 1987. Monografía de cada uno de los castillos cordobeses, con planos y muy buenas fotografías. Básica para la provincia de Córdoba.

-El reino de Córdoba durante la dominación musulmana. Antio Arjona Castro. Diputación Provincial de Córdoba, 1982. Interesante libro dividido en siete capítulos con traducción de textos árabes medievales.

-La Almería islámica y su alcazaba. Lorenzo Cara Barrionuevo, 1990. Editorial Cajal. Obra completa con infinidad de planos. Didáctica.

-Castillos y poblamiento medieval en la Alpujarra. El ejemplo de Alhama de Almería. Lorenzo Lara y Juana María Rodríguez. Instituto de Estudios Almerienses, 1992

-Historia de la Fortaleza de Vélez-Málaga. La Axarquia, 1980. José Fernández Ramos. Fotografías históricas sobre Vélez-Málaga y las fortalezas y torres de la Axarquia.

-Castillos de Andalucía (Almería y Málaga). Emilio Serrano Díaz. Revista Geográfica Española, 1976.

ARAGÓN

-Castillos de Teruel. Cristóbal Guitart. Ediciones Lancia. Castillos de Iberia, 1992

-Castillos de Zaragoza. Cristóbal Guitart. Ediciones Lancia. Castillos de Iberia, 1992

-Castillos de Huesca. Cristóbal Guitart. Ediciones Lancia. Castillos de Iberia, 1992

-Castillos de Aragón. Cristóbal Guitart Aparicio. Colección Aragón, 1976. Obra completa sobre los castillos aragoneses, por épocas y por su tipología. Planos. Difícil de superar en todos los estilos.

CASTILLA-LA MANCHA

-Castillos y fortalezas de Castilla-La Mancha. A. Herrera Casado. Junta de Castilla-La Mancha, 1989. Reúne las cinco provincias por orden alfabético, con sus castillos principales, con excelentes fotos y textos. Obra recomendada para los iniciados en el tema.

-El castillo de Sigüenza y su restauración como Parador de Turismo. J.A. Martínez Gómez, segunda edición, 1983. Folleto muy ilustrativo que obedece a su título.

-El recinto amurallado de Ciudad Real y puertas de acceso. Jorge Sánchez Lillo. Ayuntamiento de Ciudad Real, 1982. Obra notable que se ciñe a su título y básica para conocer el desarrollo de la muralla de Ciudad Real y su posterior derribo.

-Catálogo de la exposición de Castillos de Ávila. Junta de Castilla y León, 1989. Buen catálogo con planos.

-Castillos de Guadalajara. F. Layna Serrano. Obra clave, histórica y una de las primeras monografías españolas.

-Cuenca. Revista de la Diputación Provincial nº 17, 1950. Artículo sobre el castillo de Cuenca y sus restos musulmanes, por Antonio Almagro Gorbea y el castillo fortaleza de Vélez. Datos históricos-arqueológicos, por Milagros Rivera. Dos buenos artículos.

-Castillos de Cuenca. Castillos, torreones y recintos amurallados. José Luis Rodríguez Zapata, 1992. Obra exhaustiva. Muy buenas fotos y texto resumido.

-Síntesis histórica de mi tierra. Señorío de Molina, sus sexmas y pueblo de El Pedregal. Juan José Beltrán, 1980. Libro interesante, lleno de datos sobre el señorío de Molina. Faltan croquis. Histórico y literario.

-Castillos de Guadalajara. I. Jorge Jiménez Esteban. Editorial Penthalon. colección Buho-viajero, 1992. Libro que recorre la provincia en cinco rutas, con planos y fotos de los principales castillos.

-Castillos de Guadalajara II. Jorgue Jiménez Esteban. Editorial Penthalon. Colección Buho-viajero, 1993. Recorre las cuatro últimas rutas de la provincia con planos y fotos de los principales castillos.

CASTILLA Y LEÓN

-Castillos de Zamora y Salamanca. Jaime Pinilla González. Ediciones Lancia, 1989

-Castillos de Valladolid. Javier Bernard. Ediciones Lancia, 1989

-Castillos de Burgos. Javier Bernard. Ediciones Lancia, 1989

-Castillos de Soria. Javier Bernard. Ediciones Lancia, 1989

-Castillos de Segovia y Ávila. Javier Bernard. Ediciones Lancia, 1990

CATALUÑA

-Ingeniería Militar en las crónicas catalanas. Discurso. Real Academia de Buenas Letras de Barcelona, 1971. Luis

Monreal y Tejada. Obra notable, didáctica y amena sobre el tema indicado.
- El Castels medievals de Catalunya. Tejada. Martí de Riquer. Falcó. Barcelona, 1955
- La alcazaba de Balaguer y su palacio árabe del siglo XI. Luis Díez Coronel y Montull. Instituto de Etudios Ilerdenses. Dip. Provincial de Lérida, 1969. Pequeño folleto donde se nos habla de los grandes restos musulmanes recién descubiertos en Balaguer.
- La Zuda de Lérida, 1971. Obra básica para el conocimiento de la Zuda
- Fortaleses, torres, guaites i castells de la Catalunya Medieval. «Acta mediaevalía, annex 3». Universitat de Barcelona, 1986. Diez artículos (9 en catalán) sobre diversos temas. Perfecto.

EXTREMADURA
- Castillos de Cáceres. Pilar Mogollón. Ediciones Lancia. Castillos de Iberia, 1992
- Castillos de Badajoz. Mª Teresa Terrón. Breve obra de los principales castillos de Badajoz. Ediciones Lancia. Castillos de Iberia, 1992
- Documentos de la Orden de Santiago sobre castillos extremeños. Manuel Garrido. Universidad de Extremadura, 1989
- Castillos, torres y casas fuertes de la provincia de Cáceres. Publio Hurtado. Editorial Regional extremeña, 1989. Reedición del libro de 1912. Interesante libro con datos históricos de primera mano.
- Alburquerque, villa y ducado. Cuadernos populares nº44. Editora Regional Extremeña. Eugenio López Cano. Excelente monografía con descripción de los castillos de Alburquerque y de Azagala.
- Fortificaciones romanas en Extremadura. La defensa del territorio. Ángela Alonso Sánchez, 1988. Pequeño libro arqueológico con 32 citas y estudio de localización de castillos o torres romanas en Extremadura.
- Arquitectura militar de la Orden de Alcántara en Extremadura. Antonio Navareño Mateos. Editorial Regional Extremeña, 1989. Obra dividida en 4 capítulos con el estudio monográfico de 22 castillos extremeños.

GALICIA
- Fortalezas de la antigua provincia de Tuy. Jaime Garrido Rodríguez. Diputación Provincial de pontevedra, 1987. Estudio de 23 castillos y torres, con fotografías, alzados, planos, léxico.... Obra completa y actualizada.
- Las fortalezas de la mitra compostelana y los «irmandiños». Ángel Rodríguez González, 1984. obra histórica sobre este tema

MADRID
- El castillo y la villa de Fuentidueña de Tajo. Luis María Carrero. Comunidad de Madrid, 1990. Estupenda obra, con planos, fotos, etc., que cubre el gran vacío medieval de la Orden de Santiago en el sureste de la provincia de Madrid.
- Guía de los castillos de Madrid. J. Jiménez Esteban y A. Rollón Blas. Ed. Tierra de Fuego, 1987. Obra que recorre la provincia en varios itinerarios. Fotos en negro. Índice final con lugares por investigar.

NAVARRA
- Los castillos y la ciudadela de Pamplona. Florencia Idoate. Temas de cultura popular, nº 202

VALENCIA
- Castellología medieval alicantina: áerea meridional. R. Azuar Ruiz. Instituto de Estudios Alicantinos. Dip. Prov. Alicante, 1981. Ejemplar estudio-modelo de castillos alicantinos.
- Los castillos de Alicante. Asociación Española de Amigos de los Castillos. Sección provincial de Alicante. Diferentes artículos sobre este tema. Muy didáctico.
- Castillos del país valenciano (primera parte). Francisco Sijo Alonso. Ediciones Seijo, 1978. Excelente obra detallada con planos y fotos blanco y negro. Muy recomendable.
- Fortificaciones y castillos de Alicante. Rafael Azuar (comp.). Caja de Ahorrros Provincial, 1991. Nueve artículos con fotografías, planos, etc., sobre castillos alicantinos con matiz arqueológico.
- Guía de los monumentos romanos y del castillo de Sagunto. Varios autores. Generalitat Valenciana, 1980. Obra arqueológica con el mejor estudio hasta ahora conocido del castillo de Sagunto.
- Recherche sur les habitats musulmans du levant espagnol. André Bazzana. Pierre Guichard. Instituto Storia Medievale Universita di Palermo, 1976. Obra en francés sobre diversos castillos musulmanes levantinos. Numerosas fotografías.
- Le peuplement de la region de Valence aux deux premiers siécles de la domination musulmane. Pierre Guichard, Separata de Anales del Centre de Cultura Valenciana, 1971. Buena obra (pese a que las referencias ocupan una cuarta parte) con datos y mapas precisos de los castillos musulmanes
- La clau del regne. Patronato Municipal del V Centenario de la ciudad de Alicante, 1990. José Hinojosa Montalvo. Libro dividido en 5 capítulos sobre la fortaleza de Santa Bárbara. Monografía completísima.

EL AUTOR

JORGE JIMÉNEZ ESTEBAN nació en Madrid en 1946. Licenciado en Filología Semítica y perteneciente a la Asociación Española de Amigos de los Castillos, actualmente es Director de la Revista «Castillos de España» y Director de la Sección de Investigación de esta asociación. Entre sus publicaciones en torno a este tema destacan:

- «Almería medieval» (obra en colectivo). Editorial Ariel. Granada, 1983
- «Castillos de Castilla–La Mancha» (colectivo). Biblioteca Polar, 1984
- «Guía de los castillos de Madrid», (con A. Rollón Blas). Editorial Tierra de Fuego, 1987
- «Aportación a la Arqueología hispano-musulmana: Peñahora (Guadalajara)». Revista Wad al-Hayara nº 16, 1989
- «Castillos de Guadalajara I». libros Penthalon, 1992
- «Una moneda española en el Pacífico». Revista española del Pacífico, nº 77, 1992
- «Castillos de España. Patrimonio Cultural de España». Aldaba Ediciones, 1992

También ha escrito numerosos artículos sobre castellología en la Revista «Castillos de España».

ÍNDICE

PROCEDENCIA DE LOS PLANOS

ANDALUCÍA

CÓRDOBA: Autor.
ÉCIJA: Catálogo arqueológico y artístico de la provincia de Sevilla.
GRANADA: Luis Seco de Lucena. Plano de Granada árabe.

ARAGÓN

ALBARRACÍN (Teruel): A. Almagro. Plano Guía de la ciudad de Albarracín. Instituto de Estudios turolenses.
CALATAYUD (Zaragoza): Inventario JPCD. Ministerio de Educación y Ciencia. Dirección General de Bellas Artes.
DAROCA (Zaragoza): Dirección General de Bellas Artes. IPCE. Monumentos de Arquitectura Militar.
ZARAGOZA: F, Quirós Linares. Las ciudades españolas en el siglo XIX y F. Coello.

BALEARES

ALCUDIA: F. Quirós Linares. Las ciudades españolas en el siglo XIX y F. Coello.

CASTILLA Y LEÓN

ALMAZÁN (Soria): F. de los Reyes y autor.
ASTORGA (León): Junta de Castilla y León. Servicio Territorial de Cultura.
ÁVILA: Dirección General de Bellas Artes. Inventario IPCE. Monumentos de Arquitectura Militar, 1968
BURGOS: J.A. Gaya Nuño. Guías Artísticas de España. Aries, 1949.
CIUDAD RODRIGO (Salamanca): M.F. Sendín Calabuig. Ciudad Rodrigo. Everest, 1973.
COVARRUBIAS (Burgos): Autor.
FUENTIDUEÑA (Segovia): J. Cuéllar y F. de los Reyes. Asociación Española de Amigos de los Castillos, 1992.
LEÓN: Waldo Merino. La ciudad de León, Siglos XIV–XX. Obra por J.Mª Villanueva Lázaro.
MADRIGAL DE LAS ALTAS TORRES (Ávila): Autor.
RELLO: E. Cooper. Castillos señoriales de Castilla. I.II.
SEGOVIA: Autor.
URUEÑA (Valladolid): Luis Cervera Vera. La villa murada de Urueña. Diputación Provincial de Valladolid, 1989.
ZAMORA: Autor.

CASTILLA–LA MANCHA

ALARCÓN (Cuenca): Cuenca edificada. Colegio arquitectos de Madrid y José Luis González Raparta.

CAÑETE (Cuenca): Cuenca edificada. Colegio arquitectos de Madrid.
PALAZUELOS (Guadalajara): Castillos señoriales de Castilla. E. Cooper.
TALAVERA DE LA REINA (Toledo): Julio González. Repoblación de Castilla la Nueva
TOLEDO: Julio González. Repoblación de Castilla la Nueva
VASCOS (Toledo): Fermín de los Reyes. Asociación Española de Amigos de los Castillos, 1992

MADRID

BUITRAGO DEL LOZOYA: Guía de los Castillos de Madrid. J. Jiménez y A. Rollón. Editorial Tierra de Fuego, 1987

CATALUÑA

BALAGUER (Lleida): Luis Díez Corone. La Alcazaba de Balaguer y del palacio árabe del siglo XI. Inst. Edudios Herdenses
GIRONA: Serra Rafols. Guías Artes Artísticas de España. Girona
HOSTALRICH (Girona): Els castells catalans. Ed. Rafael Dalmau, 1979
MONTBLANC (TARRAGONA): Dirección General de Bellas Artes. Inventario IPCE. Monumentos de Arquitectura Militar.
PALS (Girona): Els castells catalans. Ed. Rafael Dalmau, 1979
TARRAGONA (Schulten): Historia de España. Hernández Pial. Tomo 77
TOSSA DE MAR (Girona): Els castells catalans. Ed. Rafael Dalmau, 1979

EXTREMADURA

CÁCERES: Velo Nieto. Castillos de Extremadura. (Cáceres)
CORIA: G. Velo Nieto. Castillos de Extremadura (Cáceres) y Junta Extremadura
GALISTEO: Monumentos artísticos de Extremadura (Cáceres)
GRANADILLA: Monumentos Artísticos de Extremadura. Salvador Andrés Ordax
OLIVENZA: Junta de Extremadura

GALICIA

LUGO: Dirección General de Bellas Artes. Inventario IPCE. Monumentos de Arquitectura Militar
MONTERREI (Orense): Castillos y fortificaciones de Galicia. J:R. Gosálvez. Fundación Pedro Barrié de la Maza

NAVARRA

ARTAJONA: Autor
OLITE: Revista Panorama, nº 12. D. Foral de Navarra. Josué y E. Ramírez

VALENCIA

MORELLA (Castelló): Morella. Guía Everest. Manuel Mora Vias Guitian, 1990
PEÑÍSCOLA (Castelló): Autor

FOTÓGRAFOS Y FOTOGRAFÍAS

© FEDERICO PUIGDEVALL: Fotografías de la portada y de la contraportada. Fotografías de las páginas 12 a 143; 166 a 171; página 178; páginas 186 a 193; 204 a 243; 270 a 299, y 306 a 335.

© PEDRO SÁNCHEZ: Fotografías de las páginas 144 a 165; 172 a 177; 180 a 184; 194 a 203; 244 a 269; 300 a 305, y 336 a 341.

TÍTULOS DE LA COLECCIÓN

LA ESPAÑA PATRIMONIO DE LA HUMANIDAD

MONASTERIOS DE ESPAÑA

CATEDRALES DE ESPAÑA

PALACIOS Y ALCÁZARES DE ESPAÑA

MURALLAS DE ESPAÑA

JARDINES DE ESPAÑA

CASTILLOS DE ESPAÑA

PLAZAS MAYORES DE ESPAÑA

PUEBLOS DE ESPAÑA (6 VOLUMENES)

Esta segunda edición corregida y aumentada
del libro *Murallas de España*
estuvo a cargo de Idea Equipo Editorial
y terminó de imprimirse en Madrid
en el mes de Julio de 1997.